L'ÉNERGIE ÉLECTRIQUE DANS LES CAMPAGNES

PROJET DE LOI

tendant

à faciliter par des avances de l'Etat

la distribution de l'Energie électrique

dans les campagnes

EXPOSÉ DES MOTIFS
PROJET
RAPPORTS
ANNEXES DES RAPPORTS

LES ANNALES DE L'ENERGIE
87, Rue de Trion — LYON

1923

L'ÉNERGIE ÉLECTRIQUE DANS LES CAMPAGNES

PROJET DE LOI

=== tendant ===

à faciliter par des avances de l'Etat la distribution de l'Energie électrique dans les campagnes

EXPOSÉ DES MOTIFS
PROJET
RAPPORTS
ANNEXES DES RAPPORTS

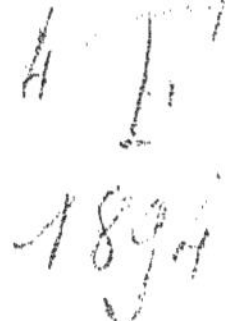

LES ANNALES DE L'ENERGIE
87, Rue de Trion — LYON
—
1923

PROJET DE LOI

TENDANT À FACILITER PAR DES AVANCES DE L'ÉTAT LA DISTRIBUTION DE *l'ÉNERGIE ÉLECTRIQUE DANS LES CAMPAGNES*

Présenté au nom de M. Alexandre Millerand, Président de la République française, par M. Henry Chéron, Ministre de l'Agriculture, par M. Charles de Lasteyrie, Ministre des Finances et par M. Maurice Maunoury, Ministre de l'Intérieur.

Exposé des motifs

Pour restaurer et développer la situation économique de la France, il n'est pas de meilleur moyen que l'intensification de la production agricole.

La guerre a détruit des milliards de richesses. Le problème consiste à les reconstituer peu à peu. Pour cela, il faut s'adresser à la terre. Et quand cette terre est la terre de France, qui n'a jamais refusé ses encouragements à ceux qui les ont sollicités par le travail, on peut tout espérer d'elle à la condition de vouloir.

Nos agriculteurs comprennent en face de quelles obligations supérieures les place la situation actuelle de notre pays.

Ils sont tout prêts à faire leur devoir pendant la paix comme ils l'ont fait pendant la guerre.

A nous de les aider.

L'agriculture, privée de main-d'œuvre, manque de moyens matériels de produire et d'accroître ses rendements. Il faut l'équiper, lui donner les instruments modernes de travail.

Au premier rang d'entre eux se place l'électricité.

Pour l'agriculture, elle constitue tout d'abord la lumière, c'est-à-dire l'auxiliaire indispensable de l'effort agricole.

Elle porte en elle l'énergie, qui accroîtra la production et suppléera au défaut de main-d'œuvre.

Enfin, elle permettra de reconstituer le travail à domicile, c'est-à-dire qu'elle donnera aux ouvriers agricoles la possibilité de trouver, en tout temps, l'emploi de leurs bras.

C'est un des moyens les plus sûrs d'assurer le retour à la terre.

On peut donc dire que la diffusion de l'énergie électrique dans les campagnes est à la base de la rénovation agricole de la France.

A l'heure actuelle, l'installation des réseaux ruraux d'électricité est facilitée par deux sortes d'encouragements : des subventions budgétaires, des prêts du crédit agricole.

Les subventions ne peuvent être accordées que dans la limite fixée chaque année par la loi de finances. Encore, les engagements de dépenses qui y sont inscrits s'appliquent-ils à toute une série d'encouragements agricoles.

Les prêts sont consentis par l'Office national du crédit agricole, dans les conditions prévues par la loi du 5 août 1920, mais nécessairement dans la limite de la dotation de cet établissement public, affectée elle-même aux besoins les plus divers.

Et cependant, l'agriculture, qui a compris l'urgente nécessité de l'électrification, réclame au génie rural, dont les services apparaissent chaque jour plus éminents, mais qui est pourvu, hélas ! d'un personnel insuffisamment nombreux pour sa tâche, l'approbation de projets qui sont dressés d'un bout à l'autre du territoire, projets dont il faut suspendre l'exécution faute de ressources, alors que l'intérêt national bien entendu commande d'encourager dans toute la nation, le travail, l'activité et la vie.

Il appartient au Parlement, en collaboration avec le Gouvernement, de fixer chaque année, dans la mesure de ce que permettent les possibilités de l'heure, les subventions et les crédits affectés au génie rural.

Mais il nous a paru qu'il convenait, dès maintenant, de prendre des mesures pour faire à l'application d'un programme méthodique de la distribution de l'énergie rurale en France les avances nécessaires qui seconderont utilement l'effort personnel et indispensable des intéressés.

C'est l'objet du présent projet de loi. Il nous reste à vous dire comment il a été établi.

A la date du 25 mars 1922, une Commission interministérielle a été instituée au Ministère de l'Agriculture, à l'effet de préparer un programme d'ensemble de la distribution de l'énergie électrique dans les communes rurales et de rechercher les combinaisons financières propres à assurer son application.

Cette Commission a entendu de remarquables rapports, parmi lesquels nous citerons ceux de MM. Le Verrier, ingénieur en chef des ponts et chaussées, sur le problème de la fourniture de l'énergie électrique à bon marché

— 4 —

sur l'ensemble du territoire ; Trefé, inspecteur général
de l'hydraulique agricole, sur la distribution de l'énergie électrique dans les communes rurales ; Tardy, directeur de l'Office national du crédit agricole, sur les voies
et moyens financiers.

Ainsi, le Parlement et le Gouvernement se trouvent en
face d'une étude complète du problème, de principes nettement posés, pouvant servir de base à un véritable programme.

Il restait au Gouvernement à tenir compte de ces travaux, pour les fortifier par la formule financière.

Le projet qui vous est soumis peut se caractériser
ainsi :

Des prêts, dont la durée ne dépassera pas trente ans,
pourront être consentis par l'Etat aux associations syndicales autorisées, aux communes et aux syndicats de
communes, en vue de l'établissement ou de l'exploitation
de réseaux ruraux d'électricité.

Des avances pourront être consenties par l'Etat à
l'Office national du crédit agricole, pour l'attribution
par celui-ci, avec l'intermédiaire des caisses régionales,
de prêts de même nature aux sociétés coopératives, aux
sociétés d'intérêt collectif agricole et aux associations
syndicales libres.

Le taux sera de 4 0/0 pour les prêts directs de l'Etat
et ne pourra dépasser 4 0/0 pour ceux effectués par
l'Office national, auquel les avances seront consenties au
taux de 3,60 0/0.

Les prêts seront accordés par les Ministres de l'Agriculture et des Finances, après avis favorable d'une Commission spéciale, dans des conditions qui seront déterminées par un règlement d'administration publique.

Leur montant ne pourra, en aucun cas, dépasser le capital réuni par les collectivités intéressées et effectivement versé.

L'intérêt de l'amortissement des prêts devra être garanti par les départements, en vue d'une délibération du
Conseil général qui créera éventuellement les ressources
nécessaires.

Le principe de cette disposition a été emprunté à la
législation sur les offices départementaux d'habitations
à bon marché.

L'intervention des départements constituera à la fois
une garantie de la viabilité des projets et une sécurité
pour les prêts et avances de l'Etat.

Il a paru qu'en fixant à un maximum de 600 millions
de francs le total des prêts et avances qui pourront être
consentis en vertu de la présente loi, le Gouvernement
serait en mesure de réaliser progressivement la partie
essentielle du programme.

L'effort des collectivités ou des particuliers devra, en
effet, représenter une somme au moins égale. Ainsi, c'est
un programme de travaux de 1.200 millions, sans compter les subventions budgétaires auxquelles il n'est porté
aucune atteinte, qui pourra être réalisé pour la distribution de l'énergie électrique dans les campagnes.

La situation financière de l'Etat ne permettait au
Ministre des Finances, ni de demander une pareille
avance au budget, ni de la réclamer à la trésorerie. Le

projet prévoit qu'il se procurera les fonds, dans les limites d'un crédit ouvert, chaque année, par la loi de finances, au moyen d'avances qui pourront être faites au
Trésor par la Caisse des Dépôts et Consignations, soit
sur ses fonds propres, soit sur ceux des Caisses dont elle
a la gestion.

Ces avances seront représentées par des titres d'annuités dont les intérêts seront réglés trimestriellement au
taux moyen du revenu ressortant de l'ensemble des placements de fonds effectués par la Caisse des Dépôts.

Pour ce grand établissement public, c'est une opération
pure et simple d'avances à l'Etat.

Pour l'Etat, garanti par les départements, c'est la charge d'une simple différence d'intérêts qui, dans les conditions actuelles du taux de l'intérêt, pourrait être, au
maximum, dans l'année la plus défavorable, c'est-à-dire
celle où la totalité des avances aurait été consentie,
avant qu'aucune ne soit remboursée, d'une quinzaine de
millions environ.

Quand on songe au renouveau d'activité nationale qui
sera la conséquence de l'électrification des campagnes,
on ne peut que reconnaître la modération des sacrifices
financiers par lesquels l'Etat l'aura obtenue.

Il a paru d'élémentaire justice d'inscrire dans la loi
que les organismes ou collectivités, ayant obtenu des
prêts ou avances dans les conditions déterminées par le
projet, seront assujettis au contrôle de l'Inspection des
Finances pour l'ensemble de leurs opérations.

Ils seront subordonnés, en outre, au contrôle permanent de l'inspection générale des associations agricoles
et des institutions de crédit et de l'Office national du
crédit agricole, lorsque celui-ci aura à intervenir.

Nous sommes convaincus que le Parlement appréciera
toute l'importance de ce projet et qu'il aura à cœur de
le faire aboutir.

Le Gouvernement n'a pas cessé de soutenir qu'il considère l'intensification de la producton nationale comme
l'un des moyens les meilleurs de triompher des difficultés de l'heure actuelle. C'est dire que le présent projet
est l'expression même de sa politique.

Il faut permettre à la France de travailler et de vivre
sur son propre sol. Ainsi, elle cessera, dans le domaine
économique, d'être tributaire de l'étranger. Elle assurera sa pleine indépendance. Elle aura donné, en particulier, aux admirables travailleurs de la terre, les moyens
de lui rendre les services qu'elle peut attendre de leur
énergie, de leur ténacité et de leur patriotisme.

PROJET DE LOI

Le Président de la République française

DECRETE :

Le projet de loi dont la teneur suit sera présenté à
la Chambre des Députés par le Ministre de l'Agriculture, par le Ministre des Finances et par le Ministre
de l'Intérieur, qui sont chargés d'en exposer les
motifs et d'en soutenir la discussion :

ARTICLE PREMIER

Des prêts, dont la durée ne dépasse pas trente ans, peuvent être consentis par l'Etat aux associations syndicales autorisées, aux communes et aux syndicats de communes, en vue de l'établissement ou de l'exploitation de réseaux ruraux d'électricité.

Des avances peuvent être consenties par l'Etat à l'Office national du crédit agricole, pour l'attribution, par celui-ci avec l'intermédiaire des caisses régionales, de prêts de même nature aux sociétés coopératives, aux sociétés d'intérêt collectif agricole et aux associations syndicales libres.

ART. 2.

Le taux est de 4 0/0 pour les prêts directs de l'Etat et ne peut dépasser 4 0/0 pour ceux effectués par l'Office national, auquel les avances sont consenties au taux de 3,60 0/0.

ART. 3.

Les prêts sont accordés par les Ministres de l'Agriculture et des Finances, après avis favorable d'une Commission constituée dans les conditions déterminées par le règlement d'administration publique prévu à l'article 8 de la présente loi.

Leur montant ne peut, en aucun cas, dépasser le capital réuni par les collectivités intéressées et effectivement versé.

L'intérêt et l'amortissement des prêts doivent être garantis par les départements, en vertu d'une délibération du Conseil général, qui crée les ressources nécessaires. Ces ressources sont spécialement affectées à l'exécution des engagements pris et mises en recouvrement de plein droit en cas de besoin.

ART. 4.

Le total des prêts et avances pouvant être consentis par l'Etat, en vertu de la présente loi, est fixé au maximum de 600 millions de francs.

Le Ministre des Finances est autorisé à se procurer les fonds nécessaires, dans les limites d'un crédit ouvert chaque année par la loi de finances, au moyen d'avances qui pourront être faites au Trésor par la Caisse des dépôts et consignations, soit sur les fonds de ses comptes propres, soit sur ceux des caisses dont elle a la gestion. Ces avances seront représentées par des titres d'annuités dont les intérêts seront réglés trimestriellement au taux moyen du revenu ressortant de l'ensemble des placements de fonds effectués par la Caisse des dépôts et consignations, pour le compte de la caisse qui fournit les avances, pendant l'année précédant la réalisation des prêts, à l'exception des emplois à court terme.

Les annuités prévues au paragraphe précédent seront inscrites dans la première partie du budget du Ministère des Finances, sous la rubrique « Dette remboursable par annuités ».

ART. 5.

Les sommes à payer par les bénéficiaires des prêts sont passibles d'intérêts de retard calculés au taux de 5 0/0 à l'expiration du délai de quinzaine, suivant une mise en demeure par lettre recommandée.

Le recouvrement des sommes non remboursées dans un délai de trois mois et des intérêts y relatifs est poursuivi par l'agent judiciaire du Trésor.

ART. 6.

Les organismes ou collectivités ayant obtenu des prêts ou avances dans les conditions ci-dessus, sont assujettis au contrôle de l'inspection générale des finances pour l'ensemble de leurs opérations. Ils sont soumis, en outre, au contrôle permanent de l'inspection générale des associations agricoles et des institutions de crédit, et de l'Office national du crédit agricole, lorsque celui-ci a eu à intervenir.

ART. 7.

Le Ministre de l'Agriculture présente chaque année au Président de la République un rapport sur les opérations faites en exécution de la présente loi. Ce rapport sera publié au *Journal officiel*.

ART. 8

Un règlement d'administration publique, contresigné par les Ministres de l'Agriculture, des Finances et de l'Intérieur, déterminera les conditions d'application de la présente loi.

Fait à Paris, le 31 octobre 1922.

Signé : A. MILLERAND.

Par le Président de la République :

Le Ministre de l'Agriculture,
Signé : Henry CHÉRON.

Le Ministre des Finances,
Signé : Ch. DE LASTEYRIE.

Le Ministre de l'Intérieur,
Signé : MAUNOURY.

RAPPORT SUR LA PRODUCTION
et le TRANSPORT DE L'ENERGIE ELECTRIQUE

par M. LE VERRIER

Rapporteur de la Commission interministérielle pour la diffusion de l'énergie électrique dans les campagnes

Par décret du 25 mars 1922 une Commission interministérielle a été instituée au Ministère de l'Agriculture à l'effet d'établir un programme d'ensemble de distribution d'énergie électrique dans les communes rurales. La Commission a tenu le 5 avril 1923 sa première réunion sous la présidence de M. le Ministre de l'Agriculture ; au cours de cette séance a été décidé la création de deux Sous-Commissions dont l'une dite « Sous-Commission technique » a été plus particulièrement chargée de l'examen des conditions de la production, du transport, de la distribution et de l'utilisation dans les campagnes de l'énergie électrique.

La Sous-Commission technique a constaté dans sa première séance que les utilisations rurales de l'énergie électrique ne constituaient qu'une très faible partie des utilisations dans l'ensemble du pays et qu'il fallait étudier le problème de la fourniture de l'énergie électrique à bon marché sur l'ensemble du territoire, quelle que fût d'ailleurs la nature des utilisations de cette énergie.

La Sous-Commission a donc été amenée à examiner d'abord la question suivante :

Quels sont les moyens à mettre en œuvre pour fournir d'une manière générale l'énergie électrique à bon marché sur l'ensemble du territoire ? Les membres de la Sous-Commission ont été unanimes à reconnaître qu'il ne pouvait y avoir de doute sur la réponse à faire.

Il faut, avant tout, aménager les précieuses ressources hydrauliques dont le pays dispose ; l'énergie ainsi captée sera transmise sur l'ensemble du territoire au moyen de grands réseaux de transport d'énergie électrique à très haute tension (90.000 à 220.000 volts), sur ces réseaux seront placés des postes de transformation dont l'espacement devra être en moyenne de 100 à 150 kilomètres, car les conditions techniques et financières d'établissement des postes de cette puissance ne permettent pas de les rapprocher davantage.

A ces postes de transformation seront reliés les réseaux régionaux ou départementaux de répartition de l'énergie électrique à haute tension (30.000 à 75.000 volts) qui comporteront eux-mêmes des postes de transformation alimentant les réseaux de distribution à moyenne (5.000 à 15.000 volts) et à basse (115 à 250 volts) tension, parmi lesquels figureront les réseaux ruraux.

La Sous-Commission a donc été amenée au début de ses travaux à mettre à l'étude les problèmes suivants :

Production de l'énergie au moyen de grandes centrales hydrauliques ou thermiques.

Grands réseaux de transport d'énergie électrique à très haute tension reliant les grandes centrales entre elles et aux principaux centres de consommation. Réseaux intermédiaires à haute tension, régionaux ou départementaux, servant à la répartition de l'énergie en des centres suffisamment rapprochés entre eux pour que cette énergie puisse être distribuée sur tout le territoire au départ de ces centres à des tensions comprises entre 5.000 et 18.000 volts.

Le présent rapport a pour objet d'examiner ces différentes questions.

I. PRODUCTION DE L'ENERGIE ELECTRIQUE DANS LES GRANDES CENTRALES HYDRAULIQUES

Ressources hydrauliques dont la France dispose

L'aménagement des précieuses ressources dont la France dispose en force hydraulique constitue un des moyens les plus efficaces pour assurer le développement économique du pays ; l'expérience de la guerre et la crise industrielle que nous traversons ont montré le danger qui menace notre pays, si nous restons tributaires de la houille noire ; il est apparu nettement que tant pour parer à la diminution de la production houillère que pour réduire les importations de charbons il convient d'utiliser au maximum l'énergie de nos cours d'eau et des marées.

Les ressources dont le pays dispose à cet égard sont considérables ; la statistique jointe au présent rapport (annexe N° 1) (1) en donne une idée. Cette statistique concerne les usines hydro-électriques dont la puissance normale disponible (2) individuelle dépasse 200 K.W., usines en service, en construction ou en projet, en janvier 1922.

Cette statistique est résumée par régions dans le tableau de la page 47 :

Cet état ne tient pas compte des usines hydrauliques en service dont la puissance normale disponible

---

RÉGIONS	PUISSANCE NORMALE DISPONIBLE EN KILOWATTS des usines hydrauliques dont la puissance normale disponible individuelle est supérieure à 200 K.W.			
	EN SERVICE	EN CONSTRUCTION	EN PROJET	PUISSANCES TOTALES
Nord-Ouest	3.000 K.W.	10.000 K.W.	80.000 K.W.	93.000 K.W.
Nord-Est.............	6.000 K.W.		330.000 K.W.	336.000 K.W.
Centre...............	62.000 K.W.	122.000 K.W.	540.000 K.W.	724.000 K.W.
Sud-Ouest	136.000 K.W.	50.000 K.W.	540.000 K.W.	726.000 K.W.
Sud-Est..............	428.000 K.W.	168.000 K.W.	1.810.000 K.W.	2.401.000 K.W.
Puissances totales.....	630.000 K.W.	360.000 K.W.	3.500.000 K.W.	4.480.000 K.W.

individuelle est inférieure à 200 K.W. L'ensemble de ces petites usines qui sont très nombreuses (plus de 40.000) correspond à une puissance normale disponible d'environ 400.000 K.W.

La situation au début de l'année 1922 de l'aménagement des chutes d'eau en France se résume donc dans le tableau suivant :

Usines en service .... 1.030.000 K.W.
   — en construction ...... 350.000 K.W.
   — en projet .... 3.500.000 K.W.

Puissance totale .... 4.880.000 K.W.
soit, en chiffres ronds, *5.000.000 de kilowatts.*

On voit que le chiffre de la puissance des usines en projet est considérable, il tient compte notamment de l'aménagement du Rhin (environ 500.000 K.W.), de celui du Rhône (environ 700.000 K.W.). En revanche les chiffres donnés font seulement état des usines dont l'aménagement paraît effectivement réalisable dans les 15 prochaines années, sous réserve de trouver le placement rémunérateur de l'énergie correspondante. Si l'on tenait compte de la totalité de la puissance hydraulique aménageable en France, on obtiendrait un chiffre supérieur qui serait de l'ordre de 7 millions de K.W.

D'après une enquête faite dans les différents départements les besoins probables en énergie électrique d'ici 15 ans ne paraissent pas devoir dépasser, compte tenu des développements escomptés et notamment de l'électrification des chemins de fer, un total de 3.500.000 kilowatts de puissance normale.

Or, les usines hydrauliques installées ou en construction représentent déjà 1.400.000 kilowatts, les usines thermiques installées ou en construction représentent 1.250.000 K.W. soit un total de 2.650.000 K.W. Une partie de ces usines thermiques pourront il est vrai être suppléées, au moins partiellement, par de nouvelles centrales hydrauliques.

On voit, en résumé, que les 3.500.000 K.W. d'usines signalés ci-dessus comme en projet sont très supérieurs à ce qu'il faudra pour faire face à tous les besoins en énergie qui pourraient se révéler d'ici 15 à 20 ans.

Au cours de la crise que nous traversons, il conviendra donc de faire un choix judicieux pour les usines aménageables et d'échelonner convenablement les programmes de construction, de manière à utiliser méthodiquement ces précieuses ressources et obtenir la production des K.W.H. au prix de revient le plus avantageux.

Si le K.W.H. rendu aux points d'utilisation revient moins cher ou même à un prix légèrement supérieur à celui du K.W.H. d'origine thermique, le bénéfice pour la collectivité est évident.

En effet la production charbonnière de notre pays est déficitaire, nous sommes donc obligés pour combler ce déficit d'employer du charbon d'origine belge, anglaise, allemande ou américaine que nous payons au détriment de notre balance commerciale.

Il est intéressant de fixer approximativement l'avantage que nous procurera l'aménagement de nos forces hydrauliques.

Admettons une économie moyenne d'environ 1 kg.

de charbon (1) par K.W.H. produit d'origine hydraulique et une utilisation d'environ 6.000 (2) heures par K.W. de la puissance normale disponible d'origine hydraulique ; chacun de ces K.W. aménagé représente une économie annuelle d'environ 6 tonnes de charbon. L'aménagement des 3.500.0000 K.W. d'usines hydrauliques signalées ci-dessus comme en projet, représenterait ainsi une économie annuelle de plus de 20.000.000 de tonnes de charbon, soit une économie d'environ 2 milliards de francs pour du charbon à 100 francs la tonne.

Ces considérations ont une importance capitale, elles font ressortir que l'aménagement rationnel de nos ressources en énergie hydraulique procurerait, outre le bénéfice direct correspondant à la diminution du prix de revient du K.W.H. hydraulique sur prix de revient du K.W.H. d'origine thermique, un bénéfice indirect plus important encore puisque le pays se trouverait affranchi de la nécessité d'importer à grands frais le combustible nécessaire à nos besoins industriels. On ne saurait trop insister sur l'influence heureuse qu'exercera ainsi l'aménagement de nos ressources hydrauliques sur le développement économique du pays et sur notre balance commerciale.

Aussi l'Administration des Travaux Publics s'est-elle attachée à favoriser le plus possible ces aménagements.

Depuis la date de la promulgation de la loi du 16 octobre 1919 relative à l'utilisation de l'énergie hydraulique jusqu'au 1er mars 1922, 190 demandes de concessions nouvelles ont été présentées correspondant à une puissance normale disponible d'environ 700.000 K.W. Parmi les concessions sollicitées plusieurs comportent l'aménagement intégral de toute une vallée. Telles sont les demandes en concession de forces hydrauliques sur la Dordogne, la Truyère, le Verdon, la Tinée et sur plusieurs gaves des Pyrénées. 7 concessions ont déjà été accordées, dont la puissance moyenne totale représente 130.000 K.W.

L'administration va poursuivre, en outre, au cours des années 1923 et suivantes, la réalisation de trois grands projets d'intérêt national, ce sont :

L'aménagement du Rhône au triple point de vue des forces hydrauliques, de la navigation et des irrigations, sanctionné par la loi du 27 mai 1921.

Le vote de cette loi, véritable ordre de mobilisation des travaux du Rhône, marque le point de départ d'un effort qui ne devra plus se relâcher jusqu'à complet achèvement de cette œuvre nationale, et qui va se manifester d'abord par la constitution de l'organisme chargé de réaliser et d'établir le plan technique et financier des travaux.

La Section permanente de la Commission interdépartementale pour l'aménagement du Rhône, nommée par le Congrès de Grenoble, a tenu pendant l'année 1921 et au début de l'année 1922 plusieurs séances au cours desquelles elle a arrêté les grandes lignes du projet des statuts qui régiront la future « Compagnie Nationale du Rhône », elle a jeté les bases d'une coopération avec la Compagnie Paris-Lyon-Méditerranée et les particuliers intéressés. Enfin, elle a réglé un mode de répartition entre ses adhérents du capital-actions à souscrire dont le total se monte à 360.000 millions.

Les départements adhérents à la Commission interdépartementale ont été invités à consacrer les résolutions prises par la Section permanente et à souscrire la part attribuée à chacun d'eux dans la répartition du capital-actions de la Compagnie Nationale du Rhône.

10 départements ont d'ores et déjà voté la souscription ferme de leur quote-part ; les 8 autres ont émis des votes de principe favorables et paraissent devoir souscrire leur quote-part au cours des réunions des Conseils Généraux en 1922 comme suite aux précisions complémentaires qui leur ont été fournies au sujet des avantages assurés à chaque département par le programme des travaux à exécuter.

On peut donc espérer que la Compagnie Nationale du Rhône pourra être définitivement constituée avant la fin de l'année 1922.

L'aménagement de la Haute-Dordogne, concédé à la Compagnie du chemin de fer de Paris-Orléans pour les besoins de l'électrification de son réseau par l'article 133 de la loi de finances du 31 juillet 1921 et les décrets du 11 mars 1921 est entré dans une phase active. Deux marchés ont été passés en août 1921 et février 1922, en vue de l'exécution de travaux pour l'aménagement de la Grande et de la Petite-Rhue et la création d'un barrage-réservoir sur le Chavanon, et l'exécution des travaux va être entreprise incessamment.

L'Administration poursuit également l'aménagement des forces hydrauliques du Rhin en vertu des droits que lui confère l'article 358 du traité de Versailles. Un plan d'aménagement général du fleuve entre Huningue et Strasbourg a été établi. Dès à présent, la demande de concession de la première chute d'amont dite « chute de Kambz » a été présentée, reconnue par la Commission centrale du Rhin comme satisfaisant aux conditions imposées dans l'intérêt de la navigation, et un projet approbatif est soumis au Par-

---

(1) Le K.W.H. « produit » à l'usine hydraulique doit être transporté jusqu'au point d'utilisation, il faut donc tenir compte du rendement des transformations successives et de la ligne de transmission à des distances pouvant atteindre jusqu'à 500 K.W. Mais la consommation de charbon par K.W.H. utilisé est en moyenne avec les différents modes de production supérieure à 1 kg. Dans les grandes centrales thermiques modernes la consommation du charbon peut, il est vrai, descendre à 0 kg. 8 par K.W.H. produit, mais il faut aussi transporter l'énergie ; pour des centres thermiques locaux de moyenne importance la consommation de charbon peut atteindre 1 kg. à 1 kg. 5 par K.W.H. produit. Pour les locomotives il faut consommer environ 2 kg. de charbon par K.W.H. utilisé et pour des locomotives électriques 1 K.W.H. produit à l'usine hydraulique donne seulement 1/2 K.W.H. utilisé correspondant par conséquent à une économie de 1 kg. de charbon qu'il eût fallu brûler dans une locomotive ordinaire.

(2) Cette utilisation correspond au placement de $\frac{6.000}{2.760} = 70$ 0/0 de la production totale de l'usine ce qui constitue un chiffre moyen acceptable pour des usines reliées à un réseau général de transport. Si on rapportait l'utilisation de la puissance « installée » au lieu de la rapporter à la puissance « normale disponible », on aurait un chiffre moyen d'environ 3.000 heures.

lement. L'aménagement de cette chute procurera une puissance normale disponible d'environ 50.000 kilowatts. L'aménagement complet du Rhin fournira une puissance totale moyenne de 500.000 kilowatts.

D'autre part, un marché a été passé le 15 février 1922 pour l'exécution d'études relatives à l'établissement du canal latéral au Rhin dit « Grand Canal d'Alsace », projeté entre la chute de Kambz et le débouché du Canal dans le Rhin à l'amont de Strasbourg.

L'impulsion donnée, à laquelle l'Administration des Travaux Publics a contribué de tout son pouvoir, aura pour résultat de provoquer, dans un délai de quinze à vingt ans, la création de puissances hydrauliques considérables. Il est possible, dès maintenant, d'avoir, sur les moyens de faciliter et d'encourager cette création, une politique nette. En particulier, il est indispensable d'améliorer la qualité de l'énergie produite en permettant une meilleure régularisation de l'énergie, grâce à la création de réservoirs régulateurs de grande capacité.

En exécution de l'article 80 de la loi de finances du 30 avril 1921, le Ministre des Travaux Publics est autorisé à accorder chaque année des subventions ou avances, dans les limites d'un maximum fixé par la loi de finances, aux concessionnaires de chutes d'eau ou aux permissionnaires établis sur les cours d'eau d'une vallée ou d'un même bassin, dans les conditions prévues par les articles 7, 10 et 22 de la loi du 16 octobre 1919. Ces crédits d'engagement permettent à l'Administration d'encourager les entreprises comportant la création d'importantes réserves d'eau et d'orienter ainsi les industriels vers la création de ces ouvrages indispensables à la mise en valeur complète de nos cours d'eau. Parmi les principaux barrages réservoirs dont la création est envisagée à partir de 1923, il y a lieu de citer ceux de la Romanche, du Haut-Chasserac, de la Diège, de la Truyère, du Drac et du Blavet.

En même temps que se poursuit l'aménagement de nos forces hydrauliques de montagnes (houille blanche) et de plaine (houille verte), l'Administration se préoccupe de faire passer dans le domaine de la réalisation pratique la question de l'utilisation de l'énergie des marées. Une Commission spéciale, dite de « Houille bleue », constituée en 1919, a arrêté un programme d'études comportant essentiellement ;

1° La recherche des types de turbines les mieux appropriées à l'utilisation de la force des marées :

2° La création d'une station d'essai sur un point convenablement choisi du littoral, à l'Aber-Vrac'h.

Le projet relatif à la création de cette station a été soumis aux enquêtes réglementaires et un projet de loi approuvant l'aménagement envisagé vient d'être déposé. Les installations projetées permettront de réaliser une puissance normale disponible de 2.200 K.W.

Le Ministre des Travaux Publics a été saisi, d'autre part, de demande en concession d'usines hydrauliques utilisant la force des marées. Parmi celles-ci, il convient de citer l'aménagement de l'estuaire de la Rance, qui donnerait une puissance d'environ 50.000 K.W. Une subvention de 100.000 fr. a été accordée aux demandeurs pour effectuer des sondages préparatoires.

D'autres études sont poursuivies sur d'autres points du littoral par des demandeurs en concession et suivies de près par l'Administration des Travaux Publics, notamment dans le Golfe du Morbihan.

Prix de revient de l'énergie
d'origine hydraulique aux bornes des usines

Nous examinerons maintenant sur quel prix de revient on peut tabler pour l'énergie d'origine hydraulique prise aux bornes de l'usine.

Les prix d'aménagement des chutes d'eau sont extrêmement variables suivant les conditions locales, l'importance et la nature des chutes (hautes ou basses chutes), suivant les conditions exigées pour la régularisation de l'énergie, etc. Enfin, en raison de l'instabilité économique actuelle, l'époque où les travaux seront exécutés jouera également un rôle important.

Il ne sera donc ici question que d'indiquer des prix approximatifs.

Avant la guerre le prix moyen d'aménagement par kilowatt de puissance normale disponible variait de 800 fr. à 1.000 fr.

En 1922, il faut compter sur 2.000 à 3.000 fr. (soit un coefficient de 3 en rapport à la période d'avant-guerre).

En tablant sur cette dépense de 1er établissement de 2.500 fr. par K.W. sur des charges annuelles totales de 14 à 15 0/0 (soit 360 fr. par K.W.) sur un placement probable d'environ 70 0/0 de la production totale (soit 5.000 heures de la puissance normale disponible), on obtient un prix de revient du K.W.H. de $\dfrac{360 \text{ fr.}}{6.000}$ soit 6 centimes qui doit être considéré à l'heure actuelle comme un prix bas.

Néanmoins, il n'est pas impossible dans un avenir rapproché qu'on obtienne même des prix moins élevés, car on peut encore espérer une baisse des matériaux, des salaires et surtout du loyer de l'argent. En outre, la liaison des usines hydrauliques à un réseau général de transport d'énergie et la création avec le concours de l'État de réservoirs régulateurs de grande capacité, sont de nature à abaisser le prix de revient moyen de l'énergie.

A titre de renseignement, nous donnons à l'annexe IV (1) deux tableaux indiquant un exemple de décomposition des dépenses de 1er établissement et des charges annuelles pour une chute de 10.000 K.W. de puissance normale disponible et 15.000 K.W. de puissance installée.

Ces tableaux se résument de la manière suivante :

---

(1) Voir page 50.

1° *Dépenses de 1er établissement* par K.W. de puissance normale disponible :

	DÉPENSES	En 0/0 des dépenses de 1er établissement
Etudes, frais d'émission, intérêts intercalaires, fonds de roulement..............	550 fr.	22 0/0
Terrains, riverainetés, barrages, ouvrages d'amenée ou de fuite.................	1.000 »	40 0/0
Bâtiments...............	100 »	4 0/0
Conduites forcées et vannes.................	400 »	16 0/0
Equipement hydraulique..	150 »	6 0/0
Equipement électrique....	300 »	12 0/0
Total............	2.500 »	100 0/0

2° *Charges annuelles* par K.W. de puissance normale disponible :

	DÉPENSES	En 0/0 du capital de 1er établissement
Charges financières (intérêts et amortissements)......	240 fr.	9,5
Renouvellement de matériel................	40 »	1,5
Dépenses d'exploitation (entretien et réparations, salaires, impôts, matières consommables et divers)........	80 »	3,5
Total............	360 »	14,5 0/0

En ce qui concerne les usines *marémotrices*, il est difficile de donner des chiffres concernant le prix de revient probable de l'énergie prise aux bornes des usines.

En effet, il n'existe pas encore d'installations de cette nature ; nous avons signalé plus haut que des projets étaient à l'étude notamment à l'Aber-Wrac'h et sur la Rance, mais les projets n'ont encore été étudiés que sommairement et il faut compter avec les aléas de la construction pour des installations entièrement nouvelles.

Nous signalons donc à titre de simple renseignement que : pour l'Aber-Wrac'h dont la puissance normale disponible prévue est de 2.200 K.W. le prix de revient probable de l'énergie est évalué à 28 c. par K.W.H.

Pour la Rance dont la puissance normale disponible prévue est de 50.000 KW. le prix de revient probable de l'énergie est évalué à 16 c. par K.W.H.

Ces prévisions montrent que le prix de revient de l'énergie prise aux bornes des usines marémotrices sera sensiblement plus élevé que celui de l'énergie prise aux bornes des usines hydrauliques proprement dites, et paraît devoir se rapprocher du prix de revient de l'énergie produite dans des centrales thermiques de petite ou moyenne importance.

II. PRODUCTION DE L'ENERGIE ELECTRIQUE DANS LES GRANDES CENTRALES THERMIQUES

Rôle des Centrales thermiques

Malgré le développement considérable qu'il convient de donner en France à l'aménagement de nos ressources hydrauliques de toute nature, la production de l'énergie électrique dans les Centrales thermiques conservera de l'importance pour les raisons suivantes :

1° Bien que notre production charbonnière soit déficitaire par rapport à notre consommation, la France possède plusieurs bassins houillers répartis sur l'ensemble de son territoire, les plus importants sont ceux du Nord, du Pas-de-Calais, de Saint-Etienne, de Saône-et-Loire, du Gard, de Carmaux, de Commentry et de la Sarre :

L'établissement de grandes centrales thermiques sur le carreau des mines se présente donc dans des conditions particulièrement avantageuses au centre de régions industrielles grosses consommatrices d'énergie électrique, avec des facilités pour brûler du charbon de qualité médiocre dont la vente serait difficile. Même en brûlant des charbons de bonne qualité l'opération reste avantageuse si l'importance de la centrale est suffisante pour permettre de réaliser sur la consommation du charbon par K.W.H. une économie comprenant ou dépassant la perte due au transport de l'énergie jusqu'aux divers centres d'utilisation de l'énergie.

Ceci est possible car une grande centrale moderne ne consomme pas plus de 800 grammes de charbon par K.W.H. produit, tandis que de petites centrales disséminées dans les divers centres d'utilisation consomment au moins 1 kg. à 1 kg. 5.

2° Il existe d'autres emplacements favorables pour les grandes centrales que les régions productrices de houille, ce sont les grands ports comme Bordeaux, Nantes, Rouen, Caen, etc. où le charbon peut arriver à bas prix, où les gros centres de consommation comme Paris, où il y a intérêt à concentrer la production de l'énergie en un très petit nombre de grandes centrales, de manière à profiter de l'économie correspondante sur la consommation de charbon par K.W.H. produit.

3° Il est intéressant de conjuguer les centrales thermiques avec les centrales hydrauliques de manière à assurer une meilleure régularisation de l'énergie ; régularisation journalière, saisonnière ou même annuelle.

On peut alors vendre un plus grand nombre de K.W.H. régularisés dont le prix de vente est naturellement très supérieur à celui des K.W.H. irréguliers qui sont utilisables seulement pour des usages spéciaux (électro-chimie, électro-métallurgie, chaudières électriques, etc...).

et dont la puissance installée sera d'abord de 200.000 K.W. et pourra être portée ultérieurement à 320.000 K.W., arrivera même à un chiffre moindre.

La consommation à envisager pour le charbon est

Centrales thermiques productrices d'énergie électrique

RÉGIONS	PUISSANCES NORMALES DISPONIBLES EXPRIMÉES EN KILOWATTS			
	CENTRALES EXISTANTES	CENTRALES EN CONSTRUCTION	CENTRALES EN PROJETS	ENSEMBLE
Nord-Ouest............	650.000 K.W.	130.000 K.W.	450.000 K.W.	1.230.000 K.W.
Nord-Est..............	210.000 K.W.	40.000 K.W.	20.000 K.W.	270.000 K.W.
Centre................	90.000 K.W.	30.000 K.W.	30.000 K.W.	150.000 K.W.
Sud-Ouest	20.000 K.W.	»	20.000 K.W.	40.000 K.W.
Sud-Est..............	60.000 K.W.	20.000 K.W.	20.000 K.W.	100.000 K.W.
Totaux................	1.030.000 K.W.	220.000 K.W.	540.000 K.W.	1.790.000 K.W.

Les considérations qui précèdent montrent l'intérêt que conserve la construction des centrales de type moderne dont la consommation soit inférieure à 1 kg. de charbon par K.W.H. produit.

Statistique

La situation actuelle en France est résumée dans le tableau ci-dessus :

Prix de revient de l'énergie aux bornes des grandes centrales thermiques

Le prix de revient de l'énergie prise aux bornes des centrales thermiques est extrêmement variable suivant la nature et l'importance des installations, l'époque à laquelle ces installations ont été construites, et enfin la qualité et le prix du charbon brûlé.

Nous n'envisageons ici que les grandes centrales de plus de 50.000 K.W. d'un type moderne, et équipées avec des turbo-alternateurs de grande puissance unitaire.

On peut estimer qu'actuellement le prix d'établissement d'une de ces centrales est d'environ 800 fr. par K.W. de puissance normale disponible, la grande centrale de Gennevilliers actuellement en construction,

de 800 grammes par K.W.H. produit aux bornes de l'usine.

Le tableau ci-dessous donne un exemple de la décomposition approximative du prix de revient du K.W.H.

Décomposition du prix de revient du kilowatt pris aux bornes de l'usine.

	En centimes	En centimes
Charges financières (Intérêts, amortissements, renouvellement)............	2,90	3,80
Grosses réparations............	0,90	
Frais généraux.................	0,40	2,80
Main-d'œuvre.................	1,70	
Matières consommables (autres que le charbon)...............	0,70	
Prix de revient du K.W.H. (non compris le charbon)............		6,60
Charbon (0 k. 800 à 80 fr. la tonne).		6,40
Prix de revient total du K.W.H...		13 centimes

Ce chiffre de *13 centimes* s'abaisserait à environ *10 centimes* si le prix du charbon descendait à 40 fr. la tonne, ce qui n'est pas impossible d'ici 15 à 20 ans lorsque l'aménagement de nos forces hydrauliques sera assez avancé pour que notre production charbonnière ne soit plus déficitaire et que nous n'ayons plus à acheter de charbon d'origine étrangère.

III. GRANDS RESEAUX DE TRANSPORT D'ENERGIE A TRES HAUTE TENSION (90.000 à 220.000 volts).

Utilité des grands réseaux de transports

Les usines hydro-électriques, les centrales thermiques des bassins houillers ou des ports et des usines marémotrices seront souvent éloignées des centres de consommation tels que les régions industrielles ou agricoles et les grandes villes.

Il faut donc envisager en France la création de grands réseaux électriques pour le transport de l'énergie à haute tension, reliant aux divers centres de consommation les centres de production et couvrant l'ensemble du territoire de mailles assez serrées pour que l'énergie électrique puisse être distribuée en tous points dans les meilleures conditions de sécurité et d'économie.

Ainsi les usines de production dont les régimes sont différents se compléteront ou se suppléeront mutuellement et l'emploi le plus économique sera donné, pour chaque période de l'année, à l'ensemble des ressources du pays en énergie.

Les excédents journaliers, saisonniers ou même annuels inutilisables dans une zone restreinte trouveront, en empruntant les réseaux de transport, un emploi fructueux dans les régions éloignées où la production de l'énergie serait déficitaire, soit pour des raisons de régime, soit pour des motifs accidentels.

Situation actuelle en France

L'intérêt de la création de ces réseaux n'a point échappé à l'administration des Travaux Publics.. C'est ainsi qu'elle a provoqué et mis à l'instruction plusieurs demandes en concession concernant de grands réseaux et lignes de transport d'énergie électrique.

Parmi les affaires on peut citer :

La ligne de Beaumont-Monteux à Saint-Etienne, qui a été concédée en 1921 à la Société « L'Energie Electrique de la Basse-Isère » par décret délibéré en Conseil d'Etat, et sera mise en service au cours de 1922.

La ligne de Pougay-Chary au Creusot, destinée à transporter l'énergie hydro-électrique du Rhône de la frontière suisse aux usines du Creusot.

Le réseau du transport d'énergie des Alpes, destiné à transporter l'énergie hydro-électrique de la Haute-Isère à Lyon.

Le réseau de transport de l'énergie électrique du centre, qui reliera entre elles et aux centres de consommation de St-Etienne, Roanne, Lyon, Montluçon et Grenoble, les usines hydro-électriques des Alpes, du Massif Central et du Jura.

Le réseau de transport d'énergie électrique destiné à l'électrification des chemins de fer du Midi, à la fonction des usines hydro-électriques des Pyrénées et du Massif Central entre elles et avec les centres de consommation des régions de Béziers, Toulouse et Bordeaux.

La ligne de Ste-Tulle à Nice.

La ligne de Delle à Vincey par Pouxeux, qui transportera l'énergie hydro-électrique suisse vers les centres de consommation de Nancy, Briey et Mézières.

L'instruction de ces affaires et les travaux concernant l'établissement de ces grands réseaux vont être poursuivis au cours des années 1922 et 1923.

Des demandes en concession seront très prochainement déposées pour les grandes lignes de transport d'énergie du Massif-Central vers les lignes à électrifier de la Compagnie de Chemins de fer de Paris à Orléans, vers Paris et vers Nantes.

Les chutes du Massif Central se trouveront ainsi reliées aux importantes centrales thermiques de St-Nazaire, Nantes et surtout de Paris où la grande centrale de Gennevilliers est en voie d'achèvement.

On obtiendra ainsi une régularisation thermique de l'énergie hydro-électrique produite dans le Massif Central dont les excédents d'énergie pourront être utilisés dans des conditions avantageuses qui abaisseront le prix de revient du K.W.H. d'origine hydraulique, et procureront une économie de charbon favorable au développement commercial.

La promulgation de la loi du 27 mai 1921, relative à l'aménagement du Rhône, va permettre d'envisager l'établissement de grandes lignes électriques nécessaires au transport à Paris de l'énergie provenant des usines à établir dans la région du Haut-Rhône.

On peut également espérer dans un avenir prochain mettre sur pied, avec le programme d'aménagement du Rhin, celui de la création des lignes électriques de transport qui amèneront à Paris les excédents d'énergie provenant du fleuve et non utilisés en Alsace-Lorraine, dans les Vosges et dans les régions industrielles de Belfort, Besançon, Nancy et Briey.

Pour faciliter la création de ces grands réseaux de transport, leur apporter en cas de besoin le concours de l'Etat et pour assurer la coordination de l'exploitation des différentes lignes concédées séparément, mais conformément à un plan d'ensemble, l'Administration des Travaux publics a présenté en 1919 un projet de loi modifiant la loi du 15 juin 1906 sur les distributions d'énergie électrique et prévoyant la construction ou l'exploitation de grands réseaux de transport d'énergie à haute tension par des « organismes collectifs ». Ces organismes fonctionneraient sous la direction et éventuellement avec le concours de l'Etat et grouperaient pour une même région, dans une association d'un type nouveau, les producteurs et les distributeurs d'énergie, ainsi que les départements, les communes ou les autres collectivités intéressées.

Ce projet de loi, voté par la Chambre des Députés,

le 2 septembre 1919, est actuellement soumis au Sénat ; sa discussion a subi quelque retard en raison des difficultés financières de l'heure présente, qui ne sauraient être cependant un obstacle insurmontable, puisque tout effort financier consacré à la mise en valeur de nos richesses nationales d'énergie constitue au premier chef un effort rémunérateur.

C'est un point sur lequel il sera particulièrement intéressant que la Commission interministérielle insiste, afin d'obtenir du Parlement et des Pouvoirs Publics le vote rapide et la mise en application de cette loi, qui donnera à l'Etat le moyen de coordonner et de subventionner les efforts faits pour réaliser la construction en France des grands réseaux de transport d'énergie électrique.

Dans un même ordre d'idées, l'Administration des Travaux Publics a poursuivi l'établissement du « Réseau électrique d'Etat des Régions Libérées » dont la construction a été autorisée sur les fonds du budget des dépenses recouvrables, par la loi du 11 août 1920.

Ce réseau constitue le premier exemple en France de grands réseaux de transport destinés à relier entre elles et sur divers centres de consommation les centrales électriques.

Les lignes prévues dans la région du Nord sont en service depuis 1920 entre Béthune, Lille, Douai, Valenciennes, Jeumont, Hirson, Beautor et Laon.

Les lignes de la région de l'Est seront mises en service dans le courant de 1922 entre Vincey, Nancy, Briey, La Houve, Mézières, Hirson et Reims.

La grande ligne Vincey-Nancy-Briey-Mézières fonctionnera provisoirement à 65.000 volts et les postes de transformation à 120.000 volts seront exécutés en 1922 et 1923.

La création de ce réseau représente un effort important qui aura grandement facilité la reprise de l'activité économique et industrielle dans nos malheureuses régions dévastées, où les services du contrôle des distributions d'énergie électrique ont également poursuivi la réfection des réseaux de distribution d'énergie électrique et réalisé de nombreuses installations et exploitations provisoires destinées à permettre d'attendre les réfections définitives.

Programme à envisager

Les lignes qui viennent d'être citées constitueront les premiers éléments des grands réseaux électriques pour la transmission de l'énergie à très haute tension, qui, dans un avenir prochain, desserviront le territoire.

Une carte ci jointe (voir annexe n° 3, page 49) figure, pour l'ensemble de la France, un programme schématique de ces grands réseaux, tels qu'ils sont concevables avec les données actuellement connues de la question.

Il ne s'agit là que d'un premier aperçu, modifiable au fur et à mesure de l'avancement des études concernant l'aménagement de nos ressources en énergie hydro-électrique, des progrès de la technique des transmissions à très haute tension et, enfin, des développements des besoins économiques, industriels et agricoles.

Le nombre de lignes suivant un même tracé et les caractéristiques de ces lignes seront précisées ultérieurement, après étude de chaque cas d'espèce.

Tels qu'ils sont figurés sur la carte, ces grands réseaux comprennent :

1° *Un réseau du Sud-Ouest*, à 150.000 volts, transmettant l'énergie des usines des Pyrénées et de la partie du Massif Central vers les centres de consommation de Nîmes, Béziers, Toulouse et Bordeaux.

Ce réseau assurera la jonction des usines des Pyrénées et du Massif Central et la transmission de l'énergie nécessaire à l'électrification des chemins de fer du Midi.

2° *Un réseau du Centre*, à 150.000 volts, transmettant l'énergie des usines du Massif-Central vers les centres de consommation des régions de Saint-Etienne, Roanne, Lyon, Dijon, Nevers, Clermont-Ferrand, Montluçon, Limoges, Bordeaux, Angoulème, Poitiers, La Rochelle, Nantes, Angers, Tours, Orléans et Paris.

Ce réseau servira également à la transmission de l'énergie nécessaire à l'électrification des chemins de fer de Paris à Orléans.

Il assurera la jonction des usines hydro-électriques du Massif Central avec la grande centrale thermique de Gennevilliers.

3° *Un réseau du Sud-Est*, à 120.000 volts ou 150.000 volts, transmettant l'énergie des usines du Rhône, des Alpes et du Jura vers les centres de consommation de Nice, Toulon, Marseille, Avignon, Valence, St-Etienne, Lyon, Mâcon, Le Creusot, Dijon et Besançon.

Ce réseau assurera la jonction des usines des Alpes, du Rhône, du Massif Central et du Jura et servira à la transmission de l'énergie nécessaire à l'électrification des chemins de fer de Paris à Lyon et à la Méditerranée.

A ce réseau se relieront les lignes destinées à la transmission vers Paris de l'énergie du Rhône. Ces lignes seront établies à 150.000 volts ou même à 220.000 volts, si les essais actuellement en cours aux Etats-Unis sur la ligne de Big-Creek à Los Angeles, pour la mise au point des installations à cette tension, donnent des résultats favorables.

Il paraît indiqué de prévoir au moins deux tracés différents pouvant chacun comporter une ou deux lignes, un tracé Lyon-Nevers et un autre Génissiat-Dijon.

4° *Un réseau du Nord-Ouest*, comprenant des lignes à 150.000 ou à 120.000 volts et quelques lignes à tension moindre, réseau desservant les divers centres de consommation de la région et assurant la jonction des grandes centrales de la région parisienne, des mines du Nord et du Pas-de-Calais, de Rouen, le Havre, Caen, Nantes et des usines marémotrices à établir sur les côtes de Bretagne, notamment sur la Rance.

5° *Un réseau du Nord-Est*, comprenant des lignes à 150.000 volts ou à 120.000 volts et quelques lignes à tension moindre, réseau desservant les centres de consommation de cette région et assurant la jonction des grandes centrales du Nord, du Pas-de-Calais, de Reims, des Ardennes, du Bassin de Briey, de Lorraine, d'Alsace et du Rhin.

Ce réseau servira également à la transmission de l'énergie hydro-électrique importée de Suisse en France, notamment pendant la période d'été.

A ce réseau se relieront les lignes destinées à transporter vers Paris l'énergie du Rhin.

Ces lignes seront à 150.000 volts ou peut-être à 220.000 volts. Deux tracés au moins seraient à envisager : un par Nancy-Epernay, l'autre par Troyes.

Combinaisons administratives et financières

Quelles sont les combinaisons administratives et financières à envisager pour la réalisation de ce vaste programme ? Plusieurs peuvent être imaginés, et aucun système ne doit être rejeté à *priori*, car pour aboutir vite il faut tenir compte, dans chaque cas particulier, des circonstances d'espèce qui commandent des solutions variées. Nous indiquerons quelques-unes de ces solutions déjà acceptées ou susceptibles de l'être dans l'avenir.

1° Construction par l'Etat, à ses frais ou avec participation des Sociétés intéressées; concession de l'exploitation du réseau à un régisseur intéressé.

C'est le système qui a été appliqué pour le réseau électrique d'Etat des régions libérées dont l'établissement a été autorisé par la loi du 11 août 1920. (*Journal Officiel* du 19 août 1920). La construction a été exécutée presque entièrement aux frais de l'Etat et l'exploitation sera concédée pour soixante-quinze ans en régie intéressée à deux sociétés anonymes (une pour la région du Nord, l'autre pour la région Est) constituées par le groupement des producteurs d'énergie électrique.

Ces sociétés seront administrées par un Conseil d'Administration composé pour deux cinquièmes de représentants de l'Etat et pour trois cinquièmes de représentants des producteurs.

Les statuts de ces sociétés, les conventions passées entre elles et l'Etat et le cahier des charges seront conformes aux modèles annexés à la loi du 11 août 1920 et approuvés par décrets délibérés en Conseil d'Etat.

Par dérogation aux dispositions de la loi du 24 juillet 1867 et des lois subséquentes qui l'ont modifiée, les administrateurs représentants de l'Etat ne seront pas tenus d'être propriétaires d'actions et seront désignés par le Ministre des Travaux Publics.

Ce système était le seul applicable pour l'établissement du réseau des régions libérées qu'il fallait exécuter d'extrême urgence à une époque où les travaux étaient difficiles et coûteux, mais où aucun retard n'était admissible, pour mettre à la disposition de nos départements envahis l'énergie électrique indispensable à la reprise de la vie économique industrielle et agricole de ces malheureuses régions.

Il s'agit donc là d'une combinaison exceptionnelle qui ne paraît pas devoir être souvent renouvelée, au moins avec une participation aussi large de l'Etat dans les dépenses de premier établissement.

2° Concession de la construction et de l'exploitation à des Sociétés mixtes constituées par des groupements où peuvent figurer l'Etat, les départements, les communes et toutes autres collectivités ou établissements publics, les concessionnaires ou consommateurs d'énergie électrique.

Aucune combinaison de cette nature n'a encore été adoptée pour la construction et l'exploitation de grands réseaux de transmission d'énergie, mais des systèmes de ce genre sont déjà inscrits dans la loi du 16 octobre 1919 relative à l'utilisation de l'énergie hydraulique, et prévus soit dans la loi du 27 mai 1921 relative à l'aménagement du Rhône, soit dans le projet de loi autorisant la création de réseaux de transport d'énergie électrique à haute tension.

Pour la législation actuelle, la loi du 16 octobre 1919 prévoit dans son article 28, § 12, des ententes à intervenir entre les divers concessionnaires ou permissionnaires établis sur les cours d'eau d'une même vallée ou d'un même bassin, sous la direction de l'administration et, le cas échéant, avec son concours financier.

Ces ententes, aux termes de la loi, concernent l'exécution des travaux d'intérêt collectif tels que lignes de jonction des diverses usines et lignes de transport d'énergie dans les départements voisins.

Ces ententes doivent être administrées par un Conseil composé, d'une part, de représentants de l'Etat et des Collectivités riveraines, désignés par l'autorité concédante et, d'autre part, de représentants nommés par les divers concessionnaires ou permissionnaires de la vallée ou du bassin.

La loi du 27 mai 1921 relative à l'aménagement du Rhône prévoit, dans le même ordre d'idées, des concessions données à des sociétés mixtes où l'Etat, les départements, les communes, les collectivités, les établissements publics, les concessionnaires ou consommateurs d'énergie seraient représentés. Or, parmi les installations dont la construction et l'exploitation seraient concédées figurent les collecteurs de courant électrique qui assureront la liaison de toutes les usines génératrices entre elles et la jonction entre le réseau ainsi constitué et Paris.

Des dispositions analogues pourraient être envisagées pour les lignes de transmission d'énergie du Rhin à Paris.

Dans la législation en préparation, le projet de loi autorisant la création de réseau de transmission électrique à haute tension adopté par la Chambre le 2 septembre 1919, et actuellement soumis au Sénat, prévoit la création d'organismes collectifs spéciaux, en vue de construire ou d'exploiter un réseau de lignes de transport à haute tension destinées à joindre les usines productrices entre elles et aux divers centres de consommation.

Ces organismes collectifs fonctionneront sous la direction et, le cas échéant, avec le concours financier de l'Etat et pourront réunir les producteurs et au besoin les distributeurs d'énergie, les départements, les communes et services publics d'une même région.

La forme et le mode de fonctionnement de ces organismes collectifs de transmission seront déterminés par un règlement d'administration publique.

3° Concession de la construction et de l'exploitation à des Compagnies de chemins de fer ou à des Sociétés dans lesquelles les Compagnies de chemins de fer prendront des participations.

Cette solution a été adoptée pour une partie des grandes lignes électriques destinées à la transmission de l'énergie des usines des Pyrénées jusque vers les régions de Toulouse et Bordeaux.

Ces lignes seront concédées à la Compagnie des Chemins de fer du Midi, et serviront principalement à la transmission de l'énergie nécessaire à l'électrification du chemin de fer.

Pour des motifs de sécurité et d'économie, en cas d'extension des besoins des chemins de fer, la capacité de transmission de ces lignes sera largement calculée.

Elles pourront donc être utilisées pour des transmissions d'énergie destinée à des tiers, dans les limites de la capacité de transmission restant disponible après satisfaction des besoins du chemin de fer.

Des solutions analogues sont à l'étude dans les régions où les Compagnies de chemins de fer de Paris-Orléans et Paris-Lyon-Méditerranée prévoient l'électrification de leurs lignes, soit qu'on concède les lignes de transmission aux Compagnies de chemins de fer, soit qu'on les concède à des Sociétés où les Compagnies prendraient des participations.

4° Concession de la construction et de l'exploitation à des Sociétés anonymes ordinaires avec ou sans concours financier de l'Etat.

Plusieurs lignes présentent pour les intéressés des avantages immédiats et certains; elles peuvent donc être concédées à des Sociétés anonymes ordinaires qui se déclarent prêtes à les construire avec ou sans concours financier de l'Etat.

Les initiatives de ce genre doivent être encouragées le plus possible, car elles constituent le meilleur critérium de l'utilité d'une ligne et, d'autre part, elles évitent ou atténuent les charges imposées au budget de l'Etat.

Prix d'établissement des réseaux à très haute tension et des péages à prévoir

Nous avons à examiner maintenant quel sera le coût de premier établissement des grandes lignes de transport à très haute tension, quelles sont les charges annuelles à prévoir et les péages à envisager pour le transport de l'énergie, ce qui nous permettra de calculer, en fonction du prix de revient de l'énergie aux bornes des usines, le prix du K.W.H. rendu en des centres de répartition convenablement choisis après avoir été transporté sur des distances qui pourront avoir de 100 à 500 kilomètres.

On peut admettre qu'actuellement (mai 1922), le prix d'une ligne à 120.000 ou à 150.000 volts est d'environ 2 francs par kilomètre et kilowatt de capacité de transport :

Exemple : 100.000 francs par kilomètre pour une ligne capable de transporter 50.000 K.W.

La dépense pour l'établissement des postes de transformation est d'environ 150 francs par K.W. de puissance installée.

Si on admet une utilisation moyenne annuelle pour la ligne de 3.000 heures et si on estime à 12 % les charges annuelles, le péage par K.W.H. s'évalue de la manière suivante avec un rendement global de 80 % tenant compte des 2 transformations et de la perte en ligne.

Par 100 kilomètres de ligne et par K.W.H. transporté, mesuré à l'arrivée.

$$\frac{200 \text{ fr.} \times 12/100}{0,8 \times 3.000} = 1 \text{ centime}$$

Pour 2 postes de transformation et par K.W. H. transport mesuré à l'arrivée.

$$\frac{2 \times 150 \text{ fr.} \times 12/100}{0,8 \times 3.000} = 1 \text{ cent.} 5$$

En outre, il faut diviser par 0,8 le prix de l'énergie aux bornes de l'usine. Si l'énergie revient aux bornes de l'usine à 6 centimes, elle doit donc être comptée à 7 cent. 5 puisqu'il s'en perd 20 % dans le transport et les transformations, cela fait encore une augmentation de 1 cent. 5.

On peut donc adopter la règle simple et assez exacte comme première approximation avec les prix actuels :

1° Majorer le prix aux bornes de l'usine d'une constance de 3 centimes (perte en ligne et 2 transformations, péage des 2 postes).

2° Majorer de 1 centime par 100 kilomètres de distance de transport (péage en ligne).

Ceci correspond à une utilisation de la ligne de 3.000 heures, à pleine puissance, en cas d'une meilleure utilisation les péages décroîtraient proportionnellement.

Ce serait l'inverse si l'utilisation était inférieure à 3.000 heures ce qu'il faut évidemment prévoir dans les premières années qui suivront la mise en service des lignes.

Exemple I : Transport à 500 km. (Rhône-Paris, Rhin-Paris, Dordogne-Paris.

	3.000 heures d'utilisation à pleine puissance par la ligne de transport	6.000 heures
Prix aux bornes de l'usine.	6 c.	6 c.
Perte en ligne et dans les transformations........	1,5	1,5
Péage pour 2 postes de transformation.........	1,5	0,75
Péage pour 500 km. de ligne.................	5	2,50
Prix de l'énergie à l'arrivée à une tension de distribution aux services publics.	14 c.	10 c. 75

Exemple II : Transport à 350 km. (Dordogne-Nantes).

	3.000 heures d'utilisation à pleine puissance par la ligne de transport	6.000 heures
Prix aux bornes de l'usine.	6 c.	6 c.
Perte en ligne ou dans les transformations........	1,5	1,5
Péage pour 2 postes de transformation........	1,5	0,75
Péage pour 350 km. de ligne..................	3,5	1,75
Prix total........	12,5	10 c.

Les exemples qui précèdent montrent que si l'énergie revient aux bornes des usines hydrauliques à 6 cent. elle peut avantageusement, après transport à des distances atteignant jusqu'à 500 km, venir concurrencer l'énergie thermique produite par les grandes centrales modernes dont nous avons chiffré ci-dessus le prix de revient à environ 15 cent. aux bornes des usines, pour du charbon à 80 francs la tonne.

Le calcul changerait si le charbon baissait à 40 francs la tonne, car alors le prix de revient de l'énergie thermique produit dans les très grandes centrales pourrait descendre à 10 cent. Mais une baisse importante du prix du charbon ne saurait se produire sans une baisse corrélative des prix des matières premières et des salaires.

Le coût du 1er établissement des usines hydro-électriques et des grandes lignes de transport d'énergie, ainsi que les charges annuelles concernant ces installations subiraient donc des réductions parallèles, et le prix de revient du K.W.H. d'origine hydraulique pourrait continuer à concurrencer dans des conditions avantageuses l'énergie thermique.

IV. RESEAUX REGIONAUX OU DEPARTEMENTAUX DE REPARTITION DE L'ENERGIE A HAUTE TENSION (30.000 à 75.000 volts).

Nous avons déjà signalé qu'en raison du prix élevé des postes de transformation à très haute tension (90.000 à 220.000 volts), ainsi que des conditions techniques de fonctionnement des lignes de transport, le nombre des postes devait être aussi réduit que possible. En principe, il faut éviter d'établir des postes de cette nature pour desservir des puissances inférieures à 10.000 kilowats, et les espacements à prévoir pour ces postes sont de l'ordre 100 à 150 kilomètres suivant les régions.

Les grands réseaux de transport d'énergie inter-régionaux doivent donc être complétés par des réseaux régionaux ou départementaux de répartition de l'énergie à haute tension (30.000 à 75.000 volts).

Les conditions d'établissement de ces réseaux, ainsi que les tensions et les capacités de transport à prévoir varient considérablement suivant les régions et la nature du service à prévoir.

En général, ces réseaux seront établis soit par les Sociétés de distribution d'énergie, soit par les collectivités intéressées ou avec leur concours.

Nous sortirions du cadre de ce rapport en examinant des questions en détail. Nous nous bornerons à indiquer ici l'ordre de grandeur des péages à prévoir pour le passage de l'énergie sur ces réseaux.

On peut admettre qu'actuellement (mai 1922) le prix des lignes de 30.000 à 75.000 volts est d'environ 3 à 4 fr. par kilomètre et par kilowatt de capacité de transport.

La dépense pour l'établissement des postes de transformation est d'environ 75 fr. par K.W. de puissance installée.

Avec une utilisation moyenne annuelle de 1.500 heures, et des charges annuelles de 15 0/0, le péage par K.W.H. s'évalue de la manière suivante pour un rendement global de 85 0/0 tenant compte d'une transformation et de la perte en ligne :

pour 40 kilomètres de ligne et par K.W.H. transporté, mesuré à l'arrivée
$$\frac{3,50 \times 15/100 \times 40}{0,85 \times 1.500} = 1 \text{ c. } 5$$

pour un poste de transformation par K.W.H. transporté, mesuré à l'arrivée
$$\frac{75 \text{ fr.} \times 15/100}{0,85 \times 1.500} = 0 \text{ c. } 9$$

soit au total 2 c. 5.

On voit ainsi que le passage de l'énergie sur ces réseaux peut comporter en moyenne et à titre de première approximation une charge supplémentaire d'environ 4 c.

En outre, il faut majorer le prix de revient de l'énergie au départ pour tenir compte de la perte de 15 0/0. Si le prix est de 15 c. (énergie produite dans des grandes centrales thermiques, ou énergie hydraulique transportée à 3 ou 400 kilomètres) cela représente une majoration d'environ 2 c. 5.

Le passage de l'énergie sur ces réseaux de répartition de l'énergie à haute tension correspond donc à une charge qui peut être évaluée en moyenne à 5 c.

En rapprochant ce renseignement de ce que nous avons dit plus haut, on voit qu'on peut espérer dans un avenir prochain répartir sur tout le territoire, en des postes de tension comprise entre 3.000 et 15.000 volts, et convenablement placés, l'énergie électrique à des prix de revient pouvant varier suivant les régions et les distances de transport (1) :

Entre *6 et 18 centimes* pour l'énergie d'origine hydraulique. Entre *13 et 18 centimes* pour l'énergie d'origine thermique.

---

(1) Ces chiffres justifient à *posteriori* la valeur du programme de production et de transport exposé ci-dessus. Il serait, en effet, impossible d'arriver à des prix de revient aussi bas en installant des usines locales de faible ou de moyenne puissance.
A titre d'exemple, une centrale à vapeur capable de fournir une puissance de 7.0 0 kilowatts en points, équipée avec des turbo-alternateurs modernes (5 turbos de 5.500 K.W. dont un de rechange) coûterait environ 12 millions de francs et donnerait pour une production de 14 millions de K.W.H. un *prix de revient* d'environ 28 c. par K.W.H. *pris aux bornes de l'usine* (charbon à 80 fr. la tonne).

En réservant une marge de 30 0/0 pour tenir compte aux divers intermédiaires des aléas et des superbénéfices (1) on arriverait *pour les régions les moins favorisées* à un prix de vente moyen d'environ 24 c. par K.W.H. pris aux bornes des transformateurs fournissant de l'énergie à une tension comprise entre 5.000 et 15.000 volts. Il reste ensuite à distribuer cette énergie par les réseaux à moyenne et à haute tension, notamment par les réseaux ruraux.

Les prix de vente à prévoir aux points d'utilisation dépendront de la nature des utilisations envisagées, éclairage, chauffage, petite force motrice, force motrice industrielle, etc... ainsi que des charges à envisager pour l'établissement et l'exploitation des réseaux de distribution à moyenne tension (5000 et 15.000 volts) et des réseaux à basse tension (115 à 230 volts).

Ces questions feront l'objet d'autres rapports qui seront soumis à la sous-commission technique, le présent rapport étant limité à la production de l'énergie et à son transport jusqu'aux réseaux à tension comprise entre 5.000 et 15.000 volts.

V. CONCLUSIONS

Il nous reste maintenant à dégager les conclusions des études qui précèdent, et à indiquer sous quelle forme une intervention efficace de la commission interministérielle devrait se produire pour faciliter la tâche déjà entreprise par le Ministère des Travaux Publics en vue de favoriser et d'organiser conformément à un plan rationnel la production, le transport et la distribution de l'énergie en France, et en particulier dans les campagnes.

La commission interministérielle devrait à notre avis prendre sur le rapport de sa sous-commission technique la délibération dont nous présentons ci-dessous le projet :

Commission interministérielle pour la diffusion de l'énergie électrique dans les campagnes

Délibération relative à la production et au transport de l'énergie électrique en France

La Commission,

Vu le rapport qui lui a été présenté par sa sous-commission technique au sujet de la production et du transport de l'énergie électrique en France,

Considérant que les utilisations rurales de l'énergie électrique ne constituent qu'une faible fraction des utilisations à envisager dans l'ensemble du pays, que par suite il convient de s'attacher tout d'abord à résoudre le problème de la fourniture de l'énergie électrique à bon marché sur l'ensemble du territoire, quelles que soient les utilisations de cette énergie,

Considérant que, pour favoriser cette fourniture à bon marché de l'énergie électrique, les pouvoirs publics doivent s'attacher avant tout à provoquer l'amé-

nagement rationnel conformément à un plan d'ensemble des précieuses ressources hydrauliques naturelles dont le pays dispose, sa conjugaison avec la construction d'un nombre aussi restreint que possible de grandes centrales thermiques modernes et le transport dans toute la France au moyen de réseaux électriques à haute tension de l'énergie ainsi captée,

En ce qui concerne plus particulièrement la production de l'énergie,

Considérant que les Ministères des Travaux Publics et de l'Agriculture ont déjà procédé au recensement général des ressources hydrauliques dont le pays dispose, qu'il résulte de ce recensement dont le détail est donné à l'annexe n° 1 jointe à la présente délibération, que la puissance normale disponible des usines hydrauliques s'élève à environ 1.030.000 kilowatts pour les usines en service, 350.000 K.W.H. pour les usines en construction et 3.500.000 K.W. pour les usines en projet et réalisables dans un délai de 15 à 20 ans,

Que, par suite, l'aménagement de l'ensemble de ces usines correspondra à une puissance disponible totale d'origine hydraulique d'environ 5 millions de kilowatts qui excède très notablement tous les besoins de la consommation qui peuvent se manifester pendant la période envisagée, y compris ceux concernant l'électrification de 9.000 kilomètres de chemins de fer,

Que, par suite, le problème qui se pose est moins de produire intensivement et à tous prix des K.W.H. hydrauliques, que de choisir ceux dont le prix de revient est le plus bas,

Considérant que l'aménagement des 3.500.000 K.W.H. des usines hydrauliques en projet permettrait de réaliser une économie annuelle d'au moins 20 millions de tonnes de charbon,

Que l'aménagement rationnel de nos ressources hydrauliques procurera ainsi au pays, outre le bénéfice direct de la diminution du prix de revient de l'énergie, un bénéfice indirect plus important encore, puisque la collectivité sera ainsi affranchie de la nécessité d'importer à grands frais, et au détriment de notre change et de notre balance commerciale, le combustible nécessaire au développement économique, industriel et agricole du pays, mais que ce résultat ne peut être atteint que si cet aménagement est conduit avec prudence et avec la préoccupation constante d'éviter les intérêts intercalaires,

Considérant que les Ministères des Travaux Publics et de l'Agriculture sont d'accord sur le programme d'aménagement à adopter, décrit dans des documents annexés à la présente délibération (liste et carte des usines hydrauliques annexes n° I et n° II) et comprenant notamment la réalisation de trois grands projets d'intérêt national : l'aménagement du Rhône, celui du Rhin et celui de la Dordogne,

Que l'accord existe également sur l'utilité d'orienter ces aménagements dans le sens de l'amélioration de la qualité de l'énergie produite, en assurant une meilleure régularisation et une plus grande souplesse d'emploi de cette énergie grâce à la création de réservoirs régulateurs de grande capacité,

---

(1) Les prix de revient indiqués ci-dessus comportent déjà l'intérêt et l'amortissement des capitaux, c'est pourquoi nous employons le terme de « superbénéfice ».

Qu'en raison de l'intérêt collectif manifeste que présentent les aménagements de nos chutes d'eau, il importe de les favoriser par tous les moyens, notamment par l'allocation de subventions accordées dans les conditions prévues par les articles 7, 10 et 28 de la loi du 16 octobre 1919 ; qu'à cet effet il est opportun de demander à M. le Ministre des Travaux Publics et à M. le Ministre des Finances de se montrer très larges dans les demandes de crédits à inscrire chaque année dans la loi de finances pour les subventions ou avances concernant l'aménagement des chutes d'eau, et d'attirer tout spécialement l'attention de MM. les Parlementaires sur l'intérêt capital qui s'attache à ce que les crédits demandés chaque année pour cet objet soient intégralement accordés,

En ce qui concerne plus particulièrement les transports d'énergie,

Considérant que le Ministère des Travaux Publics a déjà préparé le programme d'ensemble des grands réseaux de transport d'énergie à haute tension qui permettront d'alimenter toutes les régions du territoire, et en particulier les campagnes, au moyen de l'énergie produite à bas prix par les usines hydroélectriques ou par les grandes centrales thermiques de type moderne,

Considérant que ce programme peut être approuvé sous réserve d'y apporter les modifications et précisions de détail qui seront reconnues nécessaires lorsque les projets des diverses lignes auront été étudiés,

Considérant que pour faciliter la création de ces grands réseaux de transport, pour leur apporter le concours financier de l'Etat, souvent indispensable en raison de l'importance des dépenses à engager et de l'aléa des travaux de cette nature, et enfin, pour assurer la coordination de l'exploitation des différentes lignes concédées séparément, le Ministère des Travaux Publics a présenté en 1919 un projet de loi modifiant la loi du 15 juin 1906, et prévoyant la construction ou l'exploitation de grands réseaux de transport d'énergie à haute tension par « des organismes collectifs », organismes qui fonctionneraient sous la direction et éventuellement avec le concours de l'Etat, et grouperaient pour une même région, dans une association d'un type nouveau, les producteurs et les distributeurs d'énergie, ainsi que les départements, les communes, et les autres collectivités intéressées,

Considérant que ce projet de loi a été voté le 2 septembre 1919 par la Chambre des Députés, mais n'a pas encore été adopté par le Sénat, qu'il est urgent de faire aboutir ce projet, de manière à donner à l'Etat les moyens nécessaires pour coordonner les initiatives privées, et subventionner la construction des grands réseaux de transport d'énergie en prélevant les sommes nécessaires sur des crédits qui seraient mis chaque année, à cet effet, à la disposition du Ministre des Travaux Publics par la loi des finances,

Est d'avis :

1° D'attirer l'attention des pouvoirs publics et de MM. les Membres du Parlement sur l'intérêt capital que présente pour le pays en général et pour les campagnes en particulier la fourniture de l'énergie électrique à bon marché, qui exige en procédant avec prudence, et en échelonnant judicieusement les travaux, l'aménagement rationnel, conformément à un plan d'ensemble, des précieuses ressources hydrauliques dont la France dispose, et le transport sur tout le territoire, au moyen de grands réseaux électriques à haute tension, de l'énergie ainsi captée ;

2° D'approuver le programme d'aménagement des usines hydrauliques préparé par les Ministères des Travaux Publics et de l'Agriculture, et décret dans les documents annexés à la présente délibération (annexes n° I et II, liste et carte des usines hydrauliques) étant spécifié :

D'une part, qu'il sera fait après études plus complètes un choix judicieux pour l'ordre dans lequel les usines seront aménagées, de manière à échelonner convenablement les programmes de construction, et à obtenir la production de l'énergie au prix de revient le plus avantageux en diminuant les intérêts improductifs qui résulteraient d'une trop grande précipitation,

D'autre part, qu'on s'efforcera d'améliorer la qualité de l'énergie produite, en assurant une meilleure régularisation de cette énergie grâce à la création de réservoirs régulateurs de grande capacité ;

3° De signaler à M. le Ministre des Travaux Publics et à M. le Ministre des Finances l'opportunité de calculer très largement les demandes de crédits à inscrire chaque année dans la loi de finances pour subventions à accorder à l'aménagement de nos chutes d'eau, et à la création des réservoirs, et d'attirer tout spécialement l'attention de MM. les Membres du Parlement sur l'intérêt capital qui s'attache à ce que les crédits demandés chaque année sur ce chapitre soient intégralement accordés ;

4° D'approuver le programme d'ensemble préparé par le Ministère des Travaux Publics, et figuré sur le plan annexé à la présente délibération (annexe n° III) pour la création de grands réseaux de transport d'énergie électrique à haute tension, ceci sous réserve des modifications et précisions de détail qu'il sera reconnu nécessaire d'apporter à ce programme lorsque les projets des diverses lignes auront été étudiés ;

5° D'attirer l'attention de MM. les Membres du Parlement, et en particulier de MM. les Sénateurs, sur l'intérêt qui s'attache à ce que la loi relative à la création des organismes collectifs de transport votée à la Chambre le 2 septembre 1919, et actuellement soumise au Sénat, soit définitivement adoptée par le Parlement, et que les crédits les plus larges soient chaque année mis par la loi de finances à la disposition de M. le Ministre des Travaux Publics pour subventions à accorder à l'établissement des grands réseaux de transport d'énergie électrique à haute tension.

Signé : LE VERRIER.

MINISTÈRE DES TRAVAUX PUBLICS

DIRECTION DES FORCES HYDRAULIQUES et des DISTRIBUTIONS D'ENERGIE ÉLECTRIQUE

LISTE

des principales usines hydrauliques
en service, en construction ou en projet,
en Janvier 1922

NOTICE EXPLICATIVE

Les Chiffres donnés correspondent aux puissances normales disponibles en kilowatts calculés par la formule :

$$P = 7 \times Q \times H$$

où Q représente le débit moyen en mètres cubes par seconde et H la hauteur nette moyenne de la chute en mètres.

Les usines dont la puissance normale disponible est inférieure à 200 kilowatts ne figurent pas sur cette liste.

Les chiffres des puissances ont d'ailleurs été arrondis par 10.

Les numéros de la colonne 1 sont destinés simplement à établir la correspondance avec la carte (1).

de 1 à   25 pour les régions du Nord-Ouest et du Nord
   26 à 100   —   —   Nord-Est
 101 à 500   —   —   Sud-Est
 501 à 700   —   —   Centre
 701 à 999   —   —   Sud-Ouest

Dans la colonne 7 figurent les usines faisant l'objet d'une demande en concession actuellement en instance (janvier 1922) et dont les travaux ne sont pas encore commencés, ainsi que celles qui sont simplement prévues par les plans d'aménagement.

___

(1) Voir la carte page 48.

RÉGION DU NORD-OUEST

N° d'ordre	COURS D'EAU	NOM DES USINES	PROPRIÉTAIRES, LOCATAIRES ou EXPLOITANTS	PUISSANCE NORMALE en Kw. des usines			RÉGIME A. Autorisations C. Concessions et dates de réglementation
				en service	en construction	en projet	
1	2	3	4	5	6	7	8
1	Risle.	....	Société des Etablisssements de la Risle	200	......	......	
2	Orne.	Futauges.	....	......	......	5.000	
3	Vire.	Usine de Vire.	....	......	.....	500	
4	Sélune.	Vézins.	....	......	.....	3.600	
5	id.	La Roche-qui-Boit.	Société Anonyme des forces de la Sélune...............	1.330	.....	....	
6	Rance.	Rophemel.	....	....	.....	1.300	
7	id.	Usine de Marée.	....	....	.....	50.000	
7 bis	L'Arguenon.	Usine de Marée.	....	....	.....	1.500	
8	Le Gouessant.	Ponts Neufs.	Compagnie centrale d'éclairage et de chauff. par le gaz.	250	.....	......	
9	Le Gouet.	....	....	.....	250	....	
10	Le Trieux.	Pontrieux.	....	......	.....	300	
11	....	Diouris.	....	.....		450	
12	....	Usine de Marée.	....	....	.....	1.000	
12 bis	....	Usine de Marée.	....	.....	.....	1.000	
13	Elorn.	Traon Elorn.	Société Anonyme de la Grande Briqueterie de Landerneau..	220	......	......	
14	Odet.	Moulin de Soul.	....	700	.....	....	
15	Issole.	Laboissière.	id. M. Bollore............	210	.....	....	
16	Ellé.	Les Roches-du-Diable.	....	....	....	480	
17	id.	Musoir-le-Rogrand.	....	.....	.....	250	
18	Blavet.	....	....	....	.....	7.300	
19	Canal du Blavet.	Cambleu.	....	......	......	200	
20	id.	Trémorin.	....	.....	.....	210	
21	Mayenne.	Bas-Hambert.	....	.....	.....	....	
21 bis	id.	La Verrerie.	....	.....	.....	4.000	
21 ter	id.	Moulin Oger.	....	.....	.....	....	
22	Cure et affluents.	Usine de la Cure.	Département de l'Yonne et de la Nièvre...................	......	9.000	.....	C. 25 août 1921.
		TOTAL POUR LA RÉGION DU NORD-OUEST............		2.910	9.250	76.490	

RÉGION DU NORD-EST

N° d'ordre	COURS D'EAU	NOM DES USINES	PROPRIÉTAIRES, LOCATAIRES ou EXPLOITANTS	PUISSANCE NORMALE en Kw. des usines			RÉGIME — A. Autorisations C. Concessions et dates de réglementation
				en service	en construction	en projet	
1	2	3	4	5	6	7	8

BASSIN DE LA MEUSE

N° d'ordre	COURS D'EAU	NOM DES USINES	PROPRIÉTAIRES, LOCATAIRES ou EXPLOITANTS	en service	en construction	en projet	RÉGIME
26	La Semoy.	Haute-Rivière.				600	
27	id.	Thilay.				1.700	
28	La Meuse.	Monthermé.				700	
29	id.	Revin.				1.200	
30	id.	Ham.				1.700	
		Total pour le Bassin de la Meuse				5.900	

BASSIN DE LA MOSELLE

N° d'ordre	COURS D'EAU	NOM DES USINES	PROPRIÉTAIRES, LOCATAIRES ou EXPLOITANTS	en service	en construction	en projet	RÉGIME
32	Moselle.	Eleyes.				1.000	
33	id.	Archettes.				2.050	
34	id.	Soba.				1.440	
35	id.	Saint-Laurent.				1.430	
36	id.	Thaon.				750	
37	id.	Virecourt.				1.600	
38	id.	Velle.				2.000	
39	id.	Messein.	Etat (Sce de la navigation et ville de Nancy)	200			Exploitation par l'Etat.
40	id.	Sexey.				350	
41	id.	Maron.				300	
42	id.	Villey.				300	
43	Meurthe.	Contramoulin.				500	
44	id.	Le Sauloy.				500	
45	Moselle.	Millery.	Station électrique de Millery	300			
46	id.	Monze.				3.300	
47	id.	Arc.				500	
48	id.	Maux.				1.500	
49	id.	Aux futures écluses de la Moselle à canaliser				600	
50	id.					600	
51	id.					600	
52	id.					600	
53	id.					600	
		Total pour le Bassin de la Moselle		500		17.520	

N° d'ordre	COURS D'EAU	NOM DES USINES	PROPRIÉTAIRES, LOCATAIRES ou EXPLOITANTS	PUISSANCE NORMALE en Kw. des usines			RÉGIME — A. Autorisations C. Concessions et dates de réglementation
				en service	en construction	en projet	
1	2	3	4	5	6	7	8
		BASSIN DU RHIN					
55	La Doller.	Usine de tissage Zeller.	Zeller et Cie....................	210	.....	.....	
56	id.	Usine de tissage Berger.	Berger et Cie.................	210	.....	.....	
57	id.	Usine de filature Biau.	Biau et Cie..................	290	.....	.....	
60	La Thur.	Usine de tissage Kullmann.	Kullmann et Cie.............	220	.....	.....	
61	id.	Usine Scheurer.	Scheurer Lauth.............	320	.....	.....	
62	id.	....	Sté des Forges et Ateliers de la Fournaise...............	220	.....	.....	
65	La Lauch.	Filatre Martin Astruc.	Martin Astruc...............	590	.....	.....	
66	id.	Manufact. de Bühl.	M. Lhomme..................	230	.....	.....	
67	id.	Filature Bourcart.	Bourcart....................	340	.....	.....	
71	Weiss.	Fabrique Hartmann.	Hartmann et fils.............	440	.....	.....	
72	....	Usine Weibel.	Weibel et Cie.................	210	.....	.....	
73	....	id.	id.	260	.....	.....	
74	....	Fabrique Hofer.	Kiener fils..................	220	.....	.....	
80	Ill.	Usine de Hutten-Heim.	Filature et tissage de Huttenheim	260	.....	.....	
82	id.	Usine de Wilbolsheim.	Sté d'Electricité d'Ilkirch-Graffenstaden..............	400	.....	.....	
83	id.	Graffenstaden.	Sté Alsacienne constructions mécaniques................	310	.....	.....	
84	id.	Moulin d'Ilkirch.	Baumann	390	.....	.....	
86	Bruche.	Filature Sellier.	Sellier et Cie.................	210	.....	.....	
88	Ill.	Spitzmülh et Domzmülh.	Sté des Glacières Strasbourgeoises....................	300	.....	.....	
89	id.	Papeteries de La Robertsan.	Société des Papeteries de la Robertsan..................	250	.....	.....	
90	Gd Canal d'Alsace.	Kembs.	....	.....	.....	55.600	
91	id.	Hombourg.	....	.....	.....	63.800	
92	id.	Blodelsheim.	....	.....	.....	64.400	
93	id.	Neuf-Brisach.	....	.....	.....	64.900	
94	id.	Markolsheim.	....	.....	.....	67.200	
95	id.	Diebolsheim.	....	.....	.....	64.400	
96	id.	Gerstheim.	....	.....	.....	77.600	
97	id.	Neuhof.	....	.....	.....	53.200	
			TOTAL POUR LE BASSIN DU RHIN..........	5.910	.....	505100	

RÉGION DU SUD-EST

N° d'ordre	COURS D'EAU	NOM DES USINES	PROPRIÉTAIRES, LOCATAIRES ou EXPLOITANTS	PUISSANCE NORMALE en Kw. des usines			RÉGIME — A. Autorisations C. Concessions et dates de réglementation
				en service	en construction	en projet	
1	2	3	4	5	6	7	8

BASSIN DES DRANCES

N° d'ordre	COURS D'EAU	NOM DES USINES	PROPRIÉTAIRES, LOCATAIRES ou EXPLOITANTS	en service	en construction	en projet	RÉGIME
101	Drance d'Abondance.	Bonnevaux.	Sté d'électricité du Chablais à Thonon (Sté des produits chimiques Coignet à Lyon).	3.300	.....	.....	
102	Eau noire.	Eau Noire.	.....	.....	.....	900	A. 15 déc. 1916.
103	Drance d'Abondance.	Fion.	.....	.....	.....	4.350	
104	id.	Chevenoz.	Sté Electrique d'Evion-Thonon-Annemasse à Thonon..	650	.....	.....	A. 26 av. 1897 et 12 oct. 1901.
105	id.	Bioge.	.....	.....	.....	7.400	
		TOTAL POUR LE BASSIN DE LA DRANCE		3.950	.....	12.650	

BASSIN DE L'ARVE

N° d'ordre	COURS D'EAU	NOM DES USINES	PROPRIÉTAIRES, LOCATAIRES ou EXPLOITANTS	en service	en construction	en projet	RÉGIME
107	Arve.	Les Houches.	.....	.....	.....	1.500	
108	id.	Les Chavants.	La Cie P.-L.-M.	2.300	.....	.....	A. 6 mars 1896.
109	id.	Servoz.	.....	1.800	.....	.....	A. 24 juil. 1907, 4 av. 1913
110	id.	Chedde.	Cie des Produits Chimiques d'Allais et de la Camargue..	4.900	.....	.....	A. 20 fév. 1893.
111	id.	Passy.	.....	.....	.....	2.800	
112	Le Bonnant.	Bionnay.	Société Electro-métallurgique Girod, à Ugine	1.200	.....	.....	A. 9 juin 1909.
113	id.	Les Rateaux.	Cie des Produits Chimiques d'Alais et de la Camargue...	2.200	.....	.....	A. 15 déc. 1909.
114	id.	Le Fayets.	Compie Electro-métallurgique Girod, à Ugine	4.600	.....	.....	A. 5 avril 1902.
116	Arve.	Cex.	Sté des Ets Beccat	.....	.....	17.500	
117	id.	Cluses.	.....	.....	.....	5.200	
118	Foron du Reposoir.	Scionzier.	Sté des Forces Mot. du Foron.	300	.....	.o...	A. 15 avril 1907.
119	Arve et Giffre.	Anterne.	.....	.....	.....	2.800	
120	Giffre.	Sixt.	.....	.....	.....	5.900	
121	id.	Verchaix.	.....	.....	.....	5.700	
122	id.	Pt du Giffre à St-Jeoire.	Sté d'électro-chimie et d'élec-métallurgie	4.800	.....	.....	A. 17 juin 1899, 5 av. 1906, 23 mars 1908.
123	Le Borne.	Entremont.	.....	.....	.....	2.000	
124	id.	Petit-Bornand.	.....	.....	.....	2.600	
125	id.	Borne infr.	Etablissements Beccat.......	.....	3.000	.....	En instruction.
126	Arve.	Teignier.	M. Beauvois, industriel......	.....	.....	3.300	
127	id.	Arthaz.	id.	.....	.....	2.480	
		TOTAL POUR LE BASSIN DE L'ARVE		22.300	3.000	51.780	

N° d'ordre	COURS D'EAU	NOM DES USINES	PROPRIÉTAIRES, LOCATAIRES ou EXPLOITANTS	PUISSANCE NORMALE en Kw. des usines			RÉGIME — A. Autorisations C. Concessions et dates de réglementation
				en service	en construction	en projet	
1	2	3	4	5	6	7	8
130	Rhône.	Pougny-Chancy	Société des Forces Motrices de Chancy-Pougny............	17.000	......	.....	C. 20 mars 1918.
131	id.	Coupy.	Sté Fce des F. H. du Rhône...	5.900	.....	.....	A. 31 mai 1871.
1 2	id.	Bloise.	id.	8.800	......	......	C. 27 déc. 1918.

BASSIN DE LA VALSERINE

N° d'ordre	COURS D'EAU	NOM DES USINES	PROPRIÉTAIRES, LOCATAIRES ou EXPLOITANTS	en service	en construction	en projet	RÉGIME
135	Valserine.	Usine de Niaiset.	M. Vallez, à Bourg............	......	.....	6.900	
136	id.	Usine de Sous-Roche.	id.	.....	......	2.100	
137	id.	Sous-Roche.	Cie du Ch. de fer d'intérêt local de Bellegarde à Chezery....	650	.....	.....	C. 29 av.1906. Barrage régl. le 26 fév. 1914.
138	id.	Moulin-des-Pierres.	M. Grammont.................	.....	2.200	.....	A. 10 juill. 1917.
139	id.	Bellegarde.	M. de Chanteau..............	370	......	.....	A. 14 sept. 1892.
			TOTAL POUR LE BASSIN DE LA VALSERINE..........	1.020	2.200	9.000	
140	Rhône.	Génissiat.	....	......	.....	1 10000	
141	id.	Eilloux.	....	......	.....	13000	

BASSIN DU FIER

N° d'ordre	COURS D'EAU	NOM DES USINES	PROPRIÉTAIRES, LOCATAIRES ou EXPLOITANTS	en service	en construction	en projet	RÉGIME
143	Thiou.	Cran.	Sté des Fond. et Forg. de Cran.	330	.....	.....	C. Gouv. Sarde.
144	id.	Grand-Gévrier.	Aussedat et Cie................	250	.....	.....	C. Gouv. Sarde. Décret du 7 oct. 1843.
145	Fier.	Brassily.	Sté des Forces du Fiers à Annecy.	1.500	.....	.....	A. 23 juin 1897.
146	id.	Chavaroche.	id.	.....	3.700	.....	A. 26 juin 1918.
147	id.	Val-de-Fier.	Sté hydro-électrique de Lyon, 31, rue Ferrandière à Lyon.	12.500	.....	.....	C. 31 août 1913.
			TOTAL POUR LE BASSIN DU FIER..........	14.600	3.700	.....	
149	Rhône.	Maty.	....	.....	.....	32.000	
150	id.	Brens.	....	.....	.....	20.000	
151	id.	Peyrieux.	....	.....	......	17.000	

BASSIN DU GUIERS

N° d'ordre	COURS D'EAU	NOM DES USINES	PROPRIÉTAIRES, LOCATAIRES ou EXPLOITANTS	en service	en construction	en projet	RÉGIME
153	Guiers.	Saint-Béron.	Sté Electro-métallurg. de St-Béron.	3.000	.....	......	A. 9 juin 1883.
154	Thiers.	La Bridoire.	Sté Hydro-élect. de la Bridoire.	6.100	......	.....	A. 8 juillet 1909.
			TOTAL POUR LE BASSIN DU GUIERS..........	9.100	......	.....	
155	Rhône.	Groslée.	....	.....	......	20.000	

| N° d'ordre | COURS D'EAU | NOM DES USINES | PROPRIÉTAIRES, LOCATAIRES ou EXPLOITANTS | PUISSANCE NORMALE en Kw. des usines | | | RÉGIME — A. Autorisations C. Concessions et dates de réglementation |
| | | | | en service | en construction | en projet | |
1	2	3	4	5	6	7	8
			BASSIN DE L'AIN				
158	Ain.	Bourg-de-Sirod.	Sté des Forces de Franche-Comté.	.....	1.040	.....	A. 10 déc. 1918.
159	Lac de Chalain.	Chalain.	L'Union électrique.	1.100	.....	......	Propriété privée.
160	Ruisseau de Dombief. Lac de la Motte. Lac du Petit-Macbu. Lac du Grand-Macbu	La Motte.	id.	.....	......	4.800	
161	Le Durlon. Lac de Val. Lac Chambly. Le Hérisson. La Sirène.	Chambly.	id.	.....	......	4.200	
162	Ain.	Pt-de-la-Pile.	id.	.....	.....	7.200	
163	id.	La Chartreuse-de-Vaucluse.	Sté Industrie et Force.	.....	.....	4.850	
164	id.	Saut-Mortier.	L'Union électrique..........	4.600	.....	.....	C. 21 avril 1910.
165	Oignin.	Trablettes.	Sté des Forces de l'Oignin. ...	.....	1.100	......	C. 21 août 1919.
166	id.	Charmines.	Cie Lyonnaise d'électricité....	1.500	.....	......	A. 21 nov. 1887.
167	id.	Ferrières.	Sté des Forces de l'Oignin. ...	.....	800	.....	C. 21 août 1919.
168	id.	Izernore.	id.	2.400	.....	.....	A. 20 juil. 1916.
169	id.	Matafelon.	....	.....	.....	7.000	
170	Ain.	Cize-Bolozon.	Sté Rhône et Jura............	.....	.....	8.200	
171	id.	Allement.	M. Duchamp................	250	.....	.....	C. 3 juin 1895.
172	id.	Oussiat.	Les Petits-Fils de J. Bonnet...	250	.....	.....	A. 21 mars 1888.
173	id.	Priay.	MM. Vuillermoz et Tézenas du Montcel....................	.....	2.200	.....	C. 11 mai 1920.
174	id.	Gévrieu.	id.	.....	1.500	.....	id.
175	id.	Pollet.	Syndicat pour l'aménagement de l'Ain Inférieur...........	.....	.....	7.500	
			TOTAL POUR LE BASSIN DE L'AIN..........	10.400	6.640	43.750	
178	Rhône.	Villette.	....	.....	.....	25.000	
180	id.	Cusset.	Sté Lyonnaise des Forces Motrices du Rhône...........	11.800	.....	......	C. 9 juil. 1892.
			BASSIN DU DOUBS				
185	Doubs.	Les Gaillots.	....	.....	.....	26.000	
186	id.	Le Refrain.	Sté des Forces Motrices du Refrain.	9.940	.....	.....	A. 8 janv. 1907.
187	id.	La Goule.	Sté des Forces Motrices de la Goule..	4.680	.....	......	A. 20 juin 1898.
187 bis	id.	Usine Electrique de Montjoie.	Sté Electrique de Montjoie ...	450	.....	.....	Non réglementée.
187 ter	id.	Forges de Bourguignon.	Peugeot et Cie...............	280	.....	.....	A. 22 mars 1854.
188	id.	Gourrois-s.-Hippolyte	....	.....	.....	8.400	
			A reporter...........	15.350	.....	34.400	

| Nº d'ordre | COURS D'EAU | NOM DES USINES | PROPRIÉTAIRES, LOCATAIRES ou EXPLOITANTS | PUISSANCE NORMALE en Kw. des usines | | | RÉGIME A. Autorisations C. Concessions et dates de réglementation |
| | | | | en service | en construction | en projet | |
1	2	3	4	5	6	7	8
			Report	15.350	.....	34.400	
189	Doubs.	Liebvillers.	Sté des Forges et Visseries de St-Hippolyte	850	.....	.....	A. 25 juil. 1846.
189 bis	id.	Liebvillers.	....	.....	.....	2.200	
190	id.	Usine Peugeot.	Peugot et Cⁱᵉ	1.200	.....	.....	A 17 juin 1853 et 17 5 54.
190 bis	id.	Mathay.	Sté des Forges d'Audincourt..	520	.....	.....	A. 29 nov. 1916.
190 ter	id.	Forges d'Audincourt.	id.	600	.....	.....	A. 28 mars 1857.
191	id.	Usine de Beaulieu.	Les fils de Peugeot Frères	280	.....	.....	A. 11 déc. 1864.
191 bis	id.	Belchamp.	Sté Electrique de Belchamp..	370	.....	.....	A. 28 mars 1857.
192	id.	La Pretière.	id.	1.250	.....	.....	Demande de C. à l'inst.
193	id.	Arcier.	....	.....	.....	1.000	
194	id.	La Vallate.	....	.....	.....	2.000	
195	id.	Velette.	....	.....	.....	1.000	
198	Loue.	Usine de la Source.	Sté des Forces Motrices de la Loue...	780	.....	.....	Décret.
199	id.	Mouthier.	id.	5.040	.....	.....	Décret.
			TOTAL POUR LE BASSIN DU DOUBS..........	26.240	.....	40.600	
205	Rhône.	Ternay.	....	.....	.....	19.500	
206	id.	Ste-Colombe.	....	.....	.....	12.000	
207	id.	St-Rambert.	....	.....	.....	42.000	
208	id.	St-Vallier.	....	.....	.....	15.000	
209	id.	Tournon.	....	.....	.....	21.000	
210	Doubs.	Morxane.	Sté des Forces Motrices du Vercors.	1.700	.....	.....	A. 31. oct. 1907.
211	Rhône.	La Roche-de-Glun.	....	.....	.....	21.000	

BASSIN DE L'ISÈRE

Nº d'ordre	COURS D'EAU	NOM DES USINES	PROPRIÉTAIRES, LOCATAIRES ou EXPLOITANTS	en service	en construction	en projet	RÉGIME
215	Ruisseau de Tignes.	Tignes.	....	.....	.....	1.200	
216	Tⁱ de la Sassières	Sassières.	....	.....	.....	1.750	
217	Isère.	Tignes.	....	.....	.....	2.700	
218	Nant-Cruet.	Biday.	....	.....	.....	1.500	
219	Isère.	La Gurra.	....	.....	.....	4.000	
220	Ruisseau des Clous.	La Balme.	....	.....	.....	3.300	
221	Nant de St-Claude	Le Champet.	....	.....	.....	4.300	
222	Isère.	Viclaire.	Sté de la Hte-Isère	.....	21.000	.....	En construct.
223	id.	Séez.	....	.....	.....	4.700	
224	Tⁱ des Glaciers et Versoyen.	Bonneval.	....	.....	.....	6.900	
225	Tⁱ des Glaciers.	Bourg St-Maurice.	....	.....	.....	3.200	
226	Ponturin.	Landry.	....	.....	.....	8.000	
227	Isère.	Plombière.	Sté d'électro-chimie et d'électro-métallurgie.............	6.600	.....	.....	A. 22 Avril 1899.
			A reporter	6.600	21.000	41.550	

N° d'ordre	COURS D'EAU	NOM DES USINES	PROPRIÉTAIRES, LOCATAIRES ou EXPLOITANTS	PUISSANCE NORMALE en Kw. des usines			RÉGIME — A. Autorisations C. Concessions et dates de réglementation
				en service	en construction	en projet	
1	2	3	4	5	6	7	8
			Report.........	6.600	21.000	41.550	
228	Doron de Champagny / Doron de Pralognan.	Villard de Bozel.	Sté d'électro-chimie de Bozel.	8.000	.....	......	A. 18 mai 1909, 28 janv. 1899.
229	La Rozière.	Bozel.	Sté générale de Force et Lumière......	6.000	.....	.....	A. 18 mai 1910.
230	Doron de Bozel	La Perrière.	....	.....	.....	8.500	
231	Doron des Allues	Brides.	Sté d'élect.-chimie et d'élect.-métall...	550	.....	......	A. 21 avril 1899.
232	Ruiss. de Belleville.	La Rageat.	id.	5.500	.....	.....	A. 16 août 1900.
233	Eau Rousse.	N.-D. de Briançon.	id.	1.100	.....	......	A. 17 mai 1901.
234	Le T¹ d'Arbines	La Bathie.	Sté d'électro-chimie	1.500	.....	.....	A. 22 déc. 1896.
235	T¹ Arly.	Ugine.	Cie des Forg. et Aciér. électriq. P. Girod.	3.500	.....	.....	A. 17 fév. 1906.
236	id.	Fnes d'Ugine.	id.	600	......	......	A. prov. d pend. la g.
237	Le Dorinet.	Belleville.	id.	.....	1.850	.....	En instruction.
238	id.	Hauteluce.	Sté des Etablissem. P. Girod..	.....	.....	1.170	
239	Gitte.	Fontanus.	id.	.....	.....	2.700	
240	Dorinet.	Beaufort.	Cie des Forg. et Aciér. électriq. P. Girod.	......	1.100	.....	En instruction.
241	Doron de Beaufort.	Villard.	Sté des Etablissem. P. Girod..	......	......	3.000	
242	id.	Queige.	Cie des Forg. et Aciér. électriq. P. Girod.	3.000	.....	.....	A. 22 mai 1912.
243	id.	Roengers.	id.	3.500	......	.....	A. 16 juil. 1918.
244	id.	Venthon.	id.	3.100	.....	.....	A. 4 nov. 1891.
245	Isère.	Pt d'Albertin.	Sté des F. M. de la Tarentaise.	.....	.....	28.000	
246	id.	Ste-Hélène.	....	.....	.....	12.000	
250	L'Arc.	Termignon.	....	......	.....	19.100	
251	id.	Bramans.	....	......	.....	7.600	
252	Ambin.	id.	....	......	.....	5.500	
253	L'Arc.	Avrieux.	Sté hydro-électriq. de la Maurienne (Sté de St-Gobain)...	8.600	......	.....	A. 30 mai 1917.
254	id.	Papet^ie Mont-Cenis.	Matussière et Forest..........	300	.....	.....	A. 7 mai 1918.
255	Charmaix.	Fourneaux (Modane)	id.	600	.....	.....	A. 4 janv. 1867.
256	Arc.	La Praz.	Sté élect.-mét. Franç. de Froges (Isère).	7.300	.....	......	A. 8 janv. 1891.
257	Ruiss. de Neuvache.	Valmenier.	....	......	.....	3.500	
258	Arc.	Prémont (St-Michel).	Sté d'électro-chimie et d'électro-métall.	6.100	.....	.....	A. 15 oct. 1894.
259	Neuvache.	St-Martin-d'Arc.	Renault, ind. à Billancourt ...	3.900	.....	.....	A. 15 avril. 1918.
260	L'Arc.	La Saussaz (St-Michel).	Sté élect.-métall. française ...	7.600	.....	.....	A. 16 juill. 1915.
261	id.	Plan-d'Arc (St-Michel).	Péduzzi (Sté élect.-chim. du Plan d'Arc).	450	.....	.....	A. 3 juin 1892.
262	Valloirette.	Tigny.	....	.....	.....	4.400	
263	id.	Calypso.	Cie des Produits chim. d'Alais et de La Camargue.........	8.400	.....	.....	A. 24 oct. 1892.
264	L'Arc.	St-Félix.	id.	1.600	.....	.....	A. 12 nov. 1900.
265	id.	St-Julien-Montricher.	Sté des Fond. et Aciér. élect..	5.700	.....	......	A. 8 juill. 1911.
267	Arvan.	Gévoudaz.	....	.....	.....	4.700	
268	Arc.	St-Jean-de-Maurienne	Cie des Produits chim. d'Alais et de La Camargue.........	8.900	.....	.....	A. 27 mars 1905.
269	id.	Pontamafray.	id.	5.500	.....	.....	A. 7 juill 1919.
270	Glandon.	Valmaure.	....	.....	.....	2.000	
271	id.	La Sauce.	....	.....	.....	2.100	
			A reporter.........	104900	23.950	145750	

| N° d'ordre | COURS D'EAU | NOM DES USINES | PROPRIÉTAIRES, LOCATAIRES ou EXPLOITANTS | POISSANCE NORMALE en Kw. des usines | | | RÉGIME A. Autorisations C. Concessions et dates de réglementation |
| | | | | en service | en construction | en projet | |
1	2	3	4	5	6	7	8
			Report..........	104900	23.950	145750	
272	Glandon.	St-Alban-de-Villards.	....	.....	.....	2.900	
273	id.	Ste-Marie-de-Guines.	Sté d'électro-chimie et d'électro-métallurgie............	5.500	.....	.....	A. 24 déc. 1909.
275	La Lescherette	St-Rémy.	Horteur......................	500	.....	.....	A. 22 juil. 1909.
276	Le T¹ des Moulins.	Les Moulins.	Cⁱᵉ des Produits chim. d'Allais et de La Camargue........	900	.....	.....	A. 3 janv. 1905.
277	Le T¹ des Fabriques.	Les Fabriques.	Sté des Forces de l'Arve (Sté Electro-métallur. de zinc)...	1.250	.....	.....	A. 26 avril 1905.
278	Le Nant Bruyant.	La Corbière.	Cⁱᵉ des Produits chim. d'Allais et de La Camargue........	1.300	.....	.....	A. 9 juil. 1915.
279	Le T¹ de Montartier.	Argentine.	Mizgier......................	850	.....	.....	A. 27 janv. 1911.
280	Le T¹ de Montsappey.	Montsappey supér.	Sté Rochette frères..........	900	.....	.....	A. 7 mars 1918.
281	id.	Montsappey inférr.	Sté Grange et Cⁱᵉ............	1.050	.....	.....	A. 17 janv. 1917.
282	id.	La Roche.	Sté Rochette frères..........	1.000	.....	.....	A. 16 sept. 1907.
283	Arc.	Argentine.	Sté des Fonderies et Aciéries électriques.	.....	900	.....	A. 23 déc. 1918.
285	Isère.	Pont-Royal.	....	.....	.....	11.000	
287	id.	Coise.	....	.....	.....	12.900	
288	Cemon.	Chapareillan.	Sté des Forces Motrices du H.-Grésivaudan............	250	.....	.....	A. 16 déc. 1899.
289	Isère.	Les Mollettes.		.....	.....	8.000	
290	La Bréda.	Fond de France.	Sté Génér. de Force et Lumʳᵉ.	3.500	.....	.....	A. 9 août 1912.
291	id.	Grande-Valloire.	Sté des Papeteries Bergès....	1.800	.....	.....	A. 27 fév. 1915.
292	id.	La Ferrière-Riondet.	Sté des Usines Frédet........	1.000	.....	.....	A. 9 août 1912.
293	id.	Riondet-Pinsot.	Sté des Forges et H.-Fourn. d'Allevard.................	1.500	.....	.....	
294	Le Veyton.	Usine de Veyton.	id.	250	.....	.....	A. 4 oct. 1918.
295	La Bréda.	Pinsot-Allevard.	id.	2.500	.....	.....	A. 19 avril 1918.
296	id.	Allevard { Usine du / Parc de la Gorge	id. / id.	700 / 300	.....	.....	A. 8 janv. 1884.
298	Le Bens.	Pt du Bens.	Leborgne frères.............	250	.....	.....	A. Sous le rég. Sarde.
299	Le Rens.	Arvillard.	Sté des Forc. Motr. du Ht-Grésivaudan.	.....	2.200	.....	A. 30 avril 1918.
300	Bréda.	Détrier	Escarfail et Cⁱᵉ.............	250	.....	.....	A. 6 mai 1871.
301	id.	Pontcharra.	Sté des Forc. Motr. du Ht-Grésivaudan.	1.100	.....	.....	A. 16 déc. 1899.
302	Isère.	La Bussières.	....	.....	.....	6.000	
303	id.	St-Vincent.	....	.....	.....	6.000	
304	id.	La Terrasse.	....	.....	.....	6.000	
305	Le R. de Theys	Tencin.	Sté Hydro-élect. de Tencin...	1.500	.....	.....	A. 21 déc. 1915.
306	Le R. de Froges.	Froges.	Sté élect.-métal. française....	300	.....	.....	A. 27 sept. 1890.
307	Isère.	Crolles.	....	.....	.....	5.000	
308	Le R. de Brignoux.	Haut-Laval.	Sté des papeteries Bergès.....	1.000	.....	.....	A. 20 janv. 1872.
309	id.	Laval.	id.	450	.....	.....	A. 1ᵉʳ juil. 1918.
310	id.	Brignoux.	Sté des Usines Frédet........	1.000	.....	.....	A. 20 janv. 1872.
311	Ruiss. de Lancey.	Lancey.	Sté des papeteries Bergès.....	2.700	.....	.....	A. 6 sept. 1882.
312	Isère.	Versoud.	....	.....	.....	5.000	
			A reporter..........	141500	27.050	208620	

N° d'ordre	COURS D'EAU	NOM DES USINES	PROPRIÉTAIRES, LOCATAIRES ou EXPLOITANTS	PUISSANCE NORMALE en Kw. des usines			RÉGIME A. Autorisations C. Concessions et dates de réglementation
				en service	en construction	en projet	
1	2	3	4	5	6	7	8
			Report	141500	27.050	208620	
313	Doménon.	Les eaux de Revel.	Sté hyd.-élect. du Doménon H. Dodo et Cie	700			A. 5 sept. 1910.
314	Isère.	Meylan.				5.000	
315	La Séveraisse.	Saint-Firmin.	Sté d'éclair. élect. du Ht-Drac.	350			Usine non autor.
316	Le Drac.	Pont-du-Loup.	L'Etat, ch. de fer de la Mure à Gap		3.000		Loi du 9 mars 1911.
317	La Bonne.	Bonne supére.	Sté des F. M. Bonne et Drac..			3.100	
318	Cⁱ de Beaumont.	Beaumont.	Sté de Fure et Morge et de Vizille.	1.500			A. 9 janv. 1911.
319	La Roisonne.	Pt-Haut.	Sté génér. des F. M. et éclair. de la Ville de Grenoble	3.000			A. 11 sept. 1906.
320	La Bonne.	Bonne-moyenne.	Sté élec.-métal. Sauvignet-Joya (Sté le Bon Drac)		5.700		Inst. en cours. A. pr. du 30 mars 1920.
321	id.	Cognet.	id.		8.500		Inst. en cours.
322	id.	Bonne-inférieure.	Sté des F. M. Bonne et Drac..			8.500	
322bis	Le Drac.	Cognet.	id.			33.000	
323	Ebron.	Pont-de-Brion.	Sté des F. M. de l'Ebron			4.300	
324	Le Perralier.	Perralier.	Sté hydro-élect. de la Cascade du Perralier		600		A. 5 mars 1909.
325	Le Drac.	Avignonnet.	Sté génér. de Force et Lumière	3.700			A. 23 nov. 1917.
326	id.	Champ.	Sté H.-E. de Fure et Morge et de Vizille...	4.600			A. 16 fév. 1900.
327	Romanche.	Arsine.	Sté l'Energie industrielle			2.300	Inst. en cours.
327bis	Morian.	Villard-d'Arène.				3.000	
328	La Gua.	La Grave.				2.400	
329	Romanche.	Parizet.				7.200	
330	id.	Freney.				3.000	
331	id.	Pt-St-Guillerme.				10.000	
332	Vénéon.	Les Etages.				3.600	
333	Ruiss. du Diable et Vénéon.	St-Christophe.				6.000	
334	Vénéon.	Les Ougiers.				12.000	
335	Sarennes.	Sarennes.				5.000	
336	Eau d'Olle.	Grande-Maison.				1.000	
337	id.	Le Rivier-d'Allemont	Sté Hyd.-Elect. de l'Eau d'Olle.	5.500			A. 19 mai 19.9.
338	id.	Le Vernet-d'Allemont		12.000			A. 30 août 1910.
339	id.	La Fond. d'Allemont.	Sté l'Energie industrielle		1.100		Inst. en cours.
341	Le Bâton.	Le Bâton.	Sté des Et. Keller-Leleux et Cie		3.500		A. 22 déc. 1916.
342	Romanche.	Livet.	id.	10.000			A. 13 sept. 1894.
343	id.	Les Vernes.	id.	3.500			Pas d'A. La prise est commune av. l'U. de Livet
344	id.	Les Roberts.	Cie Univ. d'acét. et d'élect.-ch.	6.500			A. 12 août 1912.
345	id.	Rioupéroux.	Sté des Usines de Rioupéroux.	13.000			A. 18 juin 1917.
346	id.	Les Clavaux.	Cie Univ. d'acét. et d'élect.-ch.	3.500			A. 10 déc. 1906.
347	id.	Pierre-Eybesse.	Sté d'élect.-ch. et d'élect.-mét.	2.900			A. 24 sept. 1891.
348	id.	Gavet.	Sté génér. de Force et Lumière	6.100			A. 2 fév. 1904.
349	id.	Séchilienne.	Cie Force des carbures de calc.	1.000			A. 5 déc. 1902.
			A reporter	219650	49.450	318020	

| N° d'ordre | COURS D'EAU | NOM DES USINES | PROPRIÉTAIRES, LOCATAIRES ou EXPLOITANTS | PUISSANCE NORMALE en Kw. des usines | | | RÉGIME — A. Autorisations C. Concessions et dates de réglementation |
| | | | | en service | en construction | en projet | |
1	2	3	4	5	6	7	8
			Report..........	219650	49.450	318020	
350	Romanche.	Noyer-Chut.	Sté d'élec.-ch. F. Peyron et Cie Sté des prod. chim. et color. français.	2.500	.....	.....	P. d'A. La pre est come av. l'Usi. de Séchilienne.
351	Le Ruis. de Laffrey.	Loulla.	Sté hydro-élect. de Fure et Morge et de Vizille.........	350	.....	.....	A. 18 janv. 1906.
352	id.	Jouchy.	id.	1.600	.....	.....	id.
353	Romanche.	Le Chadon.	Peyron et Cie................	300	.....	.....	U. tr. anc. Dr. d'albergement remonᵗ à 1666.
354	id.	Vizille.	....	.....	.....	8.500	
355	id.	L'Hôpital.	....	.....	.....	900	
356	Canal de la Romanche	Pont-de-Champ.	Sté des Cartonneries de l'Isère	250	.....	.....	A. 20 janv. 1860.
357	Romanche.	id.	....	.....	.....	1.850	
358	Le Drac.	Pont-de-Claix.	Sté hyd.-élec. Drac-Romanche	.....	7.500	.....	A. 25 sept. 1918.
359	Canal de la Romanche	id.	Sté des pap. de Pont-de-Claix.	300	.....	.....	A. 21 mars 1850 et 26 mars 1855.
360	Le Furon.	Engins.	Sté d'E. E. de Grenoble-Voiron	800	.....	.....	A. 24 août 1897.
361	id.	Les Côtes.	id.	250	.....	.....	A. 15 oct. 1901.
362	Vence.	L'Infernet.	Sté Boullat-Vialet et Cie.......	.....	.....	1.100	
365	Isère.	St-Egreve.	....	.....	.....	5.000	
366	id.	Voreppe.	....	.....	.....	5.000	
367	La Fure.	Rives-Chutes-distinc.	Blanchet frères et Kléber.....	250	.....	.....	Usine très ancienne.
368	Isère.	St-Quentin.	....	.....	.....	5.000	
369	id.	St-Gervais.	....	.....	.....	5.000	
370	id.	La Sône.	....	.....	.....	25.000	
371	La Bourne.	Goule-noire.	Sté H.-E. de la Hte-Bourne....	2.600	.....	.....	A. 6 août 1913.
372	id.	Bournillon.	Sté des F. M. du Vercors......	7.600	.....	.....	A. 29 janv. 1912.
373	Canal de la Bourne.	L'Ecancière.	Mertz, Sté des F. M. du Vercors.	900	.....	.....	D. du Minist. de l'Agric. du 15 mai 1914.
374	Isère.	Pizançon.	Sté des F. M. du Vercors.....	.....	19.000	.....	C. 12 janv. 1921.
375	id.	Romans aval.	....	.....	.....	15.000	
376	id.	Basse-Isère.	Sté l'Ener. élect. de la B.-Isère.	.....	19.000	.....	C. 25 oct. 1911.
			Total pour le Bassin de l'Isère..........	237250	94.950	390370	
385	Rhône.	Etoile.	....	.....	.....	60.000	
388	id.	Logis Neuf.	....	.....	.....	40.000	
389	id.	Montélimar.	....	.....	.....	60.000	

BASSIN DE L'ARDÈCHE

N° d'ordre	COURS D'EAU	NOM DES USINES	PROPRIÉTAIRES, LOCATAIRES ou EXPLOITANTS	en service	en construction	en projet	RÉGIME
391	La Borne.	Planchap.	....	.....	.....	4.150	
392	Chassézac et Altier.	Pied de Borne.	Sté des grands Travaux de Marseille...	.....	.....	12.450	
393	Chassézac.	Chambonac.	id.	.....	.....	8.400	
394	Ardèche.	St-Martin-d'Ardèche.	....	.....	.....	12.000	
			Total pour le Bassin de l'Ardèche..........	.....	.....	37.000	

N° d'ordre	COURS D'EAU	NOM DES USINES	PROPRIÉTAIRES, LOCATAIRES ou EXPLOITANTS	PUISSANCE NORMALE en Kw. des usines			RÉGIME A. Autorisations C. Concessions et dates de réglementation
				en service	en construction	en projet	
1	2	3	4	5	6	7	8
395	Rhône.	Montdragon.	....	......	.....	100000	
396	id.	Sorgues.	....	.....	.....	28000	

BASSIN DE LA DURANCE

N° d'ordre	COURS D'EAU	NOM DES USINES	PROPRIÉTAIRES, LOCATAIRES ou EXPLOITANTS	en service	en construction	en projet	RÉGIME
401	Clairée.	Névache.	....	......	.....	1.600	
402	id.	Planpinet.	....	.....	.....	1.100	
403	id.	Val-des-Prés.	....	......	.....	1.200	
404	Durance.	Fontenil.	Planche....................	......	2.300	.....	Usine non autor.
405	Guisanne.	Guisanne.		.....	.....	2.900	
406	Durance.	Ste-Catherine.	Sté de la Schappe	600	.....	.....	A. 13 juin 1916.
407	Cerveyrette.	Cervières.	....	.....	.....	1.900	
408	id.	Pont-Baldy.	....	.....	.....	2.700	
409	Cerveyrette.	P¹ de Cervières.	Guitton-Bertholus et Cⁱᵉ......	300	.....	.....	A. 3 sept. 1894.
410	Durance.	Prelles.	....	......	.....	3.100	
411	T¹ de St-Pierre.	St-Pierre.	....	.....	.....	1.900	
412	T¹ de Celce-Nière.	Celce-Nière.	....	.....	.....	1.500	
413	T¹ d'Aile Froide.	Les Claux.	....	......	.....	4.000	
414	T¹ du Gyr.	Le Gyr.	....	.....	.....	1.800	
415	T¹ de l'Onde.	Béassac.	....	.....	.....	1.700	
416	id.	La Pissette.	....	.....	.....	2.000	
417	Durance et Gyronde.	L'Argentière.	Sté électro-métal. française à Proges (Isère)...............	18.400	.....	......	A. 24 oct. 1911.
418	Fournel.	Fournel.	....	.....	.....	1.600	
419	id.	H.-E. du Fournel.	Sté du Quartz fondu..........	600	.....	.....	A. 25 août 1916.
420	La Biaisse.	Roche de Rame.	Goudet (Le Nitrogène Giros et Loucheur).	2.200	.....	......	A. 17 mai 1909.
421	id.	Freissinières.	....	......	.....	2.200	
422	Durance.	La Roche de Rame.	....	......	.....	4.300	
423	id.	Réotier.	....	......	.....	4.500	
424	Le Guil.	Abriès.	....	.....	.....	1.200	
425	id.	Château-Queyras.	....	.....	.....	4.800	
426	Aigue-Blanche.	Aigue-Blanche.	....	.....	.....	2.000	
427	Le Guil.	Maison du Roi.	....	.....	.....	11.000	(1)
428	Cristillan.	Cristillan.	....	.....	.....	4.100	
429	Le Chagne.	Guillestre.	....	.....	.....	2.800	
430	Le Guil.	Montdauphin.	....	.....	.....	6.000	(1)
431	Durance.	Embrun.	....	......	.....	8.800	
432	T¹ de Réallon.	Savines.	Pavie (La Cotonⁿᵉ du Sud-Est)	600	.....	......	A. 26 juin 1914.
433	Durance.	id.	Les Héritiers de Pavie........	.....	.....	7.500	
434	Le Parpaillon.	La Condamine.	Sté d'éclair. du Parpaillon...	220	.....	......	A. 10 mai 1906.
435	Ubaye.	Hte-Ubaye.	....	.....	.....	7.800	
436	id.	Moyenne-Ubaye.	....	.....	.....	9.500	
437	id.	Basse-Ubaye.	....	.....	.....	6.200	
			A reporter..........	22.920	2.300	111700	

(1) Non compris la puissance due aux débits complémentaires provenant d'accumulations.

| N° d'ordre | COURS D'EAU | NOM DES USINES | PROPRIÉTAIRES, LOCATAIRES ou EXPLOITANTS | PUISSANCE NORMALE en Kw. des usines | | | RÉGIME — A. Autorisations C. Concessions et dates de réglementation |
| | | | | en service | en construction | en projet | |
1	2	3	4	5	6	7	8
			Report..........	22.920	2.300	111700	
438	Durance.	Serre-Ponçon.	Sté d'éclair. du Parpaillon...	.....	.....	26.000	(1)
439	id.	Ourbans.	....	.....	.....	29.000	(1)
440	id.	Ventavon.	Sté des F.-M. de la Hᵗᵉ-Durance	18.400	.....	.....	A. Inst. en cᵒⁿˢ. A. prov. du 9 sept. 1916.
441	id.	Sisteron.	Sté des F.-M. de la Durance, 12, rue Roquépine, Paris...	......	18.400	.....	C. 4 sept. 1919.
442	Le Buech.	Serres.	Mizgier-Gauthier.............	450	.....	.....	C. 4 juil. 1899.
443	Durance.	Château-Arnoux.	Cⁱᵉ des Pr. ch. d'Alais et de la Camargue.	......	......	7.300	
444	id.	Lurs.	....	.....	.....	22.000	(1)
445	id.	La Brillanne (Villeneuve).	Sté de l'E. E. du Litt. Médit., 3, rue Moncey, Paris........	9.500	......	......	C. 6 août 1917.
446	id.	Usine du Largue.	id.	1.300	.....	.....	id.
447	id.	Ste-Tulle.	....	.....	15.000	.....	(1)
451	Verdon.	Allos.	....	......	.....	19.600	(1)
452	Le Chadoulin.	Allos-Encombrette.	....	......	.....	3.500	
453	Verdon.	Colmars.	....	.....	.....	3.500	(1)
454	id.	Thorame Hte.	....	.....	......	3.300	(1)
455	id.	St-André.	....	.....	......	6.500	C. 6 août 1917.
456	id.	Castillon.	....	......	.....	4.800	(1)
457	id.	Castellane Chute Sᵖᵉ.	Sté des F.-M. du Verdon.....	.....	.....	10.600	
458	id.	Castellane Chute Inf.	....	......	.....	7.100	(1)
459	id.	Caréjuan.	....	......	.....	16.600	
460	id.	Galetas-de-Moustiers	....	......	.....	10.600	(1)
461	id.	Quinson.	....	......	.....	9.700	
462	id.	Gréoulx.	....	......	.....	8.100	
463	id.	St-Paul.	....	.....	.....	24.000	
464	Durance.	Mirabeau.	E. E. du Litt. Méditerranéen.	.....	.....	29.500	
465	id.	Meyrargues.	....	.....	.....	.500	
466	id.	St-Christophe.	....	.....	.....	22.500	
467	id.	Mallemort.	....	.....	......	20.000	
468	id.	Orgon.	....	.....	»	18.400	
469	id.	Cabannes.	....	.....	.....	15.600	
		TOTAL POUR LE BASSIN DE LA DURANCE..........		52.570	35.700	412800	
470	Rhône.	Montfin.	....	......	......	34.000	
475	Cⁱ du Verdon.	Aix St-Eutrope.	Sté Nᵗˡᵉ du Canal du Verdon E. E. du Litt. Méditerranéen	800	.....	.....	U. établie p. la Sté du Cⁱ de Verdon en vertu de son cahier des char.

BASSIN DE L'ARGENS

N° d'ordre	COURS D'EAU	NOM DES USINES	PROPRIÉTAIRES, LOCATAIRES ou EXPLOITANTS	en service	en construction	en projet	RÉGIME
478	L'Argens.	Entraygues.	E. E. du Litt. Méditerranéen.	950	.....	......	U. non autorisée.

(1) Non compris la puissance due aux débits complémentaires provenant d'accumulations.

Nᵒ d'ordre	COURS D'EAU	NOM DES USINES	PROPRIÉTAIRES, LOCATAIRES ou EXPLOITANTS	PUISSANCE NORMALE en Kw. des usines			RÉGIME — A. Autorisations C. Concessions et dates de réglementation
				en service	en construction	en projet	
1	2	3	4	5	6	7	8
			BASSIN DE LA SIAGNE				
480	La Siagne.	St-Césaire.	E. E. du Litt. Méditerranéen.	5.400	.....	.....	A. 26 mai 1903.
			BASSIN DU LOUP				
481	Le Loup.	Pataras.	E. E. du Litt. Médit., 5, av. du Coq, Paris.	1.500	.....	.....	A. 19 juil. 1900.
			BASSIN DU VAR				
482	Le Coulomb.	Chute supérieure.	....	.....	.....	1.800	
483	id.	Breux.	....	.....	.....	3.700	
484	Var.	La Vescla.	....	.....	.....	17.500	
485	La Tinée.	St-Etienne.	....	.....	.....	16.400	(1)
486	id.	La Cérizole	....	.....	.....	3.500	(1)
487	id.	La Sorbière.	....	.....	.....	14.600	(1)
488	id.	La Bancairon.	....	.....	.....	21.400	
489	id.	La Courbaisse.	....	.....	.....	11.200	
490	id.	Balma-Négra.	Sté des Prod. aromat., chim. et médic., rue Ballue, 13, Paris............	700	.....	......	A. 11 nov. 1910.
491	Le Var.	La Moscla.	E. E. du Litt. Médit., 5, av. du Coq, Paris	1.200	......	.....	A. 17 août 1896.
492	id.	Plan du Var.	id.	2.500	....	......	A. 15 sept. 1898.
493	La Vésubie.	St-Jean-la-Rivière.	Sté des Prod. aromat., chim. et médic. rue Ballue, 13, Paris............	.....	2.200	.....	A. 13 déc. 1918.
494	L'Estéron.	L'Estéron.	....	......	......	4.000	
495	Le Var.	La Baronne.	....	.....	.....	19.500	
496	id.	Pont-du-Var.	....	.....	.....	7.000	
			TOTAL POUR LE BASSIN DU VAR.........	4.800	2.200	120400	
			BASSIN DE LA ROYA				
498	La Roya.	Fontan.	E. E. du Litt. Méditerranéen, 5, av. du Coq, Paris.......	4.000	.....	.....	A. 11 nov. 1916.
499	id.	Roya moyenne.	id.	.....	......	6.200	
500	id.	Basse Roya.	Sté Hydro-Elect. du Sud-Est.	.....	.....	4.000	
			TOTAL POUR LE BASSIN DE LA ROYA.........	4.000	.....	10.200	

(1) Non compris la puissance due aux débits complémentaires provenant d'accumulations.

RÉGION DU CENTRE

N° d'ordre	COURS D'EAU	NOM DES USINES	PROPRIÉTAIRES, LOCATAIRES ou EXPLOITANTS	PUISSANCE NORMALE en Kw. des usines			RÉGIME — A. Autorisations C. Concessions et dates de réglementation
				en service	en construction	en projet	
1	2	3	4	5	6	7	8
			BASSIN DU LOT				
501	Lot.	Bagnols.				800	
502	id.	Ste-Hélène.				2.800	
503	Coulagne.	Lachamp.				2.500	
504	Coulagne et Crueize.	St-Léger-de-Peyre.				4.300	
505	Coulagne.	Marvejols.				1.600	
508	Lot et Coulagne	Ajustons.				6.600	
509	Lot.	Pomayrols.				8.000	
510	id.	Romiguière.				3.300	
511	id.	St-Côme.				11.800	
512	Porralde de Bonneval	Bonneval.				2.400	
513	Lot.	Nayrac.				15.000	
514	id.	Prévinquière.				3.000	
519	Truyère.	Malzieu.	Sté des Aciéries et Forges de Firminy..		1.250		
520	id.	St-Léger-du-Malzieu.				3.100	
521	Bès.	Freysinous.				1.800	
524	id.	Moulin-du-Vergne.	Sté des Aciéries et Forges de Firminy..	6.500			A. 17 avril 1918.
525	Truyère.	Pradal.				16.800	
526	id.	Tour.				6.700	
527	id.	Treboul.				13.400	
528	id.	Sarran.				15.400	
529	id.	Brommat.	Sté des Forces Motrices de la Truyère..		35.000 (1)		A. 11 avril 1919. 21 sept. 1919.
530	id.	Couesques (Banhars)				16.000	
531	id.	Entraygues.				2.000	A. 18 nov. 1895.
536	Lot.	Capdenac.	Sté Vieille-Montagne..........	300			A. 18 nov. 1895.
538	id.	Albas.	Sté Française pour la fabrication du Magnésium.........	250			Existence légale.
539	id.	Meymès.	MM. Perrié et Cie.............	200			id.
540	id.	Puy-l'Evèque.	M. Pignares..................	200			id.
			TOTAL POUR LE BASSIN DU LOT	7.450	36.250	137300	
			BASSIN DE LA DORDOGNE				
542	Emissaire du lac de Guéry.	Usine du Lac de Guéry				500	
543	Dordogne.	La Compissade.	Sté du Lac de Guéry	200			A. 17 juil. 1897.
544	id.	La Bourboule.	Sté l'Energie Industrielle.....	200			A. 21 juin 1902.
545	id.	St-Sauves amont.	F. M. de la Hte-Dordogne....			200	
546	id.	St-Sauves aval.	Sté l'Energie Industrielle.....			900	
			A reporter..........	400		1.609	

(1) Avec aménagement p. 20 Mc. On envisage un aménagement double et peut-être quadruple.

| N° d'ordre | COURS D'EAU | NOM DES USINES | PROPRIÉTAIRES, LOCATAIRES ou EXPLOITANTS | PUISSANCE NORMALE en Kw. des usines | | | RÉGIME — A. Autorisations C. Concessions et dates de réglementation |
| | | | | en service | en construction | en projet | |
1	2	3	4	5	6	7	8
			Report	400	.....	1.600	
517	Chavanon.	....	....	.....	5.500	.....,	
518	id.	....	....	.....	.....	5.500	
548 bis	Dognon.	Usine du Dognon.	Anciens établ. Megemond....	.....	.....	1.200	
549	Dordogne.	....	....	.....	.....	10.000	
550	Rhue.	Rhue amont.	....	.....	11.000	.....	
552	id.	Rhue aval.	....	.....	.....	10.000	
553	Diège.	La Bessette.	Sté des F. M. de la Diège....	350	.....	.....	A. 1er août 1909.
554	id.	Usine de la Diège.	Sté des Hts Fourneaux et fond. de Pont-à-Mousson.........	.....	7.600	.....	Non encore concédée.
555	Dordogne.	Vernéjoux.	....	.....	.....	28.000	
556	Triouzoune.	Neuvic.	MM. Rampand............	350	.....	.....	A. 30 janv. 1884.
557	id.	Vent-Pas.	....	.....	.....	4.460	
558	Sumène.	Grange.	....	.....	.....	3.500	
559	id.	Furlange.	....	.....	.....	4.100	
560	Auze.	Charafrage.	....	.....	.....	3.650	
561	Luzège.	Moustier-Venradour.	....	.....	.....	2.000	
562	id.	Usine du Vianon.	....	.....	.....	680	
563	id.	Usine Luzège-Vianon	....	.....	.....	5.100	
565	Dordogne.	Chambon.	....	.....	.....	55.000	
566	id.	Argentat I.	....	.....	.....	20.000	
567	id.	Argentat II.	....	.....	.....	3.900	
568	Doustre.	Port St-Jean.	....	.....	.....	5.310	
570	Maronne.	Bourbouze.	....	.....	.....	6.050	
571	id.	La Broquerie.	....	.....	.....	9.450	
572	Dordogne.	Vergnolle.	....	.....	.....	4.800	
573	id.	Privezac.	....	.....	.....	7.500	
575	id.	Domarès.	....	.....	.....	10.000	
578	Cère.	Laval-de-Cère.	Sté des Ac. et For. de Firminy	.....	25.000	.....	A. 6 juin 1916.
579	id.	Thezel.	....	.....	.....	1.900	
580	Dordogne.	Betaille.	....	.....	.....	12.000	
581	id.	Montvalent.	....	.....	.....	7.000	
582	id.	Lacave.	....	.....	.....	9.000	
583	id.	Pinsac.	....	.....	.....	7.500	
584	id.	St-Julien-de-Lampon.	....	.....	.....	6.500	
585	id.	Domme.	....	.....	.....	10.000	
591	Vézère.	Virole.	....	.....	.....	5.000	
592	id.	Pont-des-Iles.	....	.....	.....	5.000	
593	id.	Uzerche.	....	.....	.....	3.500	
594	id.	Estiavaux.	....	.....	.....	7.500	
595	id.	Piard.	M. Kellersohn............	.....	1.200	.....	
596	id.	Pouch.	M. Chaux..............	.....	250	.....	A. 11 juil. 1919.
597	id.	Le Saillant.	Propr. M. Chaux, locat. et exploit. Cie d'électricité de Limoges.........	2.250	.....	.....	A. 29 mars 1899.
			A reporter.........	3.350	50.550	274700	

N° d'ordre	COURS D'EAU	NOM DES USINES	PROPRIÉTAIRES, LOCATAIRES ou EXPLOITANTS	PUISSANCE NORMALE en Kw. des usines			RÉGIME — A. Autorisations C. Concessions et dates de réglementation
				en service	en construction	en projet	
1	2	3	4	5	6	7	8
			Report..........	3.350	50.550	274700	
598	Vézère.	Saillant compl^r.	....	.....	.....	5.300	
600	Corrèze.	Bar.	Manufacture d'armes de Tulle	3.750	.....	......	
605	Dordogne.	Limeuil.	....	.....	.....	5.000	
606	id.	Mauzac.	Énergie élect. du Sud-Ouest...	.....	5.500	.....	Non encore concédée.
607	id.	Lalinie.	....	.....	.....	5.500	
608	id.	Tuillière.	Énergie élect. du Sud-Ouest..	13.000	.....	......	A. 13 janv. 1906, 7 déc. 1910.
613	Isle.	Chalard.	....	.....	.....	1.000	
614	id.	Jumilhac.	....	.....	.....	1.300	
618	Auvézère.	Savignac-Lédrier.	....	.....	.....	2.500	
620	Dronne.	St-Saud.	....	.....	.....	1.000	
		TOTAL POUR LE BASSIN DE LA DORDOGNE..........		20.100	56.050	296300	

BASSIN DE LA LOIRE SUPÉRIEURE

N° d'ordre	COURS D'EAU	NOM DES USINES	PROPRIÉTAIRES, LOCATAIRES ou EXPLOITANTS	en service	en construction	en projet	RÉGIME
625	Loire.	Issarlès.	....	.....	.....	13.200	
627	id.	Vielprat.	....	.....	.....	8.400	
628	Ruiss. de la Beaume.	Cascades de Beaume.	....	.....	.....	590	
629	Loire.	Chadon.	....	.....	.....	19.800	
630	id.	Charentus.	Énergie élect. des Cévennes..	700	.....	.....	A. 21 mai 1817.
631	id.	Coubon.	....	.....	.....	15.400	
632	id.	Brives-Charensac.	....	300	.....	.....	A. en 1894.
634	id.	La Voûl-s-Loire.	....	.....	.....	470	
637	Le Lignon du Velay.	Château-de-Lignon.	Cie élect. de la Loire et du Centre	1.500	.....	.....	A. 28 sept. 1904.
638	id.	Pont-du-Lignon.	id.	200	.....	.....	A. 28 fév. 1895.
639	Moire.	Beauzac.	....	.....	.....	7.500	
643	L'Ance du Nord	U. de l'Ance du Nord..	Cie élect. de la Loire et du Centre	5.000	.....	.....	A. 26 sept. 1914.
643	Loirec.	St-Victor.	....	500	.....	.....	
645	Lignon du Forez.	St-Martin.	Sté des F. M. du Lignon de la Loire	700	.....	.....	A. 21 oct. 1915.
646	id.	Veaux.	id.	500	.....	.....	A. 24 avril 1912.
648	id.	St-Georges-en-Couzan.	....	.....	.....	5.000	
651	Loire.	La Vourdinat.	Cie élect. de la Loire et du Centre	700	.....	.....	A. 21 mai 1910.
652	id.	Papet. de Villerest.	M. Rabourdin................	200	.....	.....	
		TOTAL POUR LE BASSIN DE LA LOIRE SUPÉRIEURE..........		10.300	.....	70.360	

BASSIN DE L'ALLIER

N° d'ordre	COURS D'EAU	NOM DES USINES	PROPRIÉTAIRES, LOCATAIRES ou EXPLOITANTS	en service	en construction	en projet	RÉGIME
655	Allier Ance du Sud	Monistrol.	Cie élect. de la Loire et du Centre	.....	8.500	.....	A. 9 juil. 1918 (All.) 10 déc. 1917 (Ance)
658	Bave.	Brousse-largues.	....	.....	.....	890	
659	Allagnon.	Lempdes.	Omnium Régional d'électricité	350	.....	.....	A. 23 juil. 1904, 7 fév. 1908.
C61	Couze-Pavin.	St-Florest.	....	.....	.....	5.600	
663	Couze Chambon.	Les Granges.	Sté l'Energie Industrielle.....	200	.....	.....	A. 7 janv. 1899.
664	id.	Marols.	....	.....	.....	590	
		A reporter..........		550	8.500	7.080	

| No d'ordre | COURS D'EAU | NOM DES USINES | PROPRIÉTAIRES, LOCATAIRES ou EXPLOITANTS | PUISSANCE NORMALE en Kw. des usines | | | RÉGIME — A. Autorisations C. Concessions et dates de réglementation |
| | | | | en service | en construction | en projet | |
1	2	3	4	5	6	7	8
			Report.........	550	8.500	7.080	
665	Couze-Chambon.	St-Nectaire.	....	.....	.....	1.600	
666	id.	Grandeyrolles.	....	.....	.....	2.000	
668	La Dore.	Olliergues.	Sté des Tissages d'Auvergne..	350	.....	.....	Non encore autorisée.
669	id.	Sauviat.	Sté des F. M. d'Auvergne.....	1.400	.....	.....	A. 17 sept 1902 (Dore), 20 mars 1905.
671	Sioule.	Les Fades.	Sté Hydro-élect. d'Auvergne..	3.750	.....	.....	Miodez (Non enc autor.)
672	id.	La Garachons.	id.	3.250	.....	.....	A. 30 sept. 1919.
673	id.	Queille.	id.	3.250	.....	.....	A. 30 sept. 1902.
674	id.	St-Quintin.	....	.....	.....	4.500	
			TOTAL POUR LE BASSIN DE L'ALLIER..........	12.550	8.500	15.180	

BASSIN DU CHER

No d'ordre	COURS D'EAU	NOM DES USINES	PROPRIÉTAIRES, LOCATAIRES ou EXPLOITANTS	en service	en construction	en projet	RÉGIME
676	Cher.	Lignerolles.	....	.....	.....	4.800	
677	id.	Feillet-Argenty.	Cie élect. de la Loire et du Centre.	5.500	.....	.....	A. 29 janv. 1907.
678 a b c d e f g h		De Boutet. Préjeux. Chantemerle. Germots. Les Poiriers. Les Chabres. Maison brûlée. Treirley.	8 Usines d'une puissance de 250 kw. chacune environ...	.....	.....	2.000	
			TOTAL POUR LE BASSIN DU CHER..........	5.500	.....	6.800	

BASSIN DE LA VIENNE

No d'ordre	COURS D'EAU	NOM DES USINES	PROPRIÉTAIRES, LOCATAIRES ou EXPLOITANTS	en service	en construction	en projet	RÉGIME
680	Creuse.	Confolens.	M. Sallandrouze.............	600	.....	.....	C. 12 janv. 1921.
682	id.	Chantegrelle.	Houillères d'Ahun...........	500	.....	.....	A. 31 oct 1901.
683	id.	Bonnavaud.	Sté électrique de Guéret......	400	.....	.....	A. 6 nov. 1901.
684	id.	Eguzon.	Sté P. T. D. E...............	.....	15.000	.....	Non encore concédée.
685	id.	La Roche-Bat-l'Aigue	Centre électrique	400	.....	.....	A. 8 juin 1907.
687	Vienne.	Eymoutiers.	Tramways de la Hte-Vienne ..	1.750	.....	.....	A. 25 janv. 1912.
688	id.	Farebout.	Papeteries du Limousin......	800	.....	.....	Existence très ancienne.
690	Thaurien.	Chatain.	....	.....	.....	2.500	
691	id.	Roche-Talamie.	....	.....	.....	5.500	
692	id.	St-Marc.	....	.....	.....	3.200	
694	Vienne.	Le Palais.	Sté Hydro-élect. et Métall. du Palais ...	700	.....	.....	A. 22 sept. 1906.
695	id.	L'Isle-Jourdain.	Sté des F. M. de la Vienne...	.....	3.600	.....	Non encore concédée.
696	id.	Chardes.	id.	.....	.....	2.500	
697	id.	Bonnetel-Matours.	id.	500	.....	.....	A. 31 janv. 1918.
699	id.	Maisons-Rouges.	Papet. de la Haye-Descartes..	.....	2.000	.....	C. 10 avril 1919.
			TOTAL POUR LE BASSIN DE LA VIENNE..........	5.050	20.600	13.500	

BASSIN DE LA CHARENTE

No d'ordre	COURS D'EAU	NOM DES USINES	PROPRIÉTAIRES, LOCATAIRES ou EXPLOITANTS	en service	en construction	en projet	RÉGIME
700	La Charente.	Bourg-Charente.	H. Chanat.	250	.....	.....	C. 18 sept. 1920.

RÉGION DU SUD-OUEST

N° d'ordre	COURS D'EAU	NOM DES USINES	PROPRIÉTAIRES, LOCATAIRES ou EXPLOITANTS	PUISSANCE NORMALE en Kw. des usines			RÉGIME — A. Autorisations C. Concessions et dates de réglementation
				en service	en construction	en projet	
1	2	3	4	5	6	7	8
BASSIN DE L'HÉRAULT							
701	Vie.	Madières.	Sud-élect., 94, r. St-Lazare, Paris	1.750	.....	.....	A. 20 fév. 1902.
703	Hérault.	Bertrand.	....	.....	.....	630	
704	id.	Pont-du-Diable.	....	.....	.....	1.740	
			TOTAL POUR LE BASSIN DE L'HÉRAULT..........	1.750	.....	2.370	
BASSIN DE L'ORB							
706	Orb.	Truscas.	Sté Biterroise de For. et Lum. 12, rue St-Florentin, Paris.	520	.....	.....	Non réglementée
BASSIN DE L'AUDE							
708	Aude.	Carcanet.	....	.....	.....	1.600	
709	id.	Bacouloubre.	Sté Mérid. de Transp. de Force, 2, av. Arthur Millot, Carcassonne........	3.800	.....	.....	En instance de concession.
711	Bruyante.	Rouze.	....	.....	.....	1.400	
712	Bruyante et Laurenti	Usson.	....	.....	.....	2.780	
713	Aude.	Gesse.	Sté Mérid. de Transp. de Force, 2, av. Arthur Millot, Carcassonne........	5.030	.....	.....	A. 23 juin 1906.
714	Aiguette.	Aiguette.	....	.....	.....	510	
715	Aude.	St-Georges.	Sté Mérid. de Transp. de Force, 2, av. Arthur Millot, Carcassonne........	2.930	.....	.....	A. 4 juil. 1899.
717	Rebenty.	Mazuby.	....	.....	.....	580	
718	id.	Joucou.	Cie Gle d'éner. Nord-Pyrénées.	200	.....	.....	A. 15 fév. 1917.
719	Aude.	Belvianes.	....	.....	.....	4.960	
720	id.	Alet.	....	.....	.....	1.200	
723	Cesse.	Cesseras.	....	.....	.....	2.200	
724	Brian.	Minerve.	....	.....	.....	1.000	
			TOTAL POUR LE BASSIN DE L'AUDE..........	11.960	.....	16.230	
BASSIN DE LA TÊT							
723	Têt.	Aveillans.	....	.....	.....	3.270	L'arrêté d'aut. n'a pas été pris.
730	id.	La Cassagne.	Cie des Ch. de Fer du Midi, 54, boul. Haussmann, Paris....	2.150	.....	.....	A. 8 juin 1917.
731	id.	Fontpédrouse (r. d.).	id.	1.730	.....	.....	
732	id.	Fontpédrouse (r. g.).	id.	.....	.....	8.100	
			A reporter..........	3.880	.....	11.370	

N° d'ordre	COURS D'EAU	NOM DES USINES	PROPRIÉTAIRES, LOCATAIRES ou EXPLOITANTS	PUISSANCE NORMALE en Kw. des usines			RÉGIME — A. Autorisations C. Concessions et dates de réglementation
				en service	en construction	en projet	
1	2	3	4	5	6	7	8
			Report..........	3.880	.....	11.370	
733	Têt.	Olette.	....	.....	.....	12.840	
734	id.	Joncet.	....	.....	.....	2.220	
735	id.	Serdinya.	....	.....	.....	1.400	
736	Routja.	Py.	....	.....	.....	850	
737	Têt et Fuilla.	Villefranche.	Industrie élect. Ecoiffier, 37, quai Vauban, Perpignan....	370	.....	......	C. 4 août 1860.
738	Cady.	Casteill.	....	.....	.....	870	
739	Cady et St-Vincent.	Vernet.	....	.....	.....	630	
742	Têt.	Vinça.	Sté Hydro-électr. Roussillonnaise, Cité Partissol, Perpignan............	550	.....	.....	A. 30 juin 1899.
			TOTAL POUR LE BASSIN DE LA TÊT..........	24.800	.....	30.180	

BASSIN DU TECH

N° d'ordre	COURS D'EAU	NOM DES USINES	PROPRIÉTAIRES, LOCATAIRES ou EXPLOITANTS	en service	en construction	en projet	RÉGIME
744	Tech.	Velmanya.	....	.....	.....	630	
746	Coumelade.	Lalau.	....	.....	.....	1.220	
747	Tech et Coumelade.	Le Tech.	....	.....	.....	1.200	
748	Tech.	Puig-Redon.	Dépt des Pyrénées-Orient., Sté des Ch. de fer des P.-O., 54, bd. Haussmann, Paris.	320	.....	......	A. 2 mai 1911.
749	id.	Pas-du-Loup.	Industrie élect. Ecoiffier, 37, quai Vauban, Perpignan....	370	.....	.....	A. 18 mars 1916.
			TOTAL POUR LE BASSIN DU TECH..........	690	.....	3.050	

BASSIN DE LA GARONNE

N° d'ordre	COURS D'EAU	NOM DES USINES	PROPRIÉTAIRES, LOCATAIRES ou EXPLOITANTS	en service	en construction	en projet	RÉGIME
751	Garonne.	St-Péat.	....	.....	.....	8.380	
753	Pique.	Pique-Supérieure.	Cie d'électr. industrielle, 41, boul. Haussmann, Paris....	4.250	.....	.....	En inst. de réglementat.
754	id.	Pique-Inférieure.	id.	3.050	.....	.....	id.
756	Neste-d'Oc.	Luchon.	....	.....	5.860	.....	
757	One.	Picadère.	Sté Luchonnaise d'éclairage..	2.030	.....	.....	A. A. P. 2 mai 1901.
758	Pique.	Basse-Pique.	....	.....	.....	4.600	
759	id.	Gaud.	Cie des Tramw. élect. Marignac-Val-d'Aran, 38, Chaussée d'Antin, Paris.....	270	.....	......	A. 19 janv. 1918.
763	Neste-d'Aure.	Eget-Supérieure.	....	.....	.....	11.500	
764	id.	Eget-Inférieure.	Cie des Ch. de fer du Midi, 5¹, boul. Haussmann, Paris....	9.400	.....	.....	C. 17 juil. 1908.
765	id.	St-Lary.	Sté minière et métall. de Penarroya, 12, pl. Vendôme, Paris............	.....	10.450	.....	A. 15 avril 1918.
766	Lavedan.	Lavedan.	....	.....	.....	2.000	
767	Neste-d'Aure.	Arreau.	....	.....	.....	6.660	
768	Neste-de-Clarabib.	Caillaouas.	....	.....	.....	7.000	
			A reporter..........	19.000	16.310	40.200	

N° d'ordre	COURS D'EAU	NOM DES USINES	PROPRIÉTAIRES, LOCATAIRES ou EXPLOITANTS	PUISSANCE NORMALE en Kw. des usines			RÉGIME — A. Autorisation C. Concessions et dates de réglementation
1	2	3	4	en service 5	en construction 6	en projet 7	8
			Report..........	19.000	16.310	140200	
769	Neste-du-Louron.	Louvenvielle.	État (service des poudres)....	.....	4.600	.....	A. 28 avril 1919.
770	id.	Bordères.	id.	4.950	.....	.....	A. 28 avril 1919.
773	Neste.	Beyrède.	Sté d'Alumin. du S.-O., 12, rue Roquépine, Paris..........	5.000	.....	.....	C. 12 janv. 1918
774	id.	Hèches.	Sté de Ste-Marie de Gravigny, St-Dizier Hte-Marne.	730	.....	.....	En cours de réglement
776	id.	Craviers.	Sté électrique de la Barousse.	220	.....	.....	C. 21 fév. 1863, à P. 18 déc. 1905.
780	Garonne.	Valentine.	....	.....	.....	25.000	
781	id.	Viconte.	M. Léon Lauvaux, à Labarthe-Inard	390	.....	.....	Existence légale
783	id.	Montsaunès.	....	.....	.....	15.200	
784	id.	Apas.	M. Sirven, 76, r. de la Colombette, Toulouse	770	.....	.....	C. 26 fév. 1835.
785	id.	Mancioux.	F. M. de la Garonne, 82, boul. Haussmann, Paris..........	1.390	.....	.....	C. 28 janv. 1905.
78»	id.	Pont-de-Loure.	....	.....	.....	6.600	
790	Salat et Cougnets.	Salau.	Sté des Papeteries de Lédar, à Salau, Ariège.............	440	.....	.....	A. 1er mars 190?
792	Alet.	Estillon.	....	.....	.....	3.320	12 mars 1903.
794	Garbet.	Aulus.	....	.....	.....	4.700	
795	id.	Ercé.	Cie des Tramways de l'Ariège à St-Girons.................	300	.....	.....	A. 22 mai 1911.
796	Salat.	Lacourt.	....	.....	.....	4.080	
797	id.	Forge-de-Lacour.	Sté Job, 12, Bd de Strasbourg, Toulouse.................	440	.....	.....	A. 7 janv. 1839.
798	id.	La Moulasse.	id.	260	.....	.....	A. 2 déc. 1876.
800	Lez.	Arrout.	Cie des Tramways de l'Ariège à St-Girons.................	370	.....	.....	A. 14 mai 1910.
801	id.	id.	id.	.....	800	.....	A. 1er fév. 1919.
802	Salat.	Pourlande.	Sté des Pap. Ph. Bergès à Lorp.	280	.....	.....	A. 16 nov. 1871.
803	id.	Lorp.	id.	350	.....	.....	A. 16 mars 182?
805	id.	Lacave.	M. Boussion.................	240	.....	.....	A. 18 janv. 1847.
806	id.	Lasvignes.	Lasvignes et Cie.............	460	.....	.....	A. 25 janv. 1860.
807	id.	Salie-du-Salat.	Cie des Salins du Midi, 7, boul. V.-Hugo, Montpellier.......	920	.....	.....	C. 4 déc. 1888.
808	id.	id.	....	.....	.....	11.370	
809	id.	Mazères-Sud.	Lacroix, fils à Mazères........	520	.....	.....	C. 23 oct. 1838.
810	id.	Lasmartres à Roquefort.	id,	340	.....	.....	C. 27 mars 1899.
811	id.	Pont-du-Fourc.	....	.....	.....	5.970	
813	Garonne.	Mauran.	....	.....	.....	11.200	
815	id.	Couladère.	....	.....	.....	5.200	
816	id.	St-Julien.	....	.....	.....	7.260	
817	id.	Carbonne.	....	.....	.....	12.650	
818	id.	id.	Sté d'électric. de l'Arize, Mas d'Azil, Ariège.............	220	.....	.....	C. 27 janv. 1913.
819	id.	Mauzac.	....	.....	.....	7.115	
			À reporter..........	37.590	21.710	159865	

N° d'ordre	COURS D'EAU	NOM DES USINES	PROPRIÉTAIRES, LOCATAIRES ou EXPLOITANTS	PUISSANCE NORMALE en Kw. des usines			RÉGIME — A. Autorisations C. Concessions et dates de réglementation
				en service	en construction	en projet	
1	2	3	4	5	6	7	8
			Report..........	35.590	21.710	159865	
820	Garonne.	Muret.	....	.....	.....	4.270	
821	id.	Saubens.	....	.....	.....	4.270	
825	Ariège.	Saillens.	....	.....	.....	9.200	
826	Siscas et Pédourès.	L'Hospitalet.	M. Thévenot, 8, r. Lamennais, Paris..................	220	.....	.....	A. 20 sept. 1919, 18 mai 1911.
827	Ariège.	Mérens.	....	.....	.....	4.975	A concéder.
828	Orlège.	Orlu.	Sté Pyrénéenne d'énergie électrique, 28, rue Lafforgue, Toulouse	5.520	.....	.....	A. 9 oct. 1913.
829	Ariège.	Ax.	....	.....	.....	14.875	
830	id.	Calteler amont.	....	.....	.....	1.400	
831	id.	Perles-Castelet.	F. M. de l'Ariège, 5, r. Blanche, Paris..	1.100	.....	.....	A. 27 mars 1822.
832	id.	Unac.	....	.....	.....	1.410	A concéder.
833	id.	Mines de Lassuz.	Sté minière de Roquelaure, à Lassuz, Ariège.............	300	.....	.....	A. 1er sept. 1915.
834	id.	Urs.	Sté des Talcs de Luzenac, Ar.	430	.....	.....	A. 17 sept. 1909.
835	Aston.	Forges et Martinets de Gudane	Baudon de Mony, à Château-Verdun, Ariège.............	440	.....	.....	A. 25 oct. 1855.
836	Ariège.	Verdun.	....	.....	.....	1.350	
839	Bassiès.	Bassiès.	Cie des prod. chim. d'Alais et de la Camargue, 126, r. de la Boétie, Paris	880	.....	.....	A. 25 sept. 1905.
840	Vicdessos.	Auzat.	id.	5.860	.....	.....	A. 2 juin 1915.
842	Siguer et Gnoure.	Haut-Siguer.	....	.....	.....	2.900	
843	Siguer.	Moyen-Siguer.	....	.....	.....	2.100	
844	Ariège.	Niaux.	....	.....	.....	8.720	
845	id.	Sabart.	....	.....	.....	3.000	
847	id.	Mercus.	Sté électro-chim. de Mercus, 10, r. Caumartin, Paris.....	2.860	.....	.....	A. 8 nov. 1916.
848	id.	Pont-du-Diable.	....	.....	.....	3.150	
849	id.	St-Antoine.	F. M. de l'Ariège, 5, r. Blanche, Paris..	1.100	.....	.....	A. 2 août 1912.
850	id.	Foix.	....	.....	.....	1.170	
851	id.	id.	Cie Fuxéenne d'éclair. à Foix.	330	.....	.....	A. 28 juin 1917.
854	id.	Crampagna.	F. M. de l'Ariège, 5, r. Blanche, Paris..	810	.....	.....	A. 12 janv. 1912.
855	id.	Les Rives.	id.	880	.....	.....	A. 6 déc. 1903.
856	id.	Les Mijanes.	id.	.....	1.500	.....	A. 12 juin 1915.
857	id.	Guillot-Benagues.	id.	1.470	.....	.....	A. 24 janv. 1907.
858	id.	Bonnac.	Sté d'électric. de Larize, Mas d'Azil, Ariège	290	.....	.....	A. 16 oct. 1918.
859	id.	Pébernat.	....	.....	.....	4.650	
860	id.	Laborie.	....	.....	.....	1.755	
861	id.	Auterive.	....	.....	.....	1.600	
862	id.	Grépiac.	....	.....	.....	1.860	
864	id.	Moulin du Vernet.	....	.....	.....	720	
865	Garonne.	Ramier du Château.	Ville de Toulouse.............	.....	2.550	.....	En inst. de concession.
866	id.	Moulin du Château Narbonnais (Minot.).	id.	120	.....	.....	Fondée en titre.
			À reporter..........	60.500	25.760	236240	

N° d'ordre	COURS D'EAU	NOM DES USINES	PROPRIÉTAIRES, LOCATAIRES ou EXPLOITANTS	PUISSANCE NORMALE en Kw. des usines			RÉGIME A. Autorisations B. Concessions et dates de réglementation
				en service	en construction	en projet	
1	2	3	4	5	6	7	8
			Report..........	60.500	25.760	236240	
868	Garonne.	Bazacle.	Sté Toulousaine d'électrité, 10, quai St-Pierre, Toulouse...	1.950	......	......	Fondée en titre.
870	id.	Gagnac.	....	......	......	6.800	
871	id.	Lespagnol.	....	......	......	3.265	
872	id.	Grenade.	....	......	......	11.300	
873	id.	Montech.	....	......	......	10.800	
			TOTAL POUR LE BASSIN DE LA GARONNE..........	62.450	25.760	268405	

BASSIN DU TARN

N° d'ordre	COURS D'EAU	NOM DES USINES	PROPRIÉTAIRES, LOCATAIRES ou EXPLOITANTS	en service	en construction	en projet	RÉGIME
875	Tarn.	Pont-de-Montvert.	....	......	......	3.470	
876	id.	Salles.	....	......	......	5.930	
877	id.	Florac.	....	......	......	5.930	
878	id.	La Muse.	....	......	......	2.800	
880	id.	Sauby.	....	......	......	8.550	
881	id.	Truel.	Energie élect. de la Sorgue et du Tarn, 9, rue de la Vieille Intendance, Marseille.......	2.510	......	......	A. 10 fév. 1910.
882	id.	Jourdany.	....	......	......	4.240	
883	id.	Couffoulens.	....	......	......	4.630	
884	id.	St-Igest.	....	......	......	2.960	
885	id.	La Croux.	....	......	......	2.960	
886	id.	Trébas.	....	......	......	3.340	
887	id.	Courris.	....	......	......	3.400	
888	id.	Ambialet.	Hts-Fourneaux, Forg. et Aciér. du Saut-du-Tarn, à St-Juéry.	......	1.950	......	En instance de réglementation.
889	id.	Avalats	id.	510	......	......	A. 25 nov. 1893.
890	id.	St-Juéry.	id.	1.300	......	......	A. 25 mars 1828.
891	id.	Arthez I.	id.	740	......	......	id.
892	id.	Arthez II.	....	......	......	4.460	
893	id.	Albi.	....	......	......	6.200	
895	id.	Jussens.	....	......	......	900	
896	id.	Castelnau.	....	......	......	5.100	
897	id.	Marsac.	Sté Pyrénéenne d'éner. élect. 28, rue Lafforgue, Toulouse.	510	......	......	C. 23 oct. 1909.
898	id.	Rivières.	....	......	......	2.900	
899	id.	La Bourélie.	....	......	1.660	......	
900	id.	Gaillac.	Gaz et élec. de Gaillac à Gaillac	220	......	......	A. C. E. 17 av. 1822. 17 fév. 1830. A. P. 23 sept. 1854.
901	id.	L'Isle-s.-Tarn.	id.	410	......	......	C. 20 juil. 1913.
903	id.	Rabastens.	E. E de Rabastens, à Rabastens (Tarn).	370	......	......	C. 16 déc. 1902.
905	Agout.	Brassac.	....	......	......	7.200	
			A reporter..........	6.570	3.610	74.970	

N° d'ordre	COURS D'EAU	NOM DES USINES	PROPRIÉTAIRES, LOCATAIRES ou EXPLOITANTS	PUISSANCE NORMALE en Kw. des usines			RÉGIME A. Autorisations C. Concessions et dates de réglementation
				en service	en construction	en projet	
1	2	3	4	5	6	7	8
			Report.........	6.570	3.610	74.970	
906	Agout.	Luzières.	F. M. de l'Agout, 17, r. Sébastopol, Béziers	10.530	.....	.....	En cours de réglement.
907	id.	La Farayrié.	....	.....	.....	5.050	
909	Tarn.	Bessières.	Sté Pyrénéenne d'élair. élet., 28, r. Lafforque, Toulouse..	220	.....	.....	C. 20 nov. 1839.
911	id.	Corbarieu.	Sté des pâtes et pailles de Tarn-et-Gar., 2, r. Récamier, Paris.	330	.....	.....	Non réglementée
912	id.	Le Claux.	id.	150	.....	.....	C. 23 fév. 1867.
914	id.	Albarèdes.	Sté Montalbanaise d'élect., pl. du Coq, Montauban	190	.....	.....	
915	id.	Lagarde.	id.	240	.....	.....	C. 4 sept. 1906.
917	Vioulou.	Peyral.	....	.....	.....	3.200	
918	Viaur.	Bonnecombe.	....	.....	.....	3.300	
920	id.	Thuries.	Sté des mines de zinc de la Vieille-Montagne, à Viviez (Av).	2.330	.....	.....	A. 20 janv. 1917.
921	id.	Laurélite.	....	.....	.....	4.270	
923	Tarn.	Ste-Livrade.	Etabl. Ollier, à Clerᵗ.-Ferrand.	550	.....	.....	A. 17 juil. 1766.
924	id.	Moissac	id.	910	.....	.....	Non réglementée
			TOTAL POUR LE BASSIN DU TARN.........	22.020	3.610	90.790	

BASSIN DE L'ADOUR

N° d'ordre	COURS D'EAU	NOM DES USINES	PROPRIÉTAIRES, LOCATAIRES ou EXPLOITANTS	en service	en construction	en projet	RÉGIME
926	Adour de Tourmalet et d'Arize.	Artigues.	....	.....	.....	1.700	
927	Adour et Gripp	Gripp.	Sté F. et L. des Pyrénées, 75, r. Alsace-Lorraine, Toulouse	.....	1.910	......	A. 20 déc. 1916.
928	Adour de Garet	id.	....	......	.....	3.050	
929	Adour et Gripp de Payolle.	Ste-Marie de Campan	....	.....	.... .	4.420	
930	Lac Bleu et Lac de Peyrelevade.	Lac Bleu.	....	.....	.....	950	
931	Adour de Lesponne.	Chiroulet.	Secteur de Mont-Gaillard.....	370	.....	.....	Non réglementée
932	id.	Traouessarou.	....	.....	.....	2.050	
933	Adour et Adour de Lesponne.	Campan.	....	.....	.....	7.850	
934	Adour.	Pont de Gerde.	....	.....	.....	2.680	
935	id.	Montgaillard.	Secteur de Mont-Gaillard.....	220	.....	......	A. 8 oct. 1902.
938	Gave de Gavarnie.	Cèdre.	....	.....	.....	11.170	
939	id.	Luz.	....	.....	16.600	.....	
940	id.	Saligos.	....	.....	.....	4.860	
941	id.	Pont de la Reine.	Ch. de fer à traction élect. Pierrefitte à Cauterets-Luz, 21. r. de Londres, Paris	630	.....	.....	A. 14 juin 1901.
942	Gave d'Isaby.	Villelongue.	Sté Pyrén. du silico-mangan., 6, rue Grolée, Lyon	2.280	......	.....	A. 3 fév. 1896, 24 août 1910.
943	Gave de Cauterets.	Calypso.	Ch. de fer à traction électriq. Pierrefitte-Cauterets-Luz...	630	......	.....	A. 17 juil. 1896.
			A reporter.........	3.500	18.510	38.670	

| N° d'ordre | COURS D'EAU | NOM DES USINES | PROPRIÉTAIRES, LOCATAIRES ou EXPLOITANTS | PUISSANCE NORMALE en Kw. des usines | | | RÉGIME — A. Autorisations C. Concessions et dates de réglementation |
| | | | | en service | en construction | en projet | |
1	2	3	4	5	6	7	8
			Report..........	3.500	18.510	38.670	
941	Gaves de Gavarnie et de Cauterets.	Soulom.	Cie des ch. de fer du Midi, 54, boul. Haussmann, Paris....	15.450			A. 31 août 1910.
946	Gave d'Arrens.	Arrens.	Sté des mines d'Arrens à Argelès	330			A. 19 mars 1902.
948	Gave d'Azun.	Arras.	Secteur de Mont-Gaillard	620			A. 10 oct. 1907.
950	Gave de Pau.	Vizens.	Sté du Funiculaire du Gd-Ger à Lourdes.	330			A. 30 sept. 1895.
951	id.	Peyrouse.	Cie des tramways de Lourdes, à Lourdes	950			A. 30 août 1915.
952	id.	Saint-Pé.	M. Philippe, à Coarraze.	280			A. 29 mai 1902.
953	id.	Betharram.				5.500	
954	id.	Mirepeix.	M. Bruckert, à Mirepeix	250			
957	id.	Papeteries d'Orthez.	Sté des U. d'Orthez, à Orthez.	310			Non réglementée
958	id.	Minoterie d'Orthez.	id.		1.400		En cours de réglement.
959	id.	Castetarbe.	E. Ind., 94, r. St-Lazare, Paris	810			C. 27 oct. 1914.
960	id.	Baigts.				4.400	
961	id.	Puyoo.	MM. Saint-Frères, 34, r. du Louvre, Paris.	400			C. 15 oct. 1899.
965	Lac d'Artouste	Artouste.				2.600	
966	Bitet.	Miegebat.				1.320	
967	Gaves de Brousset de Bious et Sous-Souéou.	id.				13.600	
968	Gave d'Ossau.	Hourat.				10.900	
969	id.	Caou sup.	M. Laprade, à Arudy	370			A. 1 oct. 1904.
970	id.	Caou inf.	id.	440			A. 10 mars 1893.
972	Gave d'Aspe.	Forges d'Abal.	F. M. de la Vallée d'Aspe, 24, rue Royale, Paris	1.320			Non réglementée
973	id.	Baralet.				6.060	
974	id.	Eygun-Lescun.				13.350	
975	id.	Esquit.				2.550	
976	id.	Escot.				9.220	
977	id.	Asasp.				4.750	
978	id.	Soeix.	M. Mazères, à Oloron	240			A. 6 sept. 1865.
979	id.	Oloron.	MM. Lavigne et Legrand, à Oloron	260			A. 15 fév. 1879.
980	Gave d'Oloron.	Legugnon.	M. Laulhère, à Oloron	270			C. 5 janv. 1911.
982	id.	Poey.				3.470	
983	id.	Narp.				4.900	
985	Gave de St-Engrace.	Licq-Athessy.	Voies ferrées départementales du Midi à Bayonne	2.370			A. 15 avril 1913.
986	id.	id.	id.			5.760	
987	Saison.	Charritte.	Sté électrique de Charritte	230			A. 29 avril 1881.
989	Gave d'Oloron.	Sorde.	Larran frères, à Cauneille (Landes).	220			A. 27 janv. 1882.
992	Nive des Aludes	Banca.	Sté Hydro-élect. des B.-Pyr., 12, rue d'Aguesseau, Paris..	1.380			A. 2 mars 1911.
994	Nive.	Itvassou.	Cie du Bourbonnais, Allées Marines, Bayonne	170			C. 26 juin 1903.
995	Id.	Halsou.				810	
		TOTAL POUR LE BASSIN DE L'ADOUR...		31.130	19.910	127860	

RÉCAPITULATION

RÉGIONS	BASSINS	PUISSANCE NORMALE DISPONIBLE en Kw. des usines			TOTAUX PAR RÉGION
		en service	en construction	en projet	
Nord-Ouest	....	2.910	9.250	76.490	
Nord-Est	Bassin de la Meuse...........	....	....	5.900	En service........ 6.410
	— de la Moselle.........	500	....	17.250	En construction.. Néant.
	— du Rhin..............	5.910	....	505.100	En projet........ 628.520
Sud-Est	Rhône proprement dit........	28.200	17.000	698.500	
	Bassin des Dranses...........	3.950	....	12.650	
	— de l'Arve..............	22.300	3.000	51.780	
	— de la Valserine........	1.620	2.200	9.000	
	— du Fier	11.600	3.700	....	
	— du Guiers.............	9.100	....	....	
	— de l'Ain..............	10.400	6.640	23.750	
	— du Doubs.............	22.580	....	40.600	En service....... 423.080
	— de l'Isère............	237.250	94.950	390.370	En construction.. 165.390
	— de l'Ardèche.........	....	....	37.000	En projet........ 1.807.050
	— de la Durance........	52.570	35.700	412.800	
	— de l'Argens...........	950	....	....	
	— de la Siagne..........	5.400	....	....	
	— du Loup	1.500	....	....	
	— du Var...............	4.800	2.200	120.400	
	— de la Roya...........	4.000	....	10.200	
	Canal du Verdon...........	800	....	....	
Centre	Bassin du Lot..............	7.450	36.250	137.500	
	— de la Dordogne	20.100	56.050	296.300	
	— de la Loire-Supérieure.	10.300	....	70.360	En service....... 60.950
	— de l'Allier............	12.550	8.500	15.180	En construction.. 121.400
	— du Cher.............	5.500	....	6.800	En projet....... 539.400
	— de la Vienne..........	5.050	20.600	13.500	
	— de la Charente........	250	....	....	
Sud-Ouest	Bassin de l'Hérault...........	1.750	....	2.370	
	— de l'Orb..............	520	....	18.230	
	— de l'Aude	11.960	....	30.180	En service 135.320
	— de la Têt.............	4.600	....	....	En construction.. 49.280
	— du Tech	690	....	3.050	En projet 538.885
	— de la Garonne........	62.450	25.760	268.400	
	— du Tarn..............	22.020	3.610	80.790	
	— de l'Adour	31.130	19.910	127.860	
TOTAL GÉNÉRAL	En kilowatts............	628.920	345.320	3.490.380	
	En chevaux.............	854.470	466.730	4.716.730	

Rapport LE VERRIER. — Annexe II

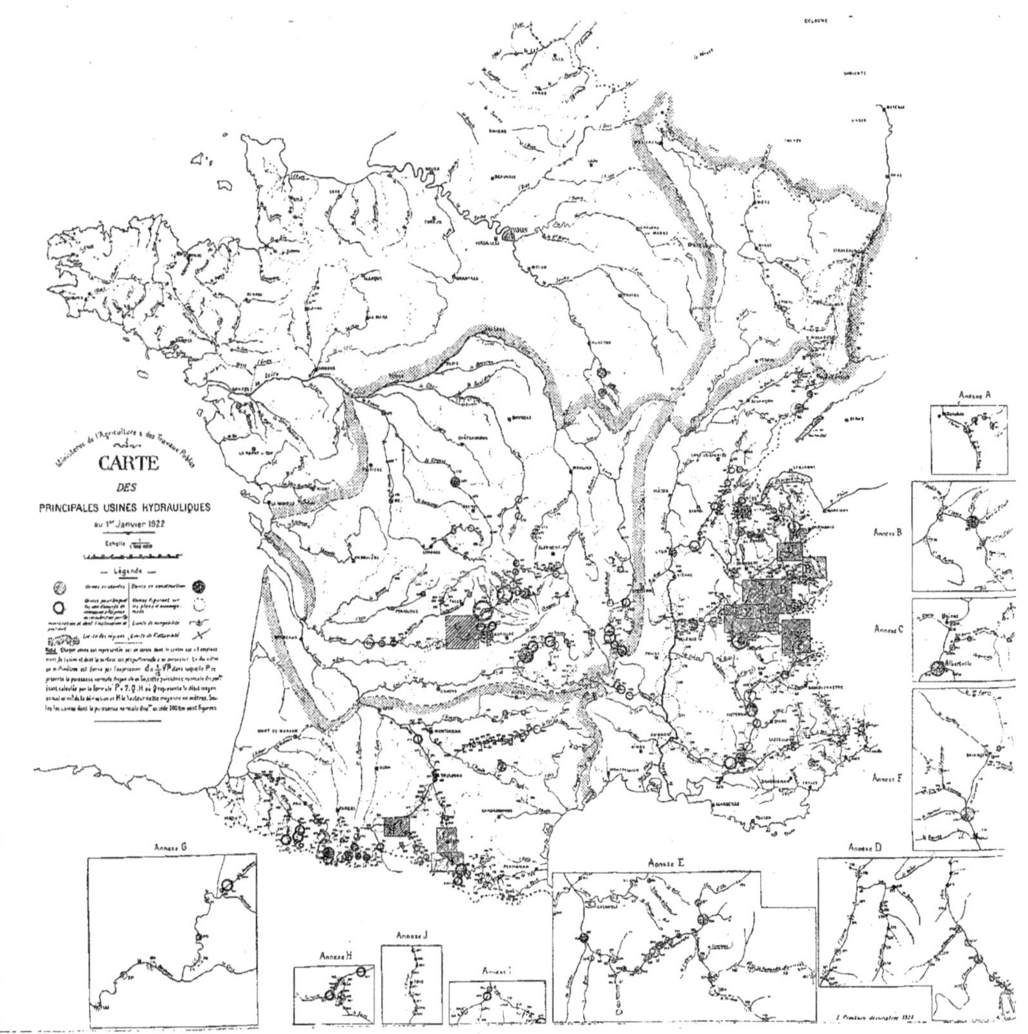

Rapport LE VERRIER. — Annexe III

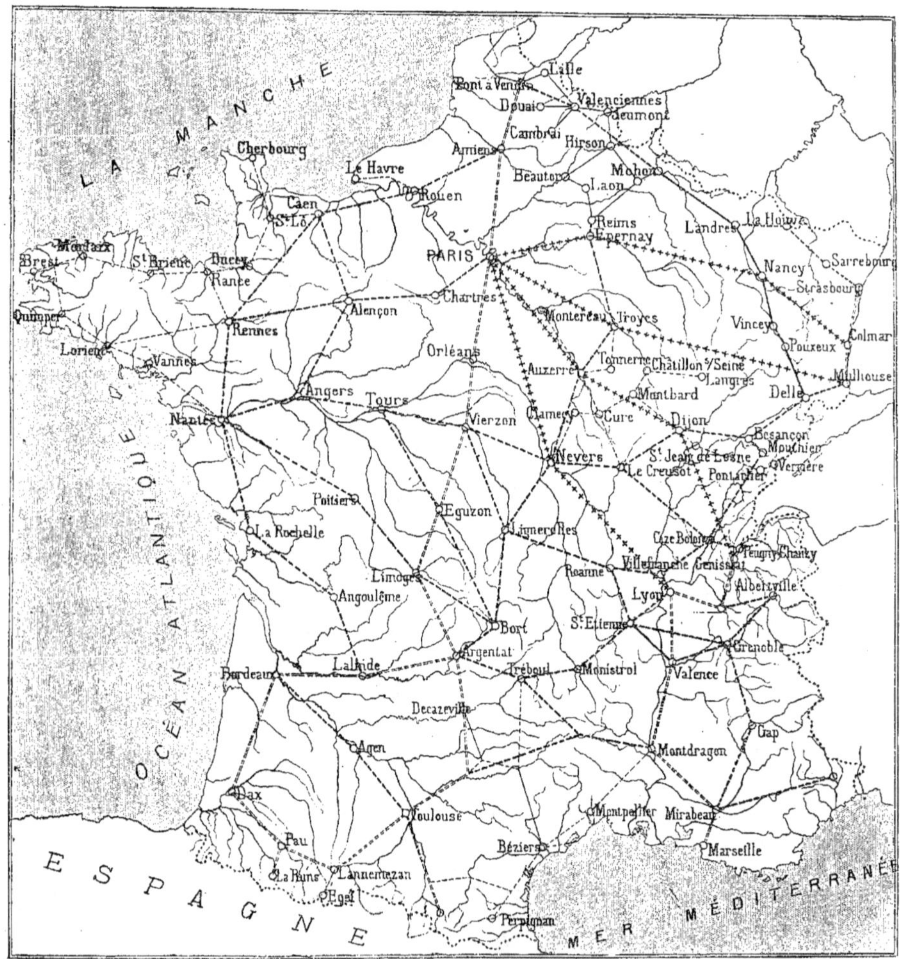

CARTE DES PRINCIPALES LIGNES D'ÉNERGIE ÉLECTRIQUE A HAUTE TENSION EN FRANCE

Lignes à 120.000 ou 150.000 volts; capacité de transmission de 40.000 à 50.000 kva ; en construct. ou en service.

    id.   id.   en projet.

Lignes à 120.000 ou 150.000 volts; capacité de transmission de 80.000 à 100.000 kva ; en construct. ou en service.

    id.   id.   en projet.

++++ Lignes de 150.000 à 220.000 volts Rhône-Paris et Rhin-Paris; capacité de transmission de 80.000 à 100.000 kva ; en projet.

Lignes de 45.000 à 75.000 volts; en construction ou en service.

    id.   id.   en projet.

O   Postes de transformation.

Rapport LE VERRIER. — Annexe IV

TABLEAU N° 1.

ÉQUIPEMENT D'UNE CHUTE DE MONTAGNE [1]

Puissance normale disponible... 10.000 kilowatts.
Puissance installée 15.000

Dépenses de 1er établissement par kilowatt de puissance normale disponible

1° Frais improductifs :

a) Frais d'études et de constitution..........	16 66			2 °/₀ de 833,33 actions.
b) Frais d'émission, commission	150 »			6 °/₀ de 2.500 capital investi.
c) Intérêts d'intercalaires	325 »			6,6 °/₀ de 1.250 pendant 4 ans.
d) Primes d'émission........................	33 34			2 °/₀ de 1.666,67 obligations.
	525 »	525 »		

2° Actif non périssable :

a) Terrains et riveraineté...................	100 »		
b) Barrages................................	} 900 »		
c) Ouvrages d'amenée et de fuite............			
	1.000 »	1.000 »	

3° Actif périssable :

a) Bâtiments...............................	100 »		
b) Conduites forcées et vannes..............	400 »		
c) Turbines et accessoires..................	150 »		
d) Alternateurs	225 »		
e) Appareillage électrique...................	75 »		
	950 »	950 »	

4° Fonds de roulement .... 25 »   25 »   moitié des dépenses d'exploitation proprement dites.

TOTAL GÉNÉRAL................. 2.500 »

Dont :   833,33 actions.
        1.666,67 obligations 7 °/₀, 40 ans 490 francs net impôts.

---

[1] Ces tableaux sont extraits d'articles publiés par M. TOCHON dans le *Journal des Forces Hydrauliques*.

TABLEAU N° 2

CHARGES ANNUELLES

(10 premières années)

par kilowatt de puissance normale disponible

I. — Dépenses d'exploitation

Salaires, loyers, assurances..	30 »
Impôts..	16 »
Matières consommables...	4 »
Total.......................................	50 »

II. — Entretien, amortissement, charges financières

	ENTRETIEN et RÉPARATIONS	AMORTISSEMENT	CHARGES FINANCIÈRES	
			OBLIGATIONS (9)	ACTIONS (10)
1° Frais improductifs..... { Frais d'études et de constitution.	»	1,66 (3)	0,92213	0,3330
Frais d'émission, commission....	»	15 (3)	8,30	3,
Intérêts intercalaires...........	»	32,50 (3)	17,98278	6,5004
Primes d'émission..............	»	»	1,84426	0,6672
2° Actif non périssable.. { Terrains et riverainetés........	»	»	5,53361	1,9998
Barrage.......................... Ouvrages d'amenée et de fuite ..	13,50 (1)	»	49,800	18
3° Actif périssable....... { Bâtiments......................	1,50 (1)	2 (4)	5,53361	1,9998
Conduites forcées et vannes.....	6 (1)	13,333	22,13361	9,9998
Turbines et accessoires	3 (2)	10 (6)	8,30	3
Alternateurs	4,50 (2)	11,25 (7)	12,45	4,50
Appareillage électrique.........	1,50 (2)	7,50 (8)	4,15	1,50
4° Fonds de roulement......................	»	»	1,38361	0,4998
5° Total................................	30	93,250	138,33361	49,9998

III. — Total général .... 361,55341.

(1) 1,50 du capital correspondant. — (2) 2 °/₀ du capital investi. — (3) 10 °/₀. — (4) En 50 ans 2 °/₀. — (5) En 30 ans 3,30 °/₀. — (6) En 15 ans 6,6 °/₀. — (7) En 20 ans 5 °/₀. — (8) En 10 ans 10 °/₀. — (9) 7 + 1,30 °/₀. — (10) 6 °/₀.

RAPPORT SUR LA DISTRIBUTION DE L'ENERGIE ELECTRIQUE DANS LES COMMUNES RURALES

Par M. TROTÉ

Ingénieur en Chef des Ponts et Chaussées
Inspecteur général du Service Hydraulique

I. CONSIDERATIONS GENERALES

Dans le remarquable rapport dont la Sous-Commission a entendu la lecture lors de sa précédente réunion, M. l'Ingénieur en Chef Le Verrier a exposé comment l'énergie électrique pourra être fournie à bon marché (1) sur l'ensemble du territoire par l'aménagement rationnel des forces hydrauliques et par l'établissement de réseaux à très haute tension (90.000 à 220.000 volts), conjuguant de grandes centrales hydrauliques et thermiques et les reliant aux principaux centres de consommation. Sur ces réseaux seront placés des postes de transformation qui, pour des raisons à la fois techniques et économiques, devront être espacés en moyenne de 100 à 150 kilomètres et qui alimenteront les réseaux régionaux ou départementaux de répartition de l'énergie électrique à haute tension (30.000 à 75.000 volts).

Il convient maintenant d'examiner comment l'énergie ainsi livrée pourra être diffusée dans tout le pays et plus particulièrement dans les campagnes. D'autre part, la réalisation du réseau national de transport, qui exigera un effort financier considérable, ne pourra être que l'œuvre du temps. Les lignes destinées à réunir les régions de houille blanche, entre elles et aux grands centres ou commandées par l'électrification des chemins de fer, seront certainement exécutées dans un avenir prochain, mais on peut prévoir que le surplus ne sera achevé qu'à une époque beaucoup plus lointaine. Il est donc nécessaire d'étudier les moyens de faire face aux besoins de la consommation en attendant cette échéance.

La solution du problème ainsi posé exigera des efforts dont il ne faut se dissimuler ni la durée ni l'importance. Dans le département de la Seine, où les besoins sont les plus accentués et la clientèle la plus concentrée, où le courant est vendu à de bas prix et avec toutes les facilités désirables, le nom-

bre d'abonnés correspond à peine au cinquième de la population. Quel délais ne faudra-t-il pas, dans ces conditions, pour répandre l'électricité sur la France tout entière au prix de difficultés dont la gravité apparaît dès qu'on envisage la question ? Si l'on se réfère en effet à la dernière statistique du Ministère des Travaux Publics (1918), on voit que l'énergie électrique est distribuée par les entreprises existantes, au nombre de 6.800, dans des agglomérations qui comprennent au total 24 millions d'habitants. Mais si une fraction très importante de la population peut ainsi recevoir le courant, la proportion des communes desservies est inférieure à 20 0/0 et la surface alimentée ne représente qu'une infime partie de l'étendue du territoire.

Les dépenses nécessaires pour électrifier l'ensemble du pays n'ont pas été évaluées en 1920 à moins de 15 milliards, dont 9 milliards pour les usines de production et les grands réseaux de transport, par l'une des Commissions qui ont été chargées après la guerre d'établir un programme d'amélioration de l'outillage national. Si, supposant les réseaux primaires et secondaires exécutés, l'on s'en tient aux réseaux ruraux, on peut, en prenant pour base les entreprises déjà réalisées, estimer que deux milliards suffiraient pour distribuer le courant à dix millions d'agriculteurs, c'est-à-dire à la presque totalité des habitants des campagnes non encore alimentées et qui peuvent l'être dans des conditions acceptables. Comme contre partie de ces dépenses les recettes sont relativement faibles, puisqu'il reste à desservir la population la moins dense et abstraction faite des chemins de fer les besoins les moins importants, souvent les moins rémunérateurs.

L'œuvre à accomplir ne saurait donc être viable qu'avec le concours financier de l'Etat, largement justifié d'ailleurs par les avantages économiques et sociaux qui en résulteront pour la nation tout entière. Mais les modalités de cette participation devront être réglées de façon à en tirer le maximum de profit pour le pays et à assurer la réalisation d'entreprises dont l'exécution nécessite un effort

---

(1) Suivant les régions et les distances de transport de 6 à 18 centimes le Kw.-h. pour l'énergie d'origine hydraulique, de 13 à 18 centimes pour l'énergie d'origine thermique. En tenant compte des aléas et des superbénéfices, pour les régions les moins favorisées, 25 cent.

de solidarité. D'autre part, l'importance des sacrifices à consentir exige qu'on s'applique à les réduire. Il conviendra, par suite, de poursuivre l'étude de toutes les parties du problème avec la préoccupation constante de s'arrêter à la solution la plus économique.

Si l'on tient compte de cette considération et de l'expérience acquise sur les distributions déjà exécutées en vue de desservir une clientèle d'agriculteurs, on peut présenter, au sujet des moyens les plus pratiques pour répandre l'électricité dans les campagnes, les observations générales qui suivent :

a) Les artères secondaires de répartition de l'électricité doivent être déterminées en se basant sur les besoins des centres urbains, de l'industrie et des transports. Les quantités d'énergie nécessaires aux populations agricoles sont si faibles et elles sont utilisées dans des conditions si défectueuses que le programme des réseaux départementaux et régionaux peut être établi sans en tenir compte. Les réseaux ruraux devront se greffer sur l'ossature constituée pour les autres usages et, sauf des cas assez rares, c'est seulement à titre transitoire qu'ils pourront s'alimenter à des sources d'énergie qui leur soient spécialement destinées.

b) Dans l'intérêt de la richesse publique, il importe, avant de créer de nouveaux organes, de tirer des moyens de production et de distribution existants le maximum d'utilité. Ces installations représentent un capital considérable qui n'a pas été évalué à moins de 2 milliards aux prix d'avant-guerre et qui représentent actuellement une valeur au moins triple. Le dévelopement et l'amélioration des entreprises en fonctionnement (1) permettra de diffuser l'électricité dans des conditions relativement économiques et les ressources que gaspilleraient des doubles emplois trouveront une affectation plus profitable. On ne réalisera d'ailleurs pas ainsi des économies seulement sur le premier établissement, mais également sur l'exploitation, les frais généraux étant notablement réduits et le coefficient d'utilisation de l'énergie sensiblement augmenté.

L'extension des distributions existantes ne sera pas, il faut le reconnaître, sans soulever certaines difficultés. On peut craindre que l'apport d'une clientèle moins rémunératrice ne se heurte au refus des exploitants ou ne provoque de leur part des exigences inacceptables. Mais il ne faut pas s'exagérer l'importance de ces conflits : des conférences entre les représentants de divers intérêts en cause, en éclairant chacun d'eux sur la véritable situation de la partie opposée, suffiront le plus souvent à les aplanir. Au surplus, les industriels sont trop avisés pour ne pas apprécier les avantages qu'ils reti

reront en définitive du développement de leurs entreprises et de l'appoint de nouveaux usagers. On peut avoir la certitude qu'ils se rendront rapidement compte que leurs intérêts particuliers ne sont pas en discordance avec l'intérêt général. Il appartiendra à l'Administration, de concert avec les collectivités, de veiller à ce que ce dernier soit sauvegardé et de pourvoir à la consommation, s'il était nécessaire, en se passant d'un trop coûteux intermédiaire.

c) Ainsi que l'ont fait ressortir les délibérations du Congrès de l'aménagement hydraulique du Sud-Ouest, qui vient de se réunir à Bordeaux, la question de l'électrification des départements est surtout un problème de répartition. Lorsque, dans l'impossibilité d'utiliser les réseaux déjà établis, il sera indispensable d'envisager la construction de lignes nouvelles, l'effort du département ou, le cas échéant, des collectivités régionales, devra se porter surtout sur la réalisation du réseau intermédiaire entre les lignes nationales à très haute tension et les distributions à basse tension dont l'exécution doit, en principe, incomber à des organes locaux. Ce réseau intermédiaire sera construit par le Département, ou avec sa participation, en vertu de concessions dites de transport accordées par l'Etat avec, s'il y a lieu, faculté de rétrocession.

Si séduisante que puisse être la pensée de répandre l'électricité parallèlement dans toutes les régions du territoire, on s'exposerait, si on voulait la réaliser, à de sérieux mécomptes. Suivant les départements, les besoins en énergie, les facilités de production et de distribution du courant électrique, les ressources financières diffèrent profondément. La création des réseaux secondaires, dont les dépenses pour l'ensemble du pays sont de l'ordre de grandeur de 4 milliards, ne peut donc être envisagée que par espèce en tenant compte des situations locales et il convient de laisser aux Conseils généraux toute initiative à cet égard. D'après les possibilités, les réseaux départementaux seront établis successivement dans les diverses parties du pays, de même que la construction des diverses artères de répartition s'échelonnera dans chaque département. Il ne saurait d'ailleurs en résulter d'inconvénients au point de vue technique et économique si les opérations réalisées rentrent dans le cadre d'un programme étudié avec méthode.

La consistance du réseau départemental à haute tension (30.000 à 75.000 volts) sera déterminée en prenant, comme il a déjà été dit, avant tout en considération les besoins des centres urbains, de l'industrie et des transports ; il sera également conditionné par le relief du sol, ainsi que par la contexture des distributions existantes qu'il faudra à la fois coordonner et développer dans la limite de zones d'influence.

Dans les régions où les villes et les usines sont concentrées dans des vallées déjà desservies, le

---

(1) Voir en annexe la carte des zones d'influence des principaux réseaux de distribution en exploitation, page 75.

développement des chemins de fer d'intérêt local jouera le rôle principal dans l'alimentation des régions agricoles intermédiaires. A défaut de voies ferrées électrifiées, les artères secondaires ne pourraient être établies sans subventions spéciales de l'Etat.

La collaboration du département avec l'Etat pourra être nécessaire dans d'autres circonstances. C'est ainsi qu'il conviendra de prévoir la participation de ces deux collectivités et des distributeurs pour la construction de lignes de transport jonctionnant les usines de production et collectant le courant en vue de son transport. Les œuvres de cette nature auront, en effet, pour conséquence un abaissement du prix de l'énergie, qui ne résultera pas seulement de sa meilleure utilisation, mais encore de la possibilité d'un usage effectif des réserves que la loi du 16 octobre 1919 a mises à la disposition du Conseil général pour les Services publics départementaux et pour l'industrie locale. Livrées aux bornes des usines hydrauliques, ces réserves demeureraient sans emploi et elles grèveraient les concessions de forces hydrauliques sans profit pour la collectivité, si elles ne pouvaient être pratiquement transportées.

Répondant aux vues exprimées à de nombreuses reprises par l'Administration de l'Agriculture, un effort a été heureusement fait pour atténuer les inconvénients résultant de la séparation complète des régimes légaux de la production et du transport de l'énergie. Les nouveaux cahiers des charges types, relatifs à la distribution et au transport de l'énergie électrique, approuvées par décret du 28 juin 1921, comportent pour les concessionnaires l'obligation de transporter les réserves ; il est vrai dans la limite de la capacité de leurs lignes. La portée de cette mesure serait singulièrement réduite si elle ne devait atteindre que les futures entreprises ; mais l'extension des réseaux, en entraînant la révision des anciens cahiers des charges et la disparition progressive des permissions de voirie donnera les moyens de généraliser son application.

Il ne faut d'ailleurs pas s'exagérer les avantages à espérer des dispositions qui viennent d'être signalées. La dispersion des réserves peu importantes rendra toujours leur emploi difficile, aussi longtemps que les usines hydrauliques ne seront pas reliées par un organe commun de transport. D'autre part, les frais de transport et de distribution, représentant comme on le verra plus loin de beaucoup la plus forte part du prix de vente de l'énergie aux lieux d'emploi, celui-ci ne sera que dans une assez faible proportion réduit par l'abaissement du prix d'achat du courant aux bornes des usines hydrauliques.

d) De même que pour les artères secondaires de répartition, le problème de la diffusion de l'électricité se présente sous les aspects les plus divers en ce qui concerne les réseaux ruraux de distribution, les besoins diffèrent profondément d'après l'importance de la population, la dissémination des habitants, le morcellement des propriétés, la nature des cultures, le régime de l'exploitation des terres, les conditions d'existence des agriculteurs. De leur côté, les dépenses sont très variables suivant un certain nombre de ces éléments et d'après les facilités plus ou moins grandes rencontrées pour se procurer le courant et le distribuer. Les solutions doivent donc être recherchées dans chaque cas en tenant compte de l'expérience, mais en se gardant d'un excès de généralisation.

Les groupements chargés de réaliser les entreprises, qui seront en général des syndicats de communes, devront être organisés en ne se bornant pas à prendre en considération les seuls besoins de ceux qui en ont pris l'initiative, mais avec des vues d'ensemble, en tenant compte de la situation géographique et agronomique, des affinités des populations. Il conviendra d'étendre ces groupements autant qu'on le pourra, sans nuire à leur constitution ou à leur bonne administration et d'y comprendre des éléments plus ou moins rémunérateurs, dans la limite où cette solidarisation ne risquera pas de compromettre la vitalité de l'opération.

Dans l'étude des projets, le souci d'économies qui domine l'ensemble du problème présentera une importance toute particulière, puisque l'on a pu dire avec raison que la clientèle agricole exigeait le maximum des frais de premier établissement pour le minimum de rendement. Indépendamment des diminutions de dépenses de construction, qui pourront être obtenues dans chaque espèce par un examen attentif des dispositions techniques à adopter, on doit s'efforcer de réduire d'une façon générale ces dépenses par diverses modifications aux Règlements en vigueur, dans la mesure où celles-ci pourront être opérées sans préjudicier à la sécurité ou au fonctionnement des Services Publics. Soumise au Ministère des Travaux Publics, de qui elle dépend, la question paraît devoir être résolue favorablement, tout au moins d'une façon partielle. De son côté, la standardisation présentera des avantages techniques et économiques qu'il est nécessaire de ne pas négliger.

En ce qui concerne l'alimentation des réseaux ruraux, elle sera presque toujours obtenue dans les conditions les plus favorables par leur liaison aux artères secondaires de répartition du courant et, sauf des cas exceptionnels, ce n'est qu'à titre temporaire, en attendant la création de ces artères, qu'il faudra avoir recours à des sources spéciales de production de l'énergie. Cependant, on pourra souvent tirer profit de l'emploi des réserves, mises à la disposition des communes et des groupements agricoles aux bornes des usines hydrauliques en vertu de la loi du 16 octobre 1919. Les efforts de l'Administration de l'Agriculture ont, en effet, heureusement orienté la jurisprudence du Comité des forces hydrauliques vers l'insertion dans les cahiers des charges, en faveur de ces collectivités, de tarifs particulièrement réduits, que justifie la nécessité, à la fois de fixer les populations des montagnes et de les faire participer dans une large mesure aux richesses hydrauliques nées sur leur sol.

En ce qui touche l'exploitation des réseaux ruraux, il faut reconnaître que les dépenses de direction, de personnel technique et les frais généraux grèveront lourdement ces modestes entreprises. Dans certains cas le concours de techniciens, s'occupant accessoirement de leur gestion, leur permettra de subsister ; mais le plus souvent elles risqueront d'être paralysées, si elles demeurent isolées. En rattachant leur exploitation à celle de distributions existantes, les bénéfices qui, comme on l'a précédemment fait remarquer, résultent de l'utilisation d'organes déjà créés prendront une importance toute particulière.

Si l'on envisage enfin les voies et moyens pour faire face aux dépenses de construction, il est certain que, d'une manière générale, la participation qu'il sera possible d'obtenir des industriels exploitant le réseau ne sera pas élevée et que les sacrifices à consentir par les collectivités agricoles seront réduits seulement dans une faible mesure par le loyer des installations restant à leur charge. Pour que l'effort exigé des populations rurales n'excède pas leurs facultés il importe tout d'abord qu'elles puissent se procurer les capitaux nécessaires dans les conditions les plus avantageuses. Ce résultat pourra assez souvent être réalisé par des emprunts contractés auprès des propriétaires de la région ; il sera également facilité par les prêts souscrits par le Crédit agricole, bien que leur faible durée s'harmonise mal avec la longueur des amortissements nécessaires à la création des réseaux ruraux. Mais, si efficaces que puissent être les mesures que l'on doit encore envisager pour réduire les charges des emprunts, l'allocation de subventions s'imposera pour assurer la vitalité de la plupart des entreprises. Le taux de ces subsides devra d'ailleurs être déterminé de façon à favoriser la réunion dans un même groupement de territoires qui ne peuvent être électrifiés qu'avec plus ou moins de facilités. En Suisse les contributions des cantons et des communes ont permis de donner, dans le périmètre de chaque distribution, une satisfaction aussi large à la clientèle agricole qu'aux besoins urbains ou industriels : un exemple aussi fécond ne peut qu'être suivi.

Un concours financier de l'Etat, même restreint, aura les plus heureux effets, car il sera considéré par les agriculteurs comme le plus précieux des encouragements. D'autre part, cette participation dans les dépenses sera notablement réduite si l'on prend soin de différer l'exécution des lignes dont le coût serait hors de proportion avec les recettes à en espérer, ou de ne les entreprendre qu'avec un fonds de concours suffisant des propriétaires directement intéressés. Enfin l'effort financier à consentir ne grèvera pas trop lourdement le budget, car il se répartira sur une période d'années assez longue. Dans ces conditions les sacrifices demandés au Trésor seront plus que compensés par la prospérité que la diffusion de l'électricité apportera dans les campagnes pour le plus grand profit de la nation tout entière.

La terre est, en effet, la première source de la richesse publique en France et le développement de la production agricole est l'un des moyens les plus sûrs pour améliorer notre situation financière. Au surplus, il n'y a pas seulement un intérêt économique, mais un intérêt social à attacher les populations rurales au sol, puisque l'augmentation de la natalité en dépend dans une large mesure. En accordant aux agriculteurs l'aide indispensable pour leur permettre de tirer de la terre le maximum de produits et d'améliorer les conditions de leur existence, les Pouvoirs publics assureront la prospérité générale du pays.

Ces considérations générales présentées, il convient d'examiner de plus près les questions soulevées par l'établissement et l'exploitation des réseaux ruraux de distribution d'énergie. Les observations qui vont être formulées sont en grande partie basées sur les renseignements fournis dans les rapports très documentés présentés par les Ingénieurs en Chef et Ingénieurs du Génie Rural qui ont plus particulièrement étudié la question.

II. BESOINS EN ENERGIE ELECTRIQUE DES AGRICULTEURS

Avantages de l'électricité

Depuis longtemps déjà les campagnes se dépeuplent ; les paysans, attirés par les hauts salaires et les plaisirs des villes, désertent la terre : dans plusieurs communes de France la surface à cultiver pour chaque ouvrier agricole dépassait en 1914 15 hectares. La guerre, en décimant les populations rurales, a accentué cette crise de main-d'œuvre et a rendu plus que jamais nécessaire une nouvelle organisation du travail agricole. Au premier rang des mesures les plus efficaces à prévoir, se place la généralisation des machines, dont l'emploi s'est d'ailleurs développé depuis une cinquantaine d'années en France. Mais les appareils les plus en usage ne peuvent rendre que des services limités et ne constituent pas l'outil souple et toujours prêt à fonctionner qui est nécessaire. D'autre part, si l'on veut retenir au sol les agriculteurs, il est indispensable de leur donner plus de bien-être et de leur rendre la vie plus agréable. L'électricité, en apportant aux paysans à la fois la force et la lumière dans des conditions favorables, contribuera largement à assurer le repeuplement et la prospérité des campagnes.

Les moteurs électriques présentent des avantages qui ont été mis en évidence par de nombreuses publications, tant en France qu'à l'étranger. Ces moteurs sont incontestablement supérieurs à beaucoup d'égards à ceux dont l'emploi est plus généralisé, notamment au point de vue du prix d'achat, de la simplicité, de la facilité de conduite, de la réduction des risques d'incendie, de l'économie des frais d'entretien, de la possibilité de faire usage d'appareils de très faible puissance avec un rendement suffisant.

Favorisée par les qualités des appareils d'utilisation, la diffusion de l'énergie augmentera la production agricole, non seulement en activant et en facilitant le travail à la ferme et aux champs, en réduisant les périodes de chômage, mais encore en permettant d'adopter de meilleurs procédés de culture, notamment de labourer profondément et en donnant les moyens de développer par pompage les irrigations et les assainissements. D'autre part, les revenus des exploitations rurales, ainsi rendus plus rémunérateurs, seront encore améliorés par l'extension de la petite industrie à domicile, permettant aux agriculteurs de s'employer utilement pendant la morte-saison. Indépendamment de ces profits matériels, les habitations seront rendues plus gaies et l'existence aux champs plus attrayante. Le bien-être des populations rurales, ainsi réalisé, arrêtera leur exode.

Emplois de l'électricité en agriculture et importance des besoins

Si on laisse de côté l'électroculture dont les expériences déjà effectuées n'ont pas encore permis de faire ressortir avec certitude les résultats à escompter, on peut présenter les observations suivantes au sujet des principaux emplois de l'électricité en agriculture.

Éclairage. — Il est inutile d'insister de nouveau sur les avantages économiques et sociaux de l'éclairage électrique. Il en résulte à la fois plus de confort et d'hygiène, une réduction des dépenses et une diminution des dangers d'incendie, des facilités de travail et une augmentation des revenus agricoles. Les bienfaits de la lumière seront le plus souvent la cause prédominante du désir des populations rurales de recevoir le courant électrique.

Les besoins varient notablement suivant les régions d'après les conditions de la vie des agriculteurs (1). On peut admettre, pour la consommation privée et publique annuelle, des chiffres compris entre 5 et 15 kilowatts-heures par habitant, dont 1 à 3 pour l'éclairage public. Mais dans l'étude des réseaux ruraux, il conviendra pour éviter tous mécomptes de ne pas surestimer les besoins. Le nombre des lampes sera compris entre 3 et 4 par feu, soit environ 1 lampe par habitant et la puissance instantanée nécessaire représentera en général l'alimentation du tiers des lampes installées, ce qui correspond environ à 10 w. par habitant. Le nombre d'heures d'utilisation sera de 800 à 1.000 pour l'éclairage privé et pourra atteindre 3.000 pour l'éclairage public.

Travaux d'intérieur de la ferme. — Suivant la nature et le mode des cultures, les appareils installés dans les fermes seront différents. Lorsque la production fourragère dominera, ce seront surtout des presses à fourrages, des barattes, des écrémeuses, malaxeuses, machines à traire qui seront en usage. Dans les propriétés où la polyculture est pratiquée on installera des coupe-racines, hache-paille, aplatisseurs d'avoines, mélangeurs d'engrais, brise-tourteaux, trieurs à blé et tarares. Dans les vignobles ce seront les fouloirs, égrappoirs, pressoirs et élévateurs de vendanges qui seront en majorité. Enfin, dans toutes les régions, on rencontrera les appareils destinés à faciliter les travaux et manutentions, monte-charges, monte-sacs, scies pour usages domestiques, meules, etc... ainsi que les pompes pour tous usages.

Les consommations de ces différents appareils sont très faibles ; d'après les chiffres fournis par MM. Leclerc et Petit, la puissance nécessaire varie entre 1/2 cheval et 5 chevaux. D'après diverses évaluations et statistiques, au nombre desquelles il convient de citer celles qui figurent au rapport si documenté et si intéressant préparé par M. Cahen, Administrateur-délégué du Sud-Electrique en vue d'un Congrès de la Houille Blanche qui devait se tenir à Lyon en 1914, la quantité d'énergie nécessaire au fonctionnement des appareils de la ferme varie entre 10 Kw.-h. et 30 Kw.-h. par hectare et par an suivant la nature et l'intensité des cultures. Ces chiffres semblent élevés et seront rarement atteints au début de l'exploitation des réseaux. On peut considérer qu'avant longtemps la consommation ne dépassera pas 10 Kw.-heure par hectare de terre arable. Si on l'évalue par tête d'habitant, on peut l'estimer de 2 à 10 Kw.-h. (1). Pour ce qui est des heures d'utilisation de la puissance à souscrire, leur nombre variera entre 50 et 150 et ne dépassera pas en général 100.

Battages. — Les battages ne sont encore que rarement effectués électriquement. De nombreuses entreprises de battage à vapeur ou à essence exis-

---

(1) Electricité de Strasbourg, 391 communes (1921): 10 Kw.-h. 50 par an et par habitant. — Forces électriques lorraines (1921) : 12 Kw.-h. — Moyenne 1921-1922 dans 11 communes agricoles de la vallée de la Marne : 10 Kw.-h. ; dans 8 communes viticoles : 8 Kw.-h. 03. — Secteur coopératif de Vaucogne (Aube), en 1920 : 15 Kw.-h. par habitant. — Secteur forces motrices Armançon (1920): 16 Kw.-h 7. — Sud lumière région de Versailles : 17 Kw.-h. 5, dont 3,5 pour l'éclairage communal. — Société force et lumière : 8 Kw.-h. Sociétés région Lyonnaise : 12 Kw.-h.

(1) Moyenne de 1921-1922 pour 19 communes de la Marne : 87 Kw.-h. par an et par habitant. — Moyenne de 1920, Région agricole : 56 Kw.-h. par hectare en céréales ; Région viticole : 2 Kw.-h. ; Secteur coopératif de Vaucogne (Aube) : 10 Kw.-h. par an et par habitant.

tent et peuvent se transporter facilement d'un point à un autre. D'un autre côté, les petits propriétaires continuent souvent à battre en fléau ou à dépiquer au rouleau, travail qui peut être fait presque à temps perdu et qui a en outre l'avantage d'éviter le transport de la récolte, lorsqu'elle n'est pas assez importante pour justifier le déplacement de la batteuse. Cette situation risque de durer encore longtemps ; d'autre part, dans les régions où, par suite de la dispersion des fermes, les lignes électriques ne seront pas très denses, la machine à vapeur ou à essence conservera sur la batteuse électrique un avantage qui lui sera difficilement disputé. Lorsque ces circonstances ne se présenteront pas, il y aura intérêt à inciter les entrepreneurs de battage à transformer leur matériel. Les agriculteurs devront être également encouragés à se grouper en vue de l'achat d'appareils à utiliser en commun et il convient même dans certaines régions d'envisager l'acquisition de ce matériel par les communes. Si ce système offre sur l'emploi de batteuses individuelles, recommandé par certains, l'inconvénient d'obliger les cultivateurs à attendre leur tour, il présente l'avantage d'assurer une bien meilleure utilisation de l'énergie.

Le matériel de battage pour l'usage des entrepreneurs et des collectivités est actionné généralement par deux moteurs, l'un de 15 HP à la batteuse, l'autre de 10 HP à la presse. Dans une journée de 10 heures, ce matériel produit 120 à 180 hectolitres de grains. En ce qui concerne la consommation, on peut compter en moyenne un cheval-heure par hectolitre ou 1 kilowatt-heure par quintal métrique pour la batteuse et 0,50 cheval-heure pour la presse. Les appareils en usage sont souvent moins importants et peuvent se composer d'une batterie de 8 à 10 HP et d'une presse de 5 HP. En réduisant les opérations, les battages peuvent même exiger des puissances plus faibles tombant à 5 ou 6 HP, et même moins. Les indications précédentes conduisent à évaluer la consommation par hectare de rendement moyen à 24 Kw.-h. environ pour le battage des grains et l'emballage de la paille, à 15 Kw.-h. pour le seul battage. Dans les prévisions il sera d'ailleurs prudent de tenir compte de ce que le battage électrique ne se développera que lentement. Avec l'usage collectif des appareils le nombre d'heures d'utilisation peut atteindre 600 par an, sinon il s'abaisse de 150 à 200. Il paraît désirable, pour faciliter le développement de batteuses électriques, que le prix de l'énergie ne dépasse pas 0 fr. 80 le Kw.-h.

Labourage électrique. — Le moteur inanimé ne pourra jamais se substituer complètement au moteur animé : le bœuf, consommateur des bas produits de la ferme et producteur de fumier, ne disparaîtra pas des exploitations futures et continuera à fournir avant l'âge d'engraissement une force motrice très appréciée. Mais les attelages trouveront souvent une utilisation suffisante dans les champs pour la traction des appareils offrant peu de résistance tels que les distributeurs d'engrais, les semoirs, les faucheuses, les moissonneuses ou les transports de fumier, engrais, récoltes, etc., Le moteur inanimé trouvera au contraire son application dans le travail des champs pour la manœuvre des charrues, herses, rouleaux, cultivateurs.

Le labourage mécanique peut être réalisé, soit par des tracteurs, soit par une charrue à un ou plusieurs socs mue par un câble s'enroulant sur un treuil. Ce dernier système paraît d'ailleurs préférable pour réaliser des labours profonds, qui augmenteront notablement la production (20 0/0 blé, 25 0/0 betteraves, 35 0/0 orge). Il présente également des avantages au point de vue de la rapidité, qui ne peut cependant sans inconvénient dépasser 5 kilomètres à l'heure.

Le développement du labourage mécanique risque d'être limité encore assez longtemps aux régions peu accidentées et où la propriété est peu morcelée, les remembrements faciliteront son extension. Les appareils à moteur à explosion sont jusqu'à ce jour plus mobiles et peuvent plus aisément s'accommoder de parcelles de terrains moins vastes et moins groupés. Mais la motoculture électrique est en pleine période de perfectionnement et il faut espérer que les appareils légers qui sont actuellement expérimentés permettront de développer son emploi, qui est actuellement beaucoup moins répandu en France qu'à l'étranger. Les applications sont, en effet, assez rares et limitées aux régions du Nord et de Paris. Parmi les entreprises les plus intéressantes en fonctionnement on peut citer la coopérative de labourage du Multien.

D'après le rapport de M. Cahen, déjà cité, la consommation totale par hectare pour le labourage atteindrait 85 Kw.-h. Certains auteurs indiquent un chiffre plus faible qui ne dépasserait pas 45 Kw.-h. pour le labourage et 20 Kw.-h. pour le déchaumage. D'après M. Estrade, Directeur de la Société méridionale de transport de Force, qui étudie la question avec un soin tout particulier, il faudrait compter 160 Kw.-h. pour l'ensemble des opérations culturales. Ces indications concordent avec les renseignements fournis par ailleurs qui évaluent le travail nécessaire à 110 HPh pour le labour, 8 HPh pour passer le rouleau, 32 HPh pour un hersage, 50 HPh pour passer deux fois le cultivateur, soit au total 200 HPh ou environ 150 Kw.-h.

La puissance nécessaire pour les labours atteint 80 kw. pour les labours effectués avec les tracteurs-treuils de poids lourds utilisés jusqu'à présent et le nombre d'heures d'utilisation de cette puissance ne dépasse pas 650. La Société d'électromotoculture, qu'anime le zèle infatigable de M. Estrade, poursuit l'étude d'un matériel léger qui avec une charrue à trois socs exigerait seulement une puissance de 35 chevaux, comporterait deux vitesses de 4 kilomètres et 2.800 m. à l'heure et réaliserait un effort de traction de 4.500 kg. avec un treuil pesant 3.000 kg. grâce à un système breveté d'ancrage au sol. Les essais faits à l'Ecole d'Ondes en 1921 sur cet appareil ont donné les résultats les plus encourageants.

Le labourage électrique exige des centrales puissantes, faute de quoi celles-ci risquent de subir de graves perturbations. D'autre part, l'acquisition du matériel constitue une lourde charge en partie à cause de l'équipement des lignes volantes. Les dépenses d'énergie ne représentaient au contraire avant l'augmentation des prix du Kw.-h. qu'un chiffre assez faible par rapport à l'ensemble des frais généraux et d'amortissement.

Avec les appareils lourds il convient que le prix de l'énergie ne dépasse pas 0 fr. 35 à 0 fr. 40 pour que l'emploi de l'électricité soit avantageux.

L'adoption d'un type léger aura l'avantage de réduire le prix d'achat du matériel et la quantité d'énergie consommée, d'exiger une puissance moins grande. La durée d'utilisation pourra probablement s'élever jusqu'à 1.000 heures. Mais l'alimentation des appareils exigera toujours des dépenses élevées, qu'il s'agisse de lignes volantes ou, comme le propose M. Estrade, de lignes fixes établies dans des conditions d'économie toutes particulières. Ces transports très onéreux seront évités le jour où l'on aura trouvé des accumulateurs de grande capacité, à la fois robustes et légers, dont une batterie permettrait le travail journalier d'un tracteur sans rechargement. Le labourage, comme nombre d'autres emplois de l'électricité, deviendra alors économique et se développera rapidement.

Pompages. — Les pompages pour l'élévation des eaux domestiques et l'arrosage des cultures maraîchères qui sont appelés à recevoir de nombreuses applications peuvent augmenter notablement les consommations. Dans certaines régions l'irrigation, la submersion, l'assainissement pourront exiger des quantités considérables d'énergie. Ces dernières opérations réclament plus particulièrement des tarifs peu élevés, qui pourront être obtenus assez fréquemment par l'emploi des résidus d'énergie. Les appoints de ces opérations amélioreront considérablement le rendement des réseaux ruraux. Le nombre d'heures d'utilisation peut être évalué de 250 à 300 pour les cultures maraîchères, à 400, pour les submersions et il atteint un chiffre beaucoup plus élevé pour les irrigations (2.000 à 3.000).

Industries agricoles et familiales. — La vie agricole entraîne la présence dans les villages de petites industries qui recevront des réseaux ruraux la force nécessaire au fonctionnement de leurs installations : (charron, serrurier, maréchal-ferrant, boulanger, etc)... Ces artisans utilisent l'énergie pendant 300 à 600 heures et leur consommation peut

représenter 2 Kw.-h. environ par habitant. D'autre part, le traitement des produits du sol (caves, huileries, distilleries, féculeries, etc...), qui sera le plus souvent assuré par les soins de coopératives, exigera également de l'énergie. Les consommations seront d'ailleurs assez faibles, puisqu'il suffit de 10 Kw.-h. pour la fabrication de 100 hectolitres de vin ou de 100 litres d'huile (1). Des utilisations plus profitables pourront être obtenues par la vente du courant à certaines industries agricoles (scieries, meuneries, sucreries, etc...). Enfin l'industrie familiale qui comporte les applications les plus variées (fabrication de pipes, sabots, chaussons, chaussures, couteaux, jouets, dentelles, tissages, tricotages, passementerie, etc...) exigera des quantités d'énergie qui pourront atteindre une certaine importance. C'est ainsi que la consommation d'un réseau projeté dans 25 communes de la région lyonnaise est prévue comme devant s'élever à 40 Kw.-h. par tête d'habitant par an. D'une façon générale on pourrait absorber par foyer 2 à 3 Kw.-h. avec 300 à 400 heures d'utilisation.

Mauvaises conditions d'utilisation de l'énergie en agriculture. Moyens d'y remédier. Mesures susceptibles de développer les emplois agricoles de l'électricité

Les indications précédentes font ressortir combien, pour toutes les utilisations agricoles, les quantités d'énergie consommées sont faibles. D'autre part, les besoins varient avec les saisons, et les intempéries se produisent sans qu'il soit possible de les prévoir et ne présentent par suite pas le caractère de régularité si précieux pour l'exploitation des distributions d'énergie. Mais un inconvénient encore plus grave que les précédents résulte de la très courte durée d'utilisation des appareils. Les chiffres qui ont été fournis montrent que cette durée ne dépasse pas en général 300 à 400 heures, alors que les utilisations industrielles varient de 1.000 à 3.500 heures. Enfin le défaut d'adaptation des moteurs aux machines qu'ils doivent actionner a souvent pour conséquence un déphasage exagéré.

Les mesures pouvant améliorer cette situation sont multiples mais, d'une façon générale, elles n'ont qu'une efficacité assez restreinte. L'augmentation du périmètre des réseaux régularisera la consommation en la diversifiant et permettra de faire face à ses à-coups. Sans aller jusqu'à dire, comme l'a fait un technicien particulièrement compétent, que les emplois agricoles de l'électricité ne peuvent être satisfaits sans grand réseau de distribution, il faut reconnaître les avantages qui

---

(1) Les puissances nécessaires sont également minimes. Dans une cave importante et bien aménagée on peut compter 1 HP par 1.000 hectolitres. D'autre part avec une puissance de 20 HP on peut traiter à l'heure 1.000 k. d'olives. La durée d'utilisation est inférieure à 100 pour les caves et à 200 pour les moulins à huile.

résultent de son intervention. En particulier, le labourage est incompatible avec des centrales peu puissantes. D'autre part, il convient de s'efforcer de supprimer l'usage de la force aux heures des pointes, de rechercher les emplois du courant pendant la nuit et la vente à des industriels agricoles de forte utilisation. Le groupement des agriculteurs en vue des battages, du traitement des produits du sol, des pompages sera également précieux en permettant à la fois d'augmenter les quantités d'énergie employées et de régulariser la consommation. Lorsque ces utilisations seront individuelles il conviendra de distribuer l'énergie suivant un tour comme l'eau d'arrosage.

L'élévation de la durée d'utilisation sera encore obtenue par la multiplication du nombre des applications de l'électricité à la ferme, sans augmenter la puissance installée qui servira à plusieurs moteurs. De leur côté, les modes de livraison et de tarification du courant pourront avoir des effets particulièrement utiles. Le système du forfait a donné des résultats particulièrement heureux en Suisse, où les distributions desservent la plus grande partie des utilisations agricoles comprises dans la région aussi bien que les besoins urbains ou industriels. En France la Société méridionale de transport de force, qui a une clientèle presque exclusivement rurale, applique pour la lumière les abonnements au forfait avec appareil limiteur réglé pour ne laisser passer que le courant souscrit par la police. D'autre part, les branchements sont installés de façon que ne puissent marcher simultanément que des moteurs dont les puissances additionnées soient tout au plus égales à celles du moteur le plus fort. Enfin, pour simplifier les installations, la Société méridionale a créé un matériel spécial d'intérieur de ferme ne consommant qu'un cheval par appareil.

Il convient de suivre l'exemple donné par cette Société, ainsi que par quelques autres, et de donner aux utilisations agricoles le maximum de facilités tout en s'efforçant de réduire leurs inconvénients. Le Service du Génie Rural pourra exercer une action particulièrement utile en poursuivant d'accord avec les constructeurs l'étude d'appareils appropriés aux besoins et en s'attachant à obtenir des agriculteurs l'effort de discipline nécessaire pour qu'ils se servent de l'énergie dans les conditions les plus favorables à une bonne utilisation des réseaux de distribution.

D'autre part, il ne sera pas moins indispensable, si l'on veut que les emplois de l'électricité ne demeurent pas le plus souvent limités à l'éclairage, de profiter de toutes les circonstances pour montrer à tous les services que peut rendre le moteur. Des modèles de machines agricoles actionnées électriquement devront figurer dans les expositions et les concours, les démonstrations devront être multipliées. Les cultivateurs les plus entreprenants devront être encouragés à établir des installations aussi complètes que possible, susceptibles de servir de modèle. Leurs voisins, en voyant une réalisation pratique dont ils peuvent se rendre compte sans difficultés et sans dépenses, seront incités à suivre leur exemple. On doit compter que le concours des Sociétés de Distribution ne fera pas défaut à l'Administration pour l'aider dans la tâche qu'elle aura à accomplir à cet égard.

III. ORGANES A CONSTITUER

en vue de l'établissement et de l'exploitation des réseaux. — Répartition des dépenses. — Procédure

Délimitation des réseaux

Née de l'initiative de quelques-uns, l'étude d'un réseau doit être faite avec des vues d'ensemble en s'efforçant de réaliser l'œuvre la plus profitable à l'intérêt général sans compromettre sa vitalité. Les limites des réseaux doivent être fixées dans chaque cas particulier en tenant notamment compte des lignes existantes et des prévisions de leur extension, des conditions de production ou de fourniture du courant, de la situation géographique et agronomique, des affinités des populations et, dans une certaine mesure, des circonscriptions administratives.

Le réseau doit en principe être aussi étendu que possible pour diminuer le prix du courant, améliorer les conditions d'exécution des travaux, réduire les frais d'exploitation, augmenter le coefficient d'exploitation, et faciliter les pourparlers avec les Sociétés de distribution. Mais les difficultés rencontrées pour constituer des groupements très importants et assurer leur bonne administration peuvent faire renoncer à leur organisation.

D'autre part, les modifications qu'il pourra être nécessaire d'envisager dans les limites des zones d'influence concertées entre les distributeurs pourront également se heurter à de sérieuses résistances.

Dans chaque commune il sera souvent délicat de fixer la consistance du réseau et de déterminer dans quelle mesure les diverses agglomérations qui composent cette commune doivent être desservies. Etant considéré exclusivement au point de vue financier, le problème serait relativement facile à résoudre par la comparaison des dépenses et des recettes probables. Mais la question doit être envisagée sous d'autres aspects. La commune peut être amenée à recourir à l'imposition directe pour contribuer à l'intérêt et à l'amortissement des dépenses qui lui incombent. Dès lors, une partie des charges retombera sur des contribuables sans qu'ils bénéficient de la distribution. C'est une situation qu'admettent difficilement les populations paysannes et les municipalités soumises aux critiques de leurs administrés sont inévitablement conduites à envisager une distribution presque générale. D'autre part, dans les régions montagneuses, les zones les plus élevées se dépeuplent les premières et il est de l'intérêt général de ne pas refuser à ces populations une amélioration qui est susceptible de les retenir au sol. Le Service du Génie Rural devra s'efforcer, dans chaque espèce, de faire prévaloir la solution la plus raisonnable ; la subvention de l'Etat et les fonds de concours des intéressés pourront souvent faciliter le problème.

Enfin, une difficulté d'un autre ordre pourra résulter de ce que, si le concessionnaire d'un réseau municipal se refuse absolument à desservir certaines parties de la commune où les consommations minima fixées par le cahier des charges ne sont pas atteintes, il ne sera pas possible, par suite du monopole de l'éclairage, de pourvoir aux besoins par d'autres moyens.

Organes de création des réseaux

Les collectivités, qui peuvent intervenir pour l'exécution et l'exploitation des réseaux ruraux, sont les communes et syndicats de communes, les Sociétés agricoles d'intérêt collectif, les coopératives et les Associations syndicales.

La commune peut agir isolément lorsqu'elle se trouve dans des conditions particulièrement favorables et se rattacher par exemple d'une façon avantageuse à un secteur. Lorsqu'il en est ainsi, sauf des cas exceptionnels, l'entreprise ne présente pas un intérêt général suffisant pour justifier une participation financière de l'Etat.

Le Syndicat de communes est un organe dont la constitution et le fonctionnement sont réglés avec précision par la législation en vigueur (Lois des 5 avril 1884, 22 mars 1890 et 13 novembre 1917). Son action, en matière de distribution d'énergie, est déterminée par la loi du 15 juin 1906 et les règlements pris en application. Il peut accorder une concession, exploiter en régie. D'une façon générale, c'est au Syndicat de communes qu'il convient d'avoir recours : d'une part, il est plus simple à constituer et surtout à faire fonctionner que les Sociétés d'individus ; d'autre part, opérant sous le contrôle de l'Administration et en liaison avec elle, il présente plus de garanties à l'égard des exploitants du réseau et des souscripteurs.

Malgré les avantages qui viennent d'être indiqués, de nombreuses circonstances peuvent justifier le choix d'autres collectivités. Lorsque les communes ne disposent pas de ressources spéciales et que le produit des impôts est faible, elles peuvent hésiter à engager les finances municipales dans des opérations qui présentent un certain aléa. D'autre part, lorsque les communes ont été en partie desservies avant la guerre par des réseaux pour

l'exécution desquels aucune participation ne leur a été demandée, la prise à leur charge de tout ou partie des dépenses nécessitées par l'extension de la distribution soulève presque toujours des difficultés insurmontables. Enfin, si les communes comprennent des agglomérations très dispersées, une distribution générale peut être trop onéreuse pour être supportée par le budget, alors que leur intervention entraîne presque inévitablement l'obligation de desservir l'ensemble de leurs habitants. Et ce ne sera pas une des moindres difficultés de la tâche du Génie Rural que de réussir à convaincre les municipalités de la nécessité de renoncer aux extensions des réseaux qui peuvent compromettre leur vitalité.

Pour ces différents motifs, la réalisation de projets partiels pourra être assurée par des groupements, tels que les Sociétés d'intérêt collectif agricole et les coopératives. Ainsi que le font ressortir les instructions déjà données, notamment la circulaire du 15 juin 1920 et comme l'a précisé le Ministre de l'Agriculture, en réponse à une question posée par un membre du Parlement, le statut des Sociétés d'intérêt collectif se concilie beaucoup mieux avec les obligations imposées aux concessionnaires des distributions. Or, ce n'est qu'en cette qualité que peuvent intervenir les collectivités agricoles, puisque les inconvénients du régime de la permission de voirie ont obligé l'Administration des Travaux Publics à limiter son application aux lignes établies pour les seuls besoins d'un particulier. Les conclusions précédentes subsisteront encore si le Parlement sanctionne les modifications à la loi du 15 juin 1906 relatives aux permissions de voirie, actuellement à l'étude, puisque les nouvelles dispositions obligent les permissionnaires à fournir l'énergie sur le parcours de la distribution dans les limites de la puissance disponible.

Qu'il s'agisse de Sociétés d'intérêt collectif ou de coopératives, ces organes (1) ont un régime légal beaucoup moins précis que les syndicats de communes et agissent sans contrôle effectif. Le fonctionnement de ces œuvres dépendra avant tout de la personnalité, de l'activité et de la continuité des vues de leurs administrateurs. D'autre part, il convient de ne pas se dissimuler que si les cultivateurs apprécient les coopératives de transformation et de vente de produits agricoles qui leur procurent un bénéfice, ils seront conduits à envisager les groupements dont ils feront partie pour la fourniture de l'électricité comme de simples concessionnaires auxquels il faut payer le moins cher possible la marchandise achetée en oubliant les sacri-

---

(1) La loi du 5 août 1920 et le règlement d'administration publique du 9 février 1921 précisent les conditions à remplir par les statuts pour que des groupements puissent recevoir une avance du Crédit agricole. En ce qui concerne les Sociétés d'intérêt collectif agricole, l'Office national du Crédit agricole a arrêté une formule de statuts sous la forme des Sociétés anonymes à capital et à personnel variables.

fices nécessaires pour amortir les frais de premier
établissement.

Enfin, le rôle des Associations syndicales parait,
comme l'indique la circulaire du 19 octobre 1919,
devoir être limité au cas où la distribution est entreprise principalement en vue d'améliorations
foncières et accessoirement de la desserte de bâtiments ruraux. Ces groupements pourront se greffer
sur les distributions existantes et, dans le cadre
des concessions accordées, exécuter des antennes
permettant d'amener le courant dans des écarts qui
ne pourraient être desservis, les consommations à
prévoir étant trop faibles par rapport à la longueur
des lignes à construire. Alors que la création de
réseaux, suivant les modalités examinées précédemment, est subordonnée à la condition que les frais
de premier établissement, déduction faite des subventions, puissent être amortis, les intéressés réu-
nis en Association syndicale supporteront au contraire à fonds perdus la charge des lignes comme
compensation des avantages que leur procurera la
mise à leur disposition de l'électricité.

Modes d'exécution et d'exploitation des réseaux

Les réseaux peuvent être construits par voie
d'adjudication ou de marché de gré à gré avec ou
sans concours enfin tout à fait exceptionnellement
en régie. En ce qui concerne l'exploitation, elle
peut être assurée, lorsqu'il s'agit d'entreprises gé-
rées par les syndicats de communes, soit en régie,
soit par concession, soit par affermage. Ce dernier
système correspond au cas où l'autorité concédante
ne voudra pas exploiter en régie et où elle ne trouvera aucun gestionnaire participant aux dépenses
dans la proportion du cinquième qui est prévue
par le nouveau cahier des charges comme minimum de contribution des concessionnaires. Pour
ce qui est des Sociétés agricoles d'intérêt collectif
elles pourront exploiter directement ou par affermage. D'une façon générale, le mode d'exploitation
réagira sur les conditions de la construction.

Ainsi qu'il a déjà été indiqué, l'exploitation par
les secteurs de distribution présentera des avantages d'autant plus marqués que le réseau rural sera
moins important. Les frais généraux, les dépenses
de direction et de personnel seront ainsi notablement réduits. Dans ce cas, il y aura en général
intérêt à confier la construction à l'exploitant qui
subordonnera d'ailleurs souvent son concours
financier à cette condition. On évitera ainsi, si des
difficultés se produisent au cours de l'exploitation,
que le concessionnaire ne les impute à une construction défectueuse, dont les conséquences sont
particulièrement fâcheuses pour un réseau rural
par suite de la dispersion des ouvrages et de l'importance exceptionnelle des pertes. Au surplus,
l'adoption de ce système n'entraînera pas de dépenses supplémentaires, en prenant la précaution

soit d'accorder une subvention forfaitaire, soit.....
d'exercer un contrôle sérieux sur les projets et les
travaux en fixant un maximum de subvention
d'après les évaluations du projet. Si le syndicat
de communes construit directement, soit qu'il
s'agisse d'un réseau très important ou d'un affermage, soit que le concessionnaire préfère ce système, il conviendra de prévoir de préférence les
mêmes types d'organes de distribution que ceux
adoptés sur le secteur qui exploitera, ce qui facilitera l'entretien et entraînera des économies. De
plus, les projets d'exécution devront, autant que
possible, recevoir l'adhésion de l'exploitant.

L'exploitation en régie, qui est fréquente en
Suisse, peut présenter certains avantages dans le
cas de grands réseaux et lorsqu'il s'agit uniquement de distribuer de l'énergie achetée en gros. Elle
peut être également précieuse en facilitant les
emprunts auprès des populations locales. Par contre, elle peut présenter l'inconvénient soit de faire
gérer l'entreprise en s'inspirant de considérations
étrangères à son bon fonctionnement, soit de mettre
les administrateurs, qui sont en général des agriculteurs et non des électriciens, à la merci de leurs
directeurs techniques. Dans le cas de régie, l'exécution des travaux peut être confiée à l'Administration de la régie, mais la construction directe
par la commune est le plus souvent pratiquée. Dans
ce cas il serait utile, si possible, qu'elle s'assure
le concours du personnel futur de l'exploitation.

Lorsque l'exécution des travaux ne sera pas
confiée au concessionnaire, on pourra procéder,
soit par voie d'adjudication, soit par voie de marché de gré à gré après concours. Ce dernier système n'impose pas à des constructeurs spécialisés
des solutions qui ne sont pas celles que leur expérience leur suggère. Cependant il importe de préparer le programme du concours avec suffisamment
de précisions pour obliger les concurrents à soumettre des propositions comparables.

L'exécution par voie d'adjudication peut entraîner de sérieuses économies (1), mais elle exige que
le projet soit étudié avec le plus grand soin et
dans ses moindres détails. On trouvera, en annexe
au présent rapport, les cahiers des charges relatifs
aux lignes et aux transformateurs du réseau rural
de Pithiviers qui s'étend sur 97 communes et dont
le projet a été étudié d'une façon remarquable par
le Service du Génie Rural.

Répartition des dépenses

Dans le cas de concessions, le cahier des char-
ges-type, approuvé par décret du 28 juin 1921,
exige une participation du concessionnaire dans

----

(1) Résultats de deux adjudications récentes : Pithiviers, lignes
15.000 volts, 5.120 fr. par km. ; St-Amand-de-Vendôme, 12.000 volts.
1.350 fr. par km., alors que les offres de gré à gré s'élevaient de
6.000 à 7.000 francs.

les dépenses de premier établissement qui ne peut être inférieure au cinquième (1), mais ce concours sera parfois refusé par les secteurs. D'autre part, l'alimentation de la distribution exigera souvent l'exécution de lignes à haute tension qui ne seront pas comprises dans la concession et que le syndicat de communes devra prendre en tout ou en partie à sa charge, alors qu'il n'en deviendra jamais propriétaire. Les inconvénients résultant de cette situation perdent de leur importance si les installations sont comprises dans une concession de l'Etat, auquel elles feront ultérieurement retour. Au contraire, ils sont indiscutables dans le cas où les lignes seraient exécutées par permission de voirie, mais ils seront à l'avenir moins à redouter puisque la suppression des permissions de voirie pour les entreprises de distribution desservant le public est actuellement poursuivie par l'Administration des Travaux Publics, d'accord avec le Parlement et l'opinion. Il faut ajouter qu'on atténuera toutes les contestations à ce sujet en affectant de préférence les subventions aux dépenses du réseau haute tension.

La répartition entre les diverses communes d'un syndicat de dépenses restant à sa charge soulève des difficultés plus graves. Dans certaines régions on a partagé l'ensemble des dépenses de construction dans le rapport de la population desservie, en se basant sur ce que la consommation et les redevances revenant aux communes sont sensiblement proportionnelles à cet élément. Dans ce système il importe que le périmètre à alimenter dans chaque commune soit limité suivant les mêmes principes et d'après les mêmes bases. A défaut de cette précaution, les communes établissant des lignes coûteuses à faible rendement seraient favorisées. On peut rapprocher de cette combinaison une solution qui consiste à répartir, entre toutes les communes, l'ensemble des dépenses en proportion de la population et de la valeur du centime communal, chacune intervenant par moitié.

D'une façon générale, la répartition des dépenses se fait en tenant compte de leur nature. Il paraît, en effet, logique et équitable de laisser à la charge de chaque commune les dépenses qui lui sont propres (postes de transformation et réseaux à basse tension), leur importance et leur coût étant en fonction des besoins particuliers de la localité. Au contraire, les ouvrages et les lignes à haute tension sont d'utilité collective et il paraît justifié de partager entre toutes les communes d'ensemble des frais correspondants. Si l'on se bornait aux dépenses de la ligne ou boucle principale, en laissant à chaque commune la charge de son antenne particulière, ou si on répartissait les frais sur chaque tronçon proportionnellement à la puissance installée dans les communes desservies, on aboutirait à une inégalité qui serait inadmissible. En effet, non seulement on ferait supporter aux localités les inconvénients relatifs à leur situation géographique, ce qui est injuste, mais on procéderait d'une façon arbitraire, puisque la répartition varierait suivant les divers tracés possibles du réseau.

Les combinaisons déjà adoptées ou prévues pour le partage des dépenses communes sont multiples. Dans nombre de cas, on tient compte soit de la population, soit de la surface, soit de la valeur du centime, soit d'une combinaison de deux ou trois de ces éléments. Dans la Lorraine, le Service du Génie Rural a fait accepter d'une façon générale par les syndicats de communes une répartition sur les bases suivantes : 1/3 des dépenses à parts égales, 1/3 en proportion de la population, 1/3 en proportion de la valeur du centime communal. Mais, dans le cas de communes inégalement dispersées de la région vosgienne, le facteur surface sera probablement retenu.

Enfin, on a envisagé des combinaisons différentes de celles qui précèdent et ayant pour but, soit d'obtenir que toutes les communes supportent le même nombre de centimes extraordinaires, soit que les consommateurs paient un prix de vente identique en faisant contribuer les subventions à répondre à ces objectifs.

Les indications précédentes font ressortir la diversité des systèmes à l'étude pour la répartition des dépenses. Une expérience plus longue permettra probablement d'en réduire le nombre, mais des formules diverses devront nécessairement être appliquées étant donnée la différence profonde des conditions d'établissement des réseaux dans les différentes régions.

Il convient d'ajouter que les dépenses spéciales à chaque commune devront, comme on l'a signalé plus haut, être allégées dans la mesure du possible par une contribution des propriétaires dont la desserte exige des dépenses anormales. Un concours financier devra également être exigé dans le cas où la distribution devra desservir un client exceptionnel par l'importance de la puissance qu'il veut installer ou de la consommation qu'il pourra demander. Dans cette circonstance, si ces conditions exigent des dispositions non commandées par les besoins agricoles du réseau, les dépenses supplémentaires correspondantes devront être mises à sa charge. De plus, bien que les communes soient déjà appelées à participer à l'augmentation des recettes à escompter, il paraît justifié de réclamer une participation dans les frais d'établissement des ouvrages dont il sera tiré un avantage économique important.

Procédure. — La procédure qui résulte de l'application de la circulaire interministérielle du 19

(1 La participation du concessionnaire réduit le montant des emprunts communaux, mais elle peut avoir pour conséquence de grever les consommateurs parce que le distributeur incorpore dans ses tarifs de vente l'intérêt et l'amortissement du capital qu'il fournit et qu'il emprunte en général dans des conditions plus onéreuses que les communes.

octobre 1919, des circulaires du Ministre de l'Agriculture du 15 juin 1920, et du Ministre des Travaux Publics du 15 juillet 1920, paraît donner dans la pratique de bons résultats. Si l'adaptation des règlements relatifs aux distributions d'énergie aux réseaux ruraux a provoqué, dans certains cas, quelques divergences de vues justifiées d'ailleurs par la complexité de la question entre les Services du Contrôle et du Génie Rural, d'une façon générale l'étroite liaison de ces deux services et leurs efforts concordants ont eu les plus heureux effets. Par contre, on ne peut se dissimuler que la diversité des textes rend leur interprétation assez difficile pour les municipalités. Une note annexée au présent rapport, résumant la procédure, pourra faciliter leur tâche.

D'une façon générale, le Service du Génie Rural a reconnu la nécessité de constituer un syndicat de communes provisoire d'étude, avec nomination de délégués constituant le comité syndical qui désigne un bureau assurant immédiatement une collaboration autorisée avec les services publics et les distributeurs. Les études achevées et les dépenses connues, les divers Conseils municipaux ont à confirmer leur adhésion et à décider des mesures financières nécessaires ; le syndicat peut alors être constitué définitivement par Arrêté préfectoral. Lorsque l'entreprise n'est pas très importante, l'étude sommaire de l'avant-projet peut être faite par le Génie Rural sans le concours du Syndicat provisoire et l'organisation définitive constituée sur le vu de l'évaluation approximative des dépenses à engager et de l'indication de la part des dépenses incombant à chaque commune. Il convient de signaler que les communes limitrophes de départements voisins ne peuvent être comprises dans un même syndicat sans l'intervention d'un Décret en Conseil d'Etat et que la suppression de cette formalité pourrait être utilement envisagée.

En ce qui concerne les Sociétés agricoles d'intérêt collectif, l'Office national du Crédit agricole a préparé une formule de statuts qui figure dans le recueil de documents sur les réseaux ruraux publié par le Ministère de l'Agriculture. Lorsque des prêts ne sont pas sollicités de cet office, la Société ne constitue plus l'organe prévu par la loi du 5 août 1920 ; c'est une Société anonyme à capital variable ordinaire et ses statuts peuvent être notablement simplifiés.

L'ensemble des indications qui précèdent fait ressortir la complexité des questions soulevées par la détermination du périmètre des réseaux et l'organisation des collectivités qui doivent les créer. Le rôle des Ingénieurs du Génie Rural, à ce point de vue, sera particulièrement important : il leur appartiendra d'expliquer aux agriculteurs les difficultés du problème, de faire prévaloir les solutions de nature à ne pas compromettre la vitalité de l'entreprise, d'aider les éléments agissant dans

leur lutte contre des résistances injustifiées. D'autre part ils auront à prendre part aux pourparlers toujours délicats qu'il conviendra d'engager avec les industriels chargés de la fourniture du courant ou de l'exploitation du réseau. Il serait désirable, pour réduire le prix d'achat du courant, que le Service du Génie Rural soit appelé par voie de conférence avec le Service du contrôle des distributions d'énergie à faire connaître ses observations en ce qui touche les tarifs de vente aux Services publics ou au public toutes les fois qu'une entreprise à concéder par l'Etat desservira une clientèle agricole d'une certaine importance.

IV. ALIMENTATION DES RESEAUX RURAUX

L'étude des conditions d'alimentation d'un réseau exige, que le courant soit acheté ou produit dans une usine spéciale, la connaissance de la puissance instantanée nécessaire et de la consommation annuelle. Ces éléments seront déterminés en tenant compte des bases indiquées précédemment et des circonstances particulières à chaque espèce.

D'une façon générale, l'alimentation des réseaux ruraux par les secteurs existants sera la plus économique : la diminution du prix du courant ne résulte, en effet, pas seulement de la plus grande puissance des centrales, mais de la meilleure utilisation de l'énergie. Des exemples de tarifs, pris dans diverses régions, font ressortir l'exactitude de cette conclusion (1). Elle est encore confirmée par une étude récente faite en vue de desservir dans la région lyonnaise un syndicat de communes placé dans des conditions particulièrement avantageuses (25 communes, 750 kw. de puissance maxima, quelques utilisations industrielles et de nombreux métiers à domicile ; 1.200 heures d'utilisation). Cette étude a fait ressortir que le prix de revient de l'énergie aux bornes de l'usine atteindrait 61 centimes avec moteurs semi-Diesel et 63 centimes dans le cas de machine à vapeur avec semi-Diesel de secours.

Si l'achat du courant est, d'une façon générale, plus économique, il convient de signaler que les tarifs maxima des distributions aux Services publics sont parfois élevés et qu'il serait désirable de pouvoir les abaisser au profit des réseaux ruraux malgré les faibles quantités d'énergie nécessaire. D'autre part, il y a lieu de faire observer que le prix du courant peut être majoré par le comptage de l'énergie réactive. Cette charge peut être lourde

---

(1) Haute tension. Foncière Industrielle du Rhône à Syndicat de Seyssel pour 150 Kw., 80 fr. Kw. an + 0,11 Kw.-h. Hydro-électrique Lyon à Syndicat Seyssel pour 50 Kw., 100 fr. + 0,06 à 0,012 par Kw.-h. suivant les heures. Force du Fier, 0 fr. 16 Kw.-h. pour utilisation 1.000 heures. Gaz Lyon, hiver, 0 fr. 12 Kw.-h., — été, 0 fr. 10. Pointes majoration 10 0/0. Environs de Paris, 0 fr. 45 à 0 fr. 60. Coopérative Pithiviers, 0 fr. 47. Syndicat Houprevoir, 0 fr. 62. Syndicat Azay, 0 fr. 78. Syndicat Lancloitre, 0 fr. 54. Syndicats de Lorraine, de 0 fr. 27 à 0 fr. 30 le Kw.-h.

car les moyens d'améliorer le déphasage sont sans application pratique sur les réseaux ruraux. Le prix de revient du courant aux bornes du réseau ne devrait pas dépasser, dans les conditions économiques actuelles, de 0 fr. 30 à 0 fr. 35 le Kw.-h. toutes majorations comprises, ce qui avec le rendement général du réseau rural donne un prix de revient de 0 fr. 60 à 0 fr. 70 chez les abonnés.

Lorsque l'établissement d'une usine spéciale permettra d'obtenir un prix plus avantageux que l'achat du courant, cette supériorité sera souvent compromise par les difficultés de l'exploitation. On peut citer à cet égard la coopération de Proucy-Rosay (Eure-et-Loir) 2.000 hectares qui produisait à bas prix l'énergie lors de sa mise en exploitation en 1912 et qui a reconnu aujourd'hui l'intérêt de se procurer l'énergie en se reliant à la ligne de transport de la Société normande d'électricité.

Cependant l'entente ne pourra pas toujours se réaliser avec les secteurs qui auront parfois des exigences inacceptables : ou les lignes existantes seront trop éloignées pour qu'il soit possible de s'y rattacher, ou l'étendue du réseau justifiera son alimentation par une usine spéciale. L'énergie devra alors être produite dans des centrales hydrauliques ou thermiques plus ou moins importantes. L'installation d'une série de petites usines hydrauliques de rayon très limité sera parfois une solution acceptable.

Les prix de revient de l'énergie varient dans de grandes limites d'après les puissances et les situations locales. Des renseignements précis sur les usines des distributions en exploitation n'ont pu être recueillis. Les évaluations qui ont été faites récemment dans des études d'avant-projet conduisent à des prix de 1 fr. à 1 fr. 20 par Kw.-h. pour des usines hydrauliques ou des centrales à gaz pauvre d'une puissance voisine de 50 chevaux.

Les réserves d'énergie, imposées aux concessionnaires des usines hydrauliques en vertu de la loi du 16 octobre 1919, constitueront souvent une source d'alimentation particulièrement économique. Les vues de l'Administration de l'Agriculture ayant été acceptées par le Comité des Forces Hydrauliques, une circulaire du Ministre des Travaux Publics du 24 juillet 1921 prévoit l'application d'un tarif spécial pour les utilisations agricoles de l'énergie par les diverses collectivités que la loi a appelées à bénéficier des réserves (communes, syndicats de communes, Associations syndicales autorisées, Groupements agricoles d'utilité générale).

Ce tarif comporte la vente de l'énergie au prix de revient normal moyen et, ce qui est particulièrement précieux sans minimum de garantie ni prime fixe par kilowatt de puissance souscrite. Lorsque la réalisation des opérations envisagées l'exigera, les prix pourront même s'abaisser plus bas, sans pouvoir descendre au-dessous du prix de revient réel diminué de l'écart qui aura été admis entre le tarif maximum et ce prix de revient réel.

Il convient de signaler qu'indépendamment de ces avantages les agriculteurs demandent instamment que les stipulations relatives au facteur de puissance du réseau d'utilisation, qui figurent dans les cahiers des charges, soient adoucies en faisant observer que ce désidératum est justifié par les conditions nécessairement défectueuses d'utilisation de l'énergie en agriculture. Le Congrès de l'aménagement hydraulique du Sud-Ouest, qui vient de se tenir à Bordeaux, a appuyé ce vœu et il serait désirable qu'il soit accueilli, sous réserve qu'il soit tenu compte de la répercussion des charges qui en résulterait dans le calcul des prix de revient.

Les tarifs spéciaux particulièrement favorables (1) ne sont pas les seuls avantages réalisés dans l'application de la loi de 1919. Pour tenir compte de la lenteur du développement de la clientèle agricole, il a été admis que, lorsque la quantité d'énergie qui lui est réservée était faible, celle-ci serait maintenue sans réduction ou avec une réduction minime pendant toute la durée de la concession. Ces facilités sont heureusement complétées par le concours financier qui est réclamé aux concessionnaires pour l'exécution des réseaux de distribution par application des dispositions de la loi du 16 octobre 1919 qui prévoient l'exécution à leurs frais de travaux destinés à l'utilisation des réserves. Cette participation s'impose en particulier toutes les fois que l'aménagement industriel cause à la production agricole des dommages importants qui ne peuvent être réparés en nature.

Enfin les dispositions des nouveaux cahiers des charges des distributions d'énergie (2), qui ont déjà été signalés, permettront d'étendre l'emploi des réserves à l'intérieur du Département, où la force est produite dans la limite où leur transport pourra être assuré sans que le péage devienne excessif.

V. DISTRIBUTION DE L'ENERGIE PAR LES RESEAUX RURAUX

Dispositions générales

Partant des feeders d'alimentation après un poste de coupure et de comptage, les réseaux comprennent des lignes moyenne tension, des postes de transformation, des lignes de distribution à basse tension. Lorsque la tension de l'artère fournissant le courant dépassera 15.000 volts, une transformation au départ sera d'ailleurs nécessaire.

Les lignes moyenne tension peuvent être à 5.500, 10.000, 13.500, 15.000 volts, le choix entre ces tensions standard dépendant des cas d'espèces et devant être déterminé d'après la longueur des lignes

---

(1) Usine de la Sône sur l'Isère, 0 fr. 095 Kw.-h., Pizançon, utilisation 1.000 heures, 0 fr. 10. Forges d'Audincourt, Doubs, 0 fr. 106, etc.
(2) Article 12 des Cahiers des Charges des concessions approuvées par Décret du 26 juin 1921, des distributions d'énergie aux Services Publics et des distributions publiques d'énergie.

en s'efforçant que la section ne soit pas supérieure à celle correspondant au minimum mécanique (30/10 mm.) (1) et que les pertes ne dépassent pas un chiffre compatible avec le bon fonctionnement des appareils d'utilisation. On peut à cet égard admettre en général 4 0/0 pour les pertes sur les lignes de répartition et 6 0/0 sur les réseaux de distribution.

L'adoption de la tension de 5.500 volts exige un supplément de dépenses pour la transformation du courant au départ, mais ces frais sont largement compensés par les économies réalisées pour l'établissement des lignes et des transformateurs, dès que le réseau groupe 5 à 6 communes. D'autre part, on a recommandé cette tension parce qu'elle peut permettre l'installation de petits transformateurs (1 à 2 Kw.-A.) qui peuvent rendre possible le transport direct à H. T. à des fermes isolées.

Quelle que soit la tension choisie, il serait utile de se borner à un nombre réduit de types car on obtiendra de meilleures conditions pour la fourniture de l'appareillage et on facilitera l'entretien. D'autre part, dans les parties où l'on distribuera à haute tension, on permettra aux entreprises ambulantes de battage et de labourage de trouver le même voltage sur un territoire plus étendu.

Le réseau moyenne tension peut être établi sur supports en ciment, en fer ou en bois. Tenant compte de charges du remplacement, les lignes de bois ne seront souvent pas les plus économiques.

En ce qui concerne les transformateurs il y aura avantage à adopter jusqu'à 15 ou 20 Kw.-A. des postes sur poteaux en bois qui présentent, il est vrai, certains inconvénients pour l'exploitation, mais sont bien moins coûteux que les cabines en maçonnerie, tôle ou béton. Dans les réseaux importants les transformateurs devront donner lieu à des marchés spéciaux.

Les appareils ne devront pas être d'un type courant, mais à pertes réduites, en veillant à ce que la diminution des pertes ne soit pas réalisée au détriment de l'isolement intérieur (2). D'autre part,

il conviendra de supprimer dans les petits postes les dispositifs contre les surtensions d'origine atmosphérique dont les avantages sont d'ailleurs très discutés. L'appareillage de ces petits postes devra être réduit en minimum dans un but d'économie. En Suisse ces organes comprennent de simples fusibles sur les arrivées et les départs, ainsi que des self et un sectionneur sur la H. T. Pour les communes agricoles à forte proportion de céréales il pourrait être utile de prévoir deux transformateurs, le plus puissant n'étant mis en service qu'à l'époque des battages.

En ce qui concerne les lignes à basse tension il importe, plus encore que pour les lignes à moyenne tension, de limiter le nombre de types. On constate actuellement beaucoup trop de diversité, puisque, sur 17 réseaux qui ont fait récemment l'objet de demandes de subvention, on rencontre 7 types. Il conviendrait de se limiter aux tensions standard 115/220 et 220/380, cette dernière pouvant être développée sous réserve de certaines précautions dans les installations intérieures.

Pour consolider les lignes et faciliter le renouvellement des poteaux, il peut y avoir intérêt à substituer dans les changements de direction d'un angle supérieur à 15° un pylone métallique léger au poteau en bois contrefiché.

Rendement du réseau

Si l'on calcule les pertes d'après les pertes en ligne et le rendement des transformateurs, on peut les évaluer à 20 0/0. Mais le rendement d'ensemble annuel d'un réseau rural, c'est-à-dire le quotient du nombre de kilowatts-heures vendus en basse tension au nombre de Kw.-h. fournis à l'origine du réseau, ne peut guère dépasser 50 0/0. Il en résulte que, dans le calcul du prix de revient du Kw.-h. B. T., le prix d'achat du courant H. T. doit être doublé.

Dépenses de premier établissement

On trouvera, dans les tableaux joints en annexe, des renseignements au sujet des prix des différents organes des réseaux de distribution. Ces prix sont ceux qui figurent dans des marchés récents passés par voie d'adjudication ou de concours dans différentes régions de la France. On y trouvera également les prix des travaux exécutés en régie faute de propositions acceptables d'entrepreneurs.

Dans chaque réseau les dépenses concernant les réseaux M. T. et B. T. ou les transformateurs rentrent dans la dépense totale pour des proportions évidemment variables suivant les cas, mais qui en moyenne sont les suivantes :

Réseau de répartition à M. T. ..... 30 à 40 0/0.
Transformateurs .... 15 à 20 0/0.
Réseau de distribution B. T. ...... 40 à 50 0/0.

---

(1) Dans les régions où le givre peut exercer une action importante il peut être nécessaire d'adopter un diamètre minimum de 40/10 mm. ce qui assure aux lignes si elles ne sont pas trop longues un débit très large.

(2) Il convient de citer les garanties assurées par la Compagnie lorraine d'électricité pour une série d'appareils destinés à des réseaux ruraux :

Puissance des Tranformateurs en Kw.-a.	5	7.5	10	15
Pertes à vide	*watts*	*watts*	*watts*	*watts*
Pour cos φ = 0,8 Rendement à pleine charge...	80,0	105,0	125,0	165,0
demi charge....	93.1	93,1	94,3	94,9
Pour cos φ = 2 à pleine charge	93,6	94,2	94,6	9".4
Chute de tension.............	4,4 °/.	4,1 °/.	3,6 °/.	3,2 °/.

Tous ces transformateurs peuvent fonctionner pendant 3 heures à pleine charge pendant 1 heure avec 50 °/. de surcharge : la température finale de l'huile après ce fonctionnement ne dépasse pas de plus 50 °/. la température ambiante.

Les dépenses par feu varient dans des limites considérables, d'après les facilités plus ou moins grandes d'alimentation, le plus ou moins grand écartement des mailles des réseaux secondaires existant, la dissémination des communes et des habitations. On peut citer les chiffres suivants :

Région Lorraine, où les distributions en exploitation desservent déjà 540 communes sur 1720 et où les artères secondaires sont relativement serrées : de 450 à 600 fr. par feu (1).

Région de la Beauce, du Gâtinais, de la Champagne : de 400 à 650 fr. par feu.

Région Lyonnaise, de la Savoie, du pays de Gex : de 475 à 925 fr. par feu.

Région du Languedoc : de 500 à 600 fr. par feu.

Il faut ajouter à ces dépenses les frais d'installation intérieure, soit environ 200 à 300 fr. par feu.

Réduction des dépenses de premier établissement

La réduction des dépenses par la limitation de l'étendue des réseaux aux parties suffisamment rémunératives a fait l'objet d'un examen antérieur. Au point de vue technique, il convient également de s'efforcer de réaliser le maximum d'économies, mais si l'on veut assurer des conditions d'exploitation avantageuses il faut exiger l'exécution de lignes particulièrement solides et sûres.

Tous les organes de la distribution devront faire l'objet d'un examen attentif en tenant compte des observations suivantes :

La suppression de l'interdiction d'utiliser la terre comme partie d'un circuit pour les artères de répartition en substituant le monophasé au triphasé, qui a été envisagée, n'a pas été admise par mesure de dérogation générale par le Comité d'Electricité, auquel la question a été soumise par le Ministre des Travaux Publics sur la demande de l'Administration de l'Agriculture pour des raisons de sécurité et de protection des lignes téléphoniques. Cependant des dérogations spéciales pourront être admises dans des cas d'espèce.

Par contre ce Conseil a été d'avis d'accepter le classement dans la première catégorie des lignes de 380/220 volts, sous réserve que les installations intérieures soient exécutées avec des précautions dépassant celles qui sont considérées actuellement comme suffisantes et surveillées d'une façon spéciale. La généralisation en France de cette tension, déjà adoptée en Alsace-Lorraine et à l'étranger, permettra d'alléger les dépenses de construction, par la réduction du poids du cuivre et les frais d'exploitation par la diminution du nombre des transformateurs.

Les lignes monophasées à deux ponts 420/220 volts seront également très intéressantes pour l'alimentation des parties de réseau où la lumière domine. Le triphasé a, en effet, pour but principal de réaliser une économie de cuivre. Mais lorsque la puissance transportée est faible, on est néanmoins obligé d'adopter la section minima nécessaire pour assurer aux lignes une résistance mécanique suffisante. Si pour transporter la même puissance le monophasé n'exige pas une section supérieure, il y aura économie à l'employer. Cependant cette solution ne pourra être envisagée que s'il y a peu de moteurs, car avec le monophasé ceux-ci coûtent plus cher et démarrent moins facilement.

L'observation des règles de standardisation entraîne des économies qu'il comporte de ne pas négliger comme on l'a fait jusqu'à présent. On devra s'en tenir en général pour la basse tension aux distributions à 115/200 et 220/380 volts.

Le bouclage de la ligne, chaque fois que la configuration du sol et la disposition de la ligne le permettent, diminuera le poids de cuivre à employer et améliorera l'exploitation. Le remplacement des conducteurs en cuivre par des conducteurs en fer galvanisé (1) de même section devra être envisagé lorsque celle-ci aura été fixée uniquement pour résister aux efforts mécaniques. Il serait désirable que pour la traversée des voies ferrées la pose de 2 supports spéciaux au lieu de 4 soit admise par les lignes d'une tension inférieure à 15.000 volts et à fils légers.

La substitution du ciment au bois pour les supports des lignes M. T. peut en définitive être économique. L'emploi de poteaux injectés de créosote après fendillement, suivant le système adopté par la Société méridionale de transports de force qui porte à une vingtaine d'années la durée des supports, entraîne des économies sensibles, malgré les frais élevés de l'opération. Les expériences poursuivies par d'autres systèmes d'injections de la créosote assureront peut-être le même résultat sans fendiller les poteaux. D'autre part, il peut y avoir intérêt à substituer au sapin des essences différentes lorsque les ressources locales le permettent avec profit.

La réduction de la puissance des transformateurs, ainsi que la recherche d'appareils rustiques susceptibles de supporter des surcharges importantes sans échauffement excessif et de diminuer les pertes à vide, contribueront à la réduction des frais de construction et d'exploitation. Il en sera de même de l'adoption de transformateurs à plusieurs éléments, dont l'un seulement se trouve en permanence sous tension. Ainsi qu'on l'a vu le rendement de l'ensemble du réseau ne dépasse guère 50 0/0 et les transformateurs sont parfois les

---

(1) On peut compter en moyenne par feu 4 habitants.

(1) Il serait particulièrement utile de développer l'emploi de l'aluminium pour la BT comme pour la HT ce qui éviterait les achats de cuivre à l'étranger et il est à désirer que l'on triomphe des difficultés qui ont empêché l'utilisation de fils de ce métal de se généraliser.

plus gros consommateurs de courant, leur étude attentive offre donc un intérêt tout spécial.

La substitution au tracé habituel le long des chemins d'un tracé rectiligne à travers champs, comme on le fait d'une façon générale en Alsace-Lorraine, en Suisse et en Allemagne, sera une cause sérieuse d'économie. Les servitudes de passage qui peuvent être nécessaires sont subordonnées à la déclaration d'utilité publique de la distribution. Cette formalité n'entraine pas de complication dans l'instruction locale, mais rend nécessaire l'émission d'un décret au Conseil d'Etat dont l'intervention peut exiger d'assez longs détails. Tenant compte de la décentralisation qui a été opérée dans d'autres matières, il semble que dans un but de simplification la déclaration d'utilité publique devrait pouvoir être prononcée par le Préfet pour les entreprises concédées ou exécutées en régie par les communes et les syndicats de communes. L'autorité préfectorale est d'ailleurs déjà compétente en vertu de la loi du 15 février 1902 sur la santé publique en ce qui concerne l'acquisition des sources pour l'alimentation des communes.

Organes d'utilisation

Service public. — Les services communaux comprennent parfois des moteurs destinés à l'alimentation en eau potable, à l'arrosage ou aux battages, mais d'une façon générale ils ne s'appliquent qu'à l'éclairage des voies publiques et des bâtiments municipaux. Pour l'éclairage extérieur des rues on pourra peut-être, dans certains cas, se contenter de lampes à filaments de carbone ; elles consomment plus d'énergie que les lampes à filaments métalliques, mais elles ont l'avantage de coûter bon marché, ce qui est appréciable, car on doit les remplacer fréquemment.

Service privé. — Les installations intérieures doivent être établies soigneusement et constituées par des canalisations bien isolées. La question de la sécurité présentera une importance toute particulière par suite de l'adoption de la tension 380/220 volts et des conditions spéciales de lignes établies dans des granges, des hangars, des étables. Mais, alors qu'en Suisse et en Allemagne ces installations sont réglementées, en France la législation ne prévoit aucun contrôle administratif en ce qui les concerne. Il y a un intérêt général à recommander l'adoption de dispositions qui présentent toutes les garanties nécessaires, car, si le courant provoquait des incendies ou causait des accidents fréquents dans les campagnes, le développement rapide des utilisations agricoles de l'électricité pourrait être compromis. Sur la demande de l'Administration de l'Agriculture, l'Union des syndicats de l'Electricité prépare une notice au sujet des conditions à observer dans les installations intérieures. L'intervention du service du Génie Rural devra s'exercer pour les faire régulièrement observer. Ce service devra également s'efforcer d'assurer l'exécution des installations intérieures aux prix les plus bas et avec toutes les garanties désirables. Le groupement des commandes et le recours à la concurrence sur des conditions techniques étudiées avec soin seraient le plus souvent efficaces à cet égard.

L'établissement dans les fermes d'un moteur unique, actionnant au moyen de transmissions peu pratiques et toujours coûteuses plusieurs machines de puissances différentes, conduit à un rendement défectueux de l'installation. L'usage d'un moteur portatif sur civière ou mobile sur brouette et à plusieurs vitesses permet d'assurer dans de meilleures conditions la commande des divers appareils. Pour les petites et moyennes exploitations avec batteuses de 3 HP, on peut avec un moteur de 3 à 4 HP procéder à tous les travaux. Pour des exploitations plus importantes il faudrait un moteur de 10 à 15 HP pour la batterie et un ou plusieurs moteurs mobiles de 1 à 2 HP. En limitant le nombre de moteurs dans une région on diminue la puissance instantanée et on augmente la durée d'utilisation. Toutefois, l'emploi d'un moteur unique conduit à une mauvaise utilisation de sa puissance, car il ne fonctionne jamais à sa charge normale.

L'usage de multiples moteurs d'une puissance appropriée aux appareils et aussi faible que possible est, comme on l'a déjà indiqué, à la fois avantageux pour l'agriculteur et pour le distributeur. Cependant il importe que les tarifs ne basent pas les primes fixes ou les consommations minima sur le nombre de kilowatts installé, mais seulement sur la puissance instantanée maximum installée. Des dispositifs spéciaux ou des limiteurs peuvent d'ailleurs empêcher l'utilisation simultanée de plusieurs moteurs. Ce système a été généralisé sur le réseau de la Société méridionale de transport de force qui dessert une clientèle presque exclusivement agricole.

VI. COMPTE D'EXPLOITATION, EMPRUNTS ET SUBVENTIONS, TARIFICATION

Charges d'exploitation

Les charges annuelles d'exploitation comprennent l'intérêt et l'amortissement des dépenses de premier établissement, les dépenses d'exploitation et l'achat de l'énergie.

L'ensemble des deux premiers de ces éléments peut être évalué approximativement comme il suit :

Intérêt des capitaux .... 6 0/0.
Amortissement et impôts à la charge de l'emprunteur .... 2,5 à 3 0/0.
Entretien courant .... 2 à 3 0/0.
Entretien pour renouvellement .... 3 à 5 0/0.
Frais généraux. Direction ....
Recouvrement des quittances ...... 2 à 4 0/0.

Aux charges indiquées ci-dessus vient s'ajouter le coût du courant qui doit être compté au double du prix d'achat, puisque le rendement d'ensemble du réseau ne dépasse pas 50 0/0.

Les évaluations précédentes ne donnent qu'un ordre de grandeur de dépenses qui doivent dans chaque espèce être discutées de plus près. On a ainsi trouvé 125 fr. du kilomètre pour l'entretien de lignes sur appuis ciment et de 300 à 500 fr. pour des lignes avec supports en bois.

La réduction des frais d'exploitation proprement dits doit être recherchée dans la diminution des frais généraux, par l'extension des réseaux et souvent par la gestion par les sociétés existantes. La vente au forfait, la diminution du nombre de relevés des compteurs et l'utilisation, comme agent local de l'exploitant, d'une personne ayant d'autres occupations permettent également de réaliser des économies. Enfin l'adoption des dispositifs n'exigeant pas un remplacement trop fréquent est à recommander dans la mesure où les dépenses de premier établissement ne risquent pas de devenir excessives.

Rémunération
des capitaux de premier établissement

On peut estimer que la charge du capital représente, en admettant une subvention du tiers de l'Etat, 30 ou 40 0/0 du prix de revient de l'énergie chez les abonnés. Les capitaux correspondant aux dépenses de construction diminuées s'il y a lieu de la participation des concessionnaires et des subventions doivent être amortis au maximum pendant la durée de la concession (30 ou 40 ans). L'adoption d'une période plus courte est évidemment désirable en principe, mais elle frappe trop lourdement les abonnés au début et risque de paralyser l'entreprise. Il conviendrait de trouver une formule d'amortissement par annuités croissantes qui introduirait un principe plus juste et plus rationnel dans le remboursement des dépenses de construction.

Si l'on ne veut pas aboutir à des tarifs prohibitifs, il faut le plus souvent que le capital correspondant aux frais de premier établissement ne soit pas intégralement rémunéré et il convient d'avoir recours à des combinaisons assez complexes de toutes les ressources disponibles, de façon à réduire le montant des emprunts (Prélèvements sur les disponibilités du budget communal, affectation de ressources extraordinaires provenant de la location des bois, des pâturages, des redevances des usines hydrauliques, etc... versement à fonds perdus de certains abonnés).

Les emprunts à contracter doivent être gagés par l'inscription au budget de chaque commune intéressée de centimes additionnels en nombre suffisant pour couvrir la totalité de l'annuité de l'emprunt correspondant à la part communale dans les frais d'établissement. Ces centimes ne seront d'ailleurs pas mis en recouvrement en totalité si la commune a des disponibilités ou si l'exploitation permet de prélever sur les recettes une partie de la charge des emprunts.

Conformément aux suggestions du Ministère de l'Intérieur, il convient, étant donné la situation financière de la plupart des communes, de s'efforcer d'équilibrer les recettes et les dépenses de façon à demander à l'imposition le sacrifice minimum. L'impôt direct frappe d'ailleurs la totalité des habitants d'une commune, alors qu'une partie peut ne pas être comprise dans la zone desservie. Dans ces conditions, il convient de pratiquer des tarifs qui, sans être prohibitifs, permettent à l'affaire de vivre par elle-même. Ce résultat semble pouvoir être obtenu (si les frais de premier établissement sont réduits par des subventions et si les emprunts peuvent être contractés dans des conditions avantageuses), soit par des bénéfices dans le cas de gestion directe, soit par le loyer payé par les concessionnaires conformément à l'article 5 du cahier des charges de 1921 (loyer fixe, proportionnel aux recettes brutes ou aux bénéfices réalisés), soit par le produit de surtaxes revenant à la commune.

Les syndicats de communes peuvent se substituer aux communes pour effectuer l'emprunt total à leur charge, chacune d'elles votant les centimes nécessaires pour couvrir l'annuité d'une somme égale à celle mise à sa charge. Cette procédure, adoptée à l'occasion de la construction du réseau de Seyssel (Hte-Savoie), a reçu l'adhésion du Ministre de l'Intérieur qui a admis que l'emprunt pouvait être en fait gagé sur les recettes du réseau et les centimes communaux votés, avec la clause qu'ils ne seraient mis en recouvrement qu'en cas d'insuffisance de ces recettes. L'arrêté préfectoral approuvait les modalités de l'emprunt amortissable par voie de tirage au sort, le cahier des charges et le tableau d'amortissement sont joints en annexe au présent rapport. Cet emprunt a d'ailleurs été contracté sans l'intervention de notaire ou de banquier ce qui a réduit notablement les frais.

Dans le cas de Sociétés agricoles d'intérêt collectif, le capital de premier établissement est représenté par l'apport des sociétaires constitué généralement par des parts nominatives portant intérêt dont le taux peut être faible et par des emprunts presque toujours contractés auprès de la Caisse du Crédit agricole. Le plus souvent, les membres de la Société sont solidairement responsables des dettes de cette dernière et par suite des charges des emprunts. La gestion de l'entreprise ne doit donc pas être déficitaire et les conditions de vente de l'énergie doivent être établies en conséquence. La commune peut venir en aide à l'œuvre, soit par une participation au capital de premier établissement, soit par l'allocation d'une subvention annuelle d'exploitation. Mais il ne saurait être question de garantir l'emprunt par l'inscription au budget communal d'un nombre déterminé de centimes.

Emprunts

La durée des emprunts peut exercer une influence appréciable sur le montant des annuités de remboursement. C'est ainsi qu'en la fixant à 40 ans, soit une durée égale à celle prévue en général pour la concession, on réaliserait une diminution de 0,677 0/0 des annuités. Cette solution aurait de plus l'avantage de répartir sur toute la durée de la concession les charges du capital et ne pas favoriser les abonnés des dix dernières années. Mais les communes reculent presque toujours devant la complexité et la longueur des formalités à accomplir pour obtenir l'autorisation de contracter des emprunts amortissables en plus de 30 années. Il conviendrait qu'un simple arrêté préfectoral puisse autoriser ces emprunts lorsqu'ils sont inférieurs à un million.

Les avances consenties par le Crédit agricole à 2 0/0 remboursables en 20 ans, ou plus souvent en 15 ans, par leur courte durée (1) présentent les mêmes inconvénients de grever l'entreprise dans les premières années de l'exploitation. Leur annuité 6,11 0/0 ou 7,78 0/0 est comparable et même supérieure à celle des emprunts syndicaux à 4 ou 5 0/0 en 30 ans (5,78 ou 6,50 0/0). Pour que ces prêts aient une action efficace, il conviendrait d'en augmenter la durée en majorant, s'il est nécessaire, le taux de façon à les adapter aux besoins des entreprises de distribution d'énergie.

Les emprunts contractés auprès d'établissements publics tels que la Caisse des Dépôts et Consignations, la Caisse nationale des Retraites pour la Vieillesse, le Crédit Foncier de France, doivent être faits aux conditions fixées par ces derniers qui sont assez lourdes (9 0/0 environ pour l'intérêt et l'amortissement en 30 ans). Au contraire, les emprunts contractés auprès des populations de la région peuvent atteindre des taux beaucoup plus bas. La valeur du loyer de l'argent n'est pas seulement liée à des facteurs économiques, mais encore à des facteurs moraux. Lorsqu'il s'agit de distribution d'énergie, le désir des habitants de voir réaliser l'œuvre, la confiance qu'inspirent les organisateurs de l'entreprise, l'esprit de solidarité (2) peuvent permettre d'obtenir des populations des prêts à des conditions particulièrement avantageu-

ses. C'est ainsi que l'emprunt du syndicat intercommunal de Seyssel, dont il a été parlé plus haut (340.000 fr.), a été contracté au taux de 6 0/0, impôts non compris. Un emprunt beaucoup plus avantageux s'élevant à 1 million vient d'être rapidement couvert dans 12 communes du département de la Haute-Savoie. Le taux de son intérêt a été fixé à 6 0/0 brut (impôt à la charge de l'obligataire), soit 4,80 net. De même en Lorraine plusieurs syndicats ont emprunté à 5 0/0. Ce taux pourrait encore être abaissé d'un point dans beaucoup de cas, tellement la constitution des réseaux électriques constitue depuis la guerre pour les paysans un ardent désir. Il convient d'ajouter que l'intérêt affecté aux obligations communales subit l'influence de la situation financière générale. L'abaissement à 4 1/2 du taux d'intérêt des Bons de la Défense nationale a impressionné les populations des campagnes dont les préférences pour ce mode de placement étaient manifestes. Un argument de grande valeur, lors des conférences faites à l'occasion des emprunts dont il vient d'être parlé, a résidé dans l'assurance donnée aux agriculteurs que le taux de l'intérêt ne pouvait être réduit pendant 30 ans.

Les heureux résultats obtenus par les prêts locaux seraient certainement accentués s'il était possible d'accorder certaines exemptions fiscales dans le cas d'emprunts effectués par les communes ou les syndicats de communes. Mais la question ne peut, semble-t-il, être envisagée exclusivement pour les réseaux ruraux de distribution, elle se rattache au problème de la législation financière communale qui est à l'ordre du jour du Parlement et qui a déjà donné lieu à des discussions particulièrement intéressantes.

Subventions. — Les réseaux ruraux ne peuvent pas en général rémunérer la totalité du capital de premier établissement, même en empruntant à un taux aussi réduit que possible, et une part plus ou moins importante de ce capital doit être obtenue à fonds perdu sous forme de subvention des communes, du département ou de l'Etat. En Suisse les cantons et les communes n'ont pas hésité à subventionner les entreprises de distribution et l'énergie a été ainsi répandue sur tout le territoire en donnant satisfaction à l'ensemble des besoins. Les motifs d'intérêt général, qui ont été indiqués au début du présent rapport, justifient également en France une intervention financière de l'Etat, dont on peut espérer les plus heureux résultats et qui provoquera souvent un effort parallèle des Départements.

Ce concours ne rendra pas seulement les entreprises viables en diminuant leurs charges, elle facilitera largement la constitution de groupements étendus et permettra de réaliser les entreprises dans les conditions les plus économiques : l'action du Service du Génie Rural pourra en effet ainsi

---

(1) Le crédit agricole ne dispose actuellement que de ressources trop réduites par rapport aux dépenses nécessitées par les entreprises qu'il a pour but d'encourager et il est obligé de tendre à réduire la durée de ses prêts pour activer le roulement des fonds dont il a la gestion.

(2) Les souscripteurs consentent un sacrifice dont profitent les autres consommateurs et il n'est pas possible de leur accorder des avantages spéciaux qui rétablissent l'équilibre, tout au moins en ce qui concerne le prix de vente du courant.

s'exercer plus facilement à la fois pour limiter les réseaux aux parties raisonnables et pour réduire les frais de construction et d'exploitation au strict nécessaire.

Les subventions de l'Etat devront tendre à ramener le prix de l'énergie vers des tarifs qui ne soient pas prohibitifs, à les mettre dans une certaine mesure en harmonie avec ceux pratiqués dans la région et à rendre viables des affaires qui ne sont pas par elles-mêmes industrielles. Il semble que, lorsque la dépense atteint 200 fr. par tête d'habitant, la subvention doit être assez élevée puisque la charge résultant de l'intérêt des frais d'établissement représenterait 15 fr. par tête, soit sensiblement la recette moyenne d'un réseau rural. Au-dessous de 50 fr., au contraire, le subside devrait être refusé.

Les modalités des subventions devront être fixées de façon à faciliter l'effort de solidarité demandé aux collectivités pour réaliser une œuvre dont toutes les parties ne sont pas également rémunératrices. Un certain nombre de formules ont été proposées pour atteindre le résultat. Toutes ont leurs avantages et leurs inconvénients ; l'étude de la question peut encore être utilement poursuivie, avant qu'un barème fixant les bases de détermination des subventions puisse être arrêté.

Tarification

Les tarifs qui varient beaucoup peuvent se ramener à 3 formules principales qui ont chacune leurs partisans :

Tarification forfaitaire ;

Tarification au compteur sans minimum ;

Tarification au compteur avec minimum ou avec prime fixe.

La tarification forfaitaire, qui est fréquente en Allemagne et en Suisse, présente le double avantage de fixer l'abonné sur ses dépenses et le distributeur sur ses recettes. De plus la diminution des frais d'exploitation qui en résulte et dont bénéficient les consommateurs est importante, les frais élevés d'entretien, de vérification et de relevés des compteurs étant évités. Les charges, qui entraînent pour les abonnés l'achat de ces appareils et qui les grèvent assez lourdement (6 à 8 0/0 des frais de premier établissement), disparaissent également. Enfin ceux-ci bénéficient encore de la suppression de la consommation propre du compteur, comparable à celle d'un habitant de la campagne.

La vente au forfait demeure assez rare en France pour le moment et il faut reconnaître qu'elle présente certains inconvénients. Pour les atténuer, on a préconisé l'adoption d'une taxe forfaitaire à l'ampère, chaque installation étant munie d'un limiteur d'intensité ou d'appareils équivalents. On peut d'ailleurs ajouter un compteur à dépassement entrant en fonctionnement dès que l'ampérage excède le chiffre convenu. Mais le relevé de ce compteur peut n'avoir lieu qu'une ou deux fois par an et la consommation propre de l'appareil est très faible, ce qui évite quelques-uns des inconvénients des compteurs mesurant les quantités d'énergie.

Actuellement le mode de tarification le plus répandu est celui au compteur avec minimum garanti de consommation ou de recette annuelle. Le système d'une formule binôme, comportant une prime fixe par kw. installé et une taxe par Kw.-h. consommé, est également employé pour la force motrice. Ces systèmes sont justifiés par la nécessité d'assurer une recette minima qui corresponde aux dépenses d'installation et d'entretien que le distributeur est dans l'obligation d'assurer pour faire face aux obligations de son contrat avec l'abonné. D'autre part, ils ont l'avantage de remédier aux tendances à l'économie des consommateurs taxés au compteur.

Les prix du Kw.-h. sont en général dégressifs, le prix de base étant d'autant plus faible que la puissance souscrite est plus élevée et que le nombre d'heures d'utilisation est plus grand. Pour améliorer le coefficient d'utilisation du réseau l'énergie est parfois taxée à des prix différents pendant et hors des pointes au moyen d'un double compteur. Dans le même but il est tenu compte de l'énergie réactive. Cette sujétion est, comme on l'a précédemment indiqué, difficilement acceptée par les agriculteurs.

Les tarifs comportent actuellement une variation des prix pour tenir compte des modifications de la situation économique notamment des écarts dans les prix des houilles et de la main-d'œuvre. Les indications données à cet égard par les Circulaires Ministérielles des 24 novembre 1919 et 17 janvier 1920 ont soulevé des critiques dont il a été tenu le plus large compte dans les cahiers des charges type approuvés par le décret du 28 juin 1921. Il est à désirer que l'application de ces dispositions soit étendue dans la plus large mesure aux entreprises qui ne sont pas régies par les nouveaux cahiers des charges.

Le mode de tarification peut avoir une notable influence sur le développement de l'énergie électrique en agriculture : plus il sera simple, mieux il sera compris des paysans, plus vite l'électricité se diffusera dans les campagnes. Le système du forfait avec l'adoption de limiteurs ou d'appareils équivalents présente des avantages particulièrement précieux dans le cas de réseaux ruraux. Si l'on adopte des compteurs, il convient pour en réduire le nombre de ne pas prévoir de compteurs et de tarifs distincts pour la lumière et les très petits moteurs (2 HP environ) assurant le service à l'intérieur de la ferme. D'autre part, il est nécessaire que la prime fixe soit calculée seulement d'après le moteur le plus fort de l'installation, sauf à empêcher les abus avec un limiteur.

Indépendamment de ces améliorations, il est indispensable d'apprendre aux agriculteurs à se servir des tarifs de vente de l'énergie électrique au mieux de leurs intérêts. D'une façon générale, comme on l'a déjà signalé précédemment, ceux-ci doivent adopter des moteurs de puissance aussi réduite que possible en vue d'augmenter le nombre d'heures d'utilisation. Le Service du Génie Rural devra intervenir activement pour guider les cultivateurs dans le choix des moteurs les mieux appropriés aux diverses opérations de la vie agricole, en s'appliquant à faire ressortir l'économie qui en résultera dans les dépenses d'électricité.

En terminant ces considérations sur la tarification, il paraît utile de citer à titre d'exemple les prix pratiqués sur le réseau cantonal de Thusy-Houterive (Suisse), qui dessert 182 communes d'une population de 112.000 habitants et d'une surface de 150 km². Ce périmètre ne comprend d'ailleurs aucune agglomération urbaine ou industrielle importante et s'étend sur une région essentiellement agricole. La population n'est pas concentrée dans les bourgs, mais se répartit pour les 2/3 environ dans des hameaux nombreux et des fermes isolées.

Les tarifs actuels, qui comportent seulement une majoration de 15 à 20 0/0 environ sur ceux de 1914, sont les suivants :

1° *Lumière*. — Le tarif forfaitaire est fixé comme il suit à la bougie ou suivant la nature du local éclairé. Les locaux étant classés en 6 catégories suivant la durée probable de l'éclairage.

CATÉGORIES	DURÉE d'utilisation	PRIX PAR AN	
		de la bougie	de la lampe de 32 bougies
		heures	fr.	fr.
Eglises, salles de Danses, etc.....	moins de 150	0 20	6 40
Chambres à coucher, etc.	de 150 à 500	0 45	14 40
Chambres à louer, Salle à manger..	de 500 à 1.000	0 60	19 20
Salle commune de ferme.	de 1.000 à 1.500	0 70	22 40
Hôtels, Restaurants, etc.	de 1.500 à 2.000	0 80	25 60
Cages d'escalier, etc...	plus de 2.000	0 90	28 80

Le tarif au compteur est fixé à 0 fr. 60 le Kw.-h. avec un minimum de recettes garanti de 25 fr. par hectowatt installé.

2° *Force motrice agricole*. — L'abonnement est fixé comme il suit par cheval installé et par an :

PUISSANCE DES MOTEURS	PRIX
1 HP.....................	90 fr.
2 HP.....................	160 —
3 HP.....................	225 —
4 HP.....................	280 —
6 HP.....................	420 —
8 HP.....................	520 —
10 HP.....................	650 —

Le tarif au compteur est de 0 fr. 20 le Kw.-h., avec minimum de recette garanti de 30 à 45 fr. par cheval installé suivant la puissance des moteurs.

Grâce aux bas prix de l'énergie et à la simplicité de la tarification, l'entreprise a pris un développement considérable. Le nombre des lampes, qui en 1908 après 5 ans d'exploitation était de 52.000, est passé en 1916 à 92.700 et atteint actuellement 113.000, soit environ 1 par habitant. Le nombre des abonnés (14.052) représente 64 0/0 des ménages.

Le nombre des moteurs, qui était en 1908 de 666, s'est élevé en 1916 à 1.394 et dépasse actuellement 2.290 HP, soit 80 HP pour 1.000 habitants et 0,4 par ménage. Les usagers de la force motrice sont en majorité des agriculteurs ou des artisans de village, les moteurs industriels représentant seulement 4 0/0 du total.

Prix de vente de l'énergie

Les prix de l'énergie doivent être fixés de façon que les recettes déterminées d'après la consommation probable équilibrent les charges de l'exploitation. Toutefois, pour ne pas être conduit à adopter des tarifs prohibitifs, il conviendra souvent de prendre pour base une consommation voisine de la normale en acceptant que les garanties communales jouent pendant une période de quelques années.

Les dépenses d'énergie ne représentent qu'une très faible partie des frais d'un domaine rural. Dans son livre « l'Electricité en Agriculture achetée aux stations centrales », couronné par la Société nationale d'Agriculture, M. H. Girard a pu dire avec raison que, même en payant cher le courant d'un secteur, la dépense globale ne dépasse pas 5 0/0 des frais d'exploitation. Cependant il est impossible de ne pas tenir compte de ce que, si l'électricité est trop coûteuse, les agriculteurs réduiront leur consommation dans des conditions telles que l'exploitation ne pourra être rémunératrice. Dans les conditions actuelles, il sera nécessaire, sauf des cas exceptionnels, de se borner à réaliser les entreprises pour lesquelles le prix de l'énergie, compte tenu des subventions et des fonds de concours des intéressés, ne dépassera pas suivant les régions des maxima compris dans les limites ci-après :

Eclairage .... kw. 1 fr. 75 à 2 fr. 50
Petite force motrice .... — 0 fr. 90 à 1 fr. »
Battages .... — 0 fr. 70 à 0 fr. 80

Les prix suivants, pratiqués dans un certain nombre de réseaux ruraux en exploitation, sont tous inférieurs à ces limites.

Coopérative de Pithiviers (97 communes), 1 fr. le Kw.-h. (lumière).

Syndicat Azay (29 comm.), 2 fr. le Kw.-h. (lumière).

Syndicat Lencloître (11 communes), 1 fr. 80 le Kw.-h. (lumière).

(Tous ces prix étant des prix de revient).

Secteur Vaucogne (Aube) (10 communes), 1 fr. 50 le Kw.-h. (lumière).

Sociétés diverses de la Marne (1), 1 fr. 25 à 1 fr. 55 (éclair.), 1 fr. à 1 fr. 30 (force motrice).

Eclairage régie intercommunale de Seyssel (Hte-Savoie), prix maximum, 1 fr.60, prix réel, 1 fr. 30.

Régie intercommunale du Pays de Gex, 1 fr. 30.

Société Force et Lumière (2) 1 fr. 20.

Société Savoisienne d'électricité avec (2) 23 0/0 de ristourne en faveur des communes, 1 fr. 25.

Société du Varcors (2), 1 fr. 05.

Divers réseaux ruraux de l'Isère et de la Savoie (2), 1 fr. 50 le Kw.-h, lumière, 1fr. le Kw.-h., force (avec faible minimum consommation annuelle).

En terminant il convient de signaler que les prévisions des recettes à obtenir sont particulièrement délicates. Une recette de 7 fr. par habitant était admise par de petits secteurs ruraux avant la guerre. On peut considérer qu'elles atteindraient actuellement de 12 à 20 fr. Les résultats de plusieurs exploitations en Champagne font ressortir un chiffre de 16 fr. De son côté la Société Méridionale de transport de forces indique comme recettes de 20 à 25 fr., suivant la richesse de la région.

VII. ETAT ACTUEL D'AVANCEMENT DES ETUDES ET DE L'EXECUTION DES RESEAUX RURAUX

L'intérêt que présente le développement de l'emploi de l'énergie électrique dans les campagnes a depuis longtemps préoccupé le service du Génie Rural. Dès 1904, une notice rédigée par ce service signalait les avantages que pouvait présenter l'utilisation des anciens moulins abandonnés pour l'ins-

tallation de petites usines hydrau-électriques susceptibles de fournir l'énergie nécessaire en vue de la satisfaction de besoins locaux.

Dans les années qui ont précédé la guerre, un certain nombre de coopératives agricoles se sont constituées avec le concours du service du Génie Rural pour l'établissement de réseaux spécialement destinés à desservir les communes rurales. On peut citer notamment les réseaux coopératifs de Roisel (Somme), de Prouais-Rosay (Eure-et-Loir), de Vaucogne (Aube) et de St-Ouen (Marne).

En 1913, le Service était saisi de 16 demandes tendant à obtenir son concours pour l'installation de réseaux électriques ; trois projets avaient pu être dressés, et les subventions allouées en vue de faciliter leur exécution s'élevaient à 42.886 fr. Dans le premier semestre de 1914, 18 demandes étaient présentées, mais les événements de guerre n'ont pas permis d'y donner suite. Dès la cessation des hostilités, et malgré les difficultés que pouvait présenter la réalisation des entreprises de distribution d'électricité, le service du Génie Rural a été de nouveau saisi de demandes, dont le nombre a été ensuite sans cesse en s'accroissant, passant de 18 en 1918-1919 à 344 en 1920, 531 en 1921 et 449 pour le premier semestre de 1922.

Pendant la même période, les projets dressés avec le concours du Service du Génie et les subventions allouées ont suivi la marche ascendante suivante :

ANNÉES	PROJETS subventionnés	MONTANT des subventions allouées
1918-1919	1	3.648
19.0	10	169.651
1921	17	4.903.217
1922	52	6.460.491
(1er semestre)		

En ce qui concerne l'étendue des réseaux à établir, il y a lieu de faire remarquer que, parmi les demandes dont est actuellement saisi le service du Génie Rural, 200 émanent de groupements englobant de 5 à 20 communes, et une trentaine intéressent plusieurs cantons. Enfin huit demandes ou vœux émis par les Conseils généraux visent à l'électrification de tout un département (Alpes-Maritimes, Eure-et-Loir, Gironde, Indre, Marne, Hte-Marne, Savoie, Seine-Inférieure).

VIII. CONCLUSIONS

L'étude détaillée des conditions d'établissement et d'exploitation des réseaux ruraux à laquelle il vient d'être procédé confirme les principes posés dans les considérations développées au début du

---

(1) Ces prix sont à majorer de 0 fr. 45 à 0 fr. 75 pour l'éclairage et de 0 fr. 10 à 0 fr. 30 pour la force en vue de rémunérer la partie du capital fournie par les communes, ce qui porte les prix de vente de 2 fr. à 2 fr. 05 pour l'éclairage de 1 fr. 30 à 1 fr. 45 pour la force motrice.

(2) Les prix de ces diverses sociétés doivent être majorés de la rémunération de la part des frais d'établissement supportée par les communes, ce qui porte le prix de l'énergie dans les environs de 1 fr.50 le Kw.-h.

présent rapport et dont il convient de rappeler les plus essentiels.

Les efforts des départements ou des collectivités régionales doivent se porter surtout sur la réalisation du réseau intermédiaire entre les lignes nationales à très haute tension et les distributions locales à moyenne et basse tension dont l'exécution doit incomber en général à des organes locaux. Les artères secondaires de répartition devront être déterminées en se basant sur les besoins des centres urbains, de l'industrie et des transports, les réseaux ruraux venant se greffer sur l'ossature ainsi constituée. La création du réseau départemental de répartition doit être envisagée par espèce en tenant compte des possibilités et il convient de laisser toute initiative aux Conseils généraux à cet égard.

Les groupements chargés d'établir les réseaux ruraux, qui seront en général des syndicats de communes, devront être organisés en ne se bornant pas à prendre en considération les seuls besoins de ceux qui en ont pris l'initiative, mais avec des vues d'ensemble et en se préoccupant avant tout de l'intérêt général. Il conviendra d'étendre ces groupements autant qu'on le pourra, sans nuire à leur constitution ou à leur bonne administration, et d'y comprendre des éléments plus ou moins rémunérateurs dans la limite où cette solidarisation ne risque pas de compromettre la vitalité de l'opération.

Etant donné la diversité du problème, l'établissement des réseaux devra être étudié dans chaque cas en tenant compte de l'expérience, mais en se gardant d'un excès de généralisation : par contre le souci constant d'économies devra toujours dominer cette étude. Indépendamment de la réduction des dépenses de premier établissement, qui pourra résulter d'un examen attentif des dispositions techniques à adopter, il convient d'envisager diverses mesures d'ordre général dont l'examen doit être poursuivi de concert avec les autres Administrations intéressées.

Dans l'intérêt de la richesse publique, il importe, avant de créer de nouveaux organes, de tirer des moyens de production et distribution existants le maximum d'utilité. L'alimentation des réseaux ruraux sera le plus souvent obtenue dans les conditions les plus favorables par leur liaison aux artères secondaires de répartition de courant et ce

n'est qu'à titre temporaire, en attendant l'exécution de ces artères ou dans le cas d'entreprises desservant des régions très étendues, qu'il faudra avoir recours à des sources spéciales d'énergie. Le rattachement de l'exploitation des réseaux peu importants aux distributions en fonctionnement s'impose pour leur permettre de subsister avec des tarifs acceptables.

Indépendamment de l'abaissement des charges des emprunts qu'il convient de poursuivre, il est indispensable, pour assurer la vitalité de la plupart des entreprises, de leur venir en aide par l'allocation de subventions et souvent par une contribution spéciale à fonds perdu des intéressés. Le concours financier de l'Etat devra être fixé de façon à favoriser la réunion dans un même groupement de territoires qui ne peuvent être électrifiés qu'avec plus ou moins de facilités.

En priant la Commission de donner son approbation aux méthodes qui viennent d'être préconisées pour assurer la diffusion de l'énergie dans les campagnes, il y a lieu comme conclusions de lui demander de bien vouloir :

A. Recommander aux Administrations intéressées (Agriculture, Finances, Intérieur, Travaux Publics, Office National du Crédit Agricole) d'examiner de concert les moyens de réaliser les diverses mesures envisagées pour faciliter la construction des réseaux ruraux de distributions d'énergie et pour réduire les frais de premier établissement, ainsi que les charges des emprunts.

B. Signaler au Service du Génie Rural la nécessité de s'attacher à convaincre les populations rurales de l'effort de discipline et de solidarité qui s'impose de leur part, ainsi que d'étudier, d'accord avec les constructeurs, les appareils susceptibles de donner satisfaction aux besoins de l'agriculture et d'améliorer les conditions d'utilisation des réseaux.

C. Emettre le vœu que le Parlement accorde chaque année des crédits suffisants pour que l'Etat puisse allouer les subventions indispensables à la réalisation d'une œuvre qui peut être comptée parmi les plus utiles pour la prospérité générale du pays.

Juillet 1922.   TROTÉ.

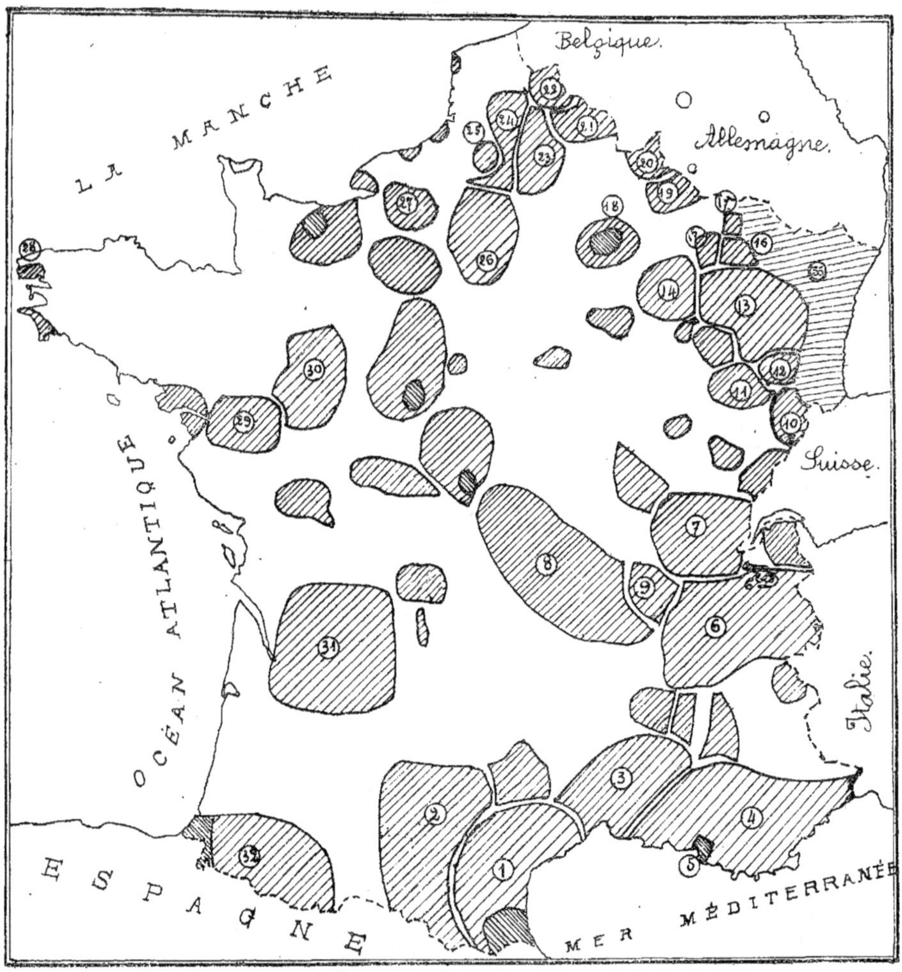

**Carte des zones susceptibles d'être desservies par les principales Sociétés
de distribution d'énergie électrique en exploitation**

(1) Société méridionale de transport de force ; Société biterroise de force et lumière. (2) Société Pyrénéenne d'énergie électrique. (3) Sud-électrique. (4) Energie électrique du littoral méditerranéen. (5) Compagnie électrique de Marseille, Société du gaz et de l'électricité de Marseille. (6) Société de Fure et Morge et Vizille, Société électrique du Ht-Grésivaudan, Société Générale de force et lumière, Société des forces motrices du Vercors, Société de force motrice et d'éclairage de la Ville de Grenoble. (7) Union électrique. (8) Energie électrique du Centre et de la Loire, Société des forces motrices de l'Auvergne. (9) Société lyonnaise des forces motrices du Rhône, Gaz de Lyon. (10) Société des forces motrices du Refrain. (11) Société des Houillères de Ranchamp. (12) Société vosgienne d'électricité et station du Pont du Gouffre. (13) Compagnie lorraine d'électricité. (14) Energie électrique de Meuse et Marne. (15) Société meusienne d'électricité. (16) Secteur Vilgrain. (17) Energie-Eclairage. (18) Société d'éclairage et de chauffage par le gaz de Reims. (19) Est électrique. (20) Ardennes électriques. (21) Electricité et gaz du Nord, Compagnie générale pour le chauffage du gaz du Nord. (22) Energie électrique du Nord de la France. (23) Compagnie électrique du Nord. (24) Société Artésienne. (25) Station centrale d'Amiens. (26) Sociétés et Secteurs parisiens. (27) Compagnie centrale d'éclairage électrique. (28) Compagnie d'électricité de Brest et extension. (29) Société nantaise d'éclairage et de force par l'électricité. (30) Compagnie d'électricité d'Angers et extensions. (31) Eclairage électrique du Sud-Ouest. (32) Société hydro-électrique des Htes-Pyrénées.

MINISTÈRE DE L'AGRICULTURE

SERVICE DU GÉNIE RURAL
Circonscription d.....

RÉSEAU RURAL
DE DISTRIBUTION D'ÉNERGIE ELECTRIQUE

Entrepris par le groupement d..............(1)

Mise au Concours et Adjudication au rabais
d'un premier lot d'ouvrages

CAHIER DES CHARGES ET DEVIS

Dressé par le Directeur du groupement
soussigné.

A...........le.............192...

Présenté par le Président du groupement
soussigné.

A...........le...... .....192...

Vérifié par l'Ingénieur-Adjoint du Génie Rural
soussigné.

A...........le............192...

Approuvé par l'Ingénieur en Chef du Génie
Rural soussigné.

A...........le............192...

---

(1) Groupement = Syndicat de communes d........., Société d'intérêt collectif agricole d........., ou Association syndicale d.................

PREMIÈRE PARTIE

CAHIER DES CHARGES

CHAPITRE PREMIER

DESIGNATION DES TRAVAUX A EXECUTER ET CLAUSES GENERALES

But de l'entreprise

Article premier. — L'entreprise a pour but la fourniture et la pose de tout le matériel nécessaire à l'établissement d'ouvrages rentrant dans les catégories suivantes :

1° Lignes triphasé à M. T. 15.000 V., sur poteaux de bois.

2° Lignes triphasé à B. T. 380/220 V., sur poteaux de bois.

3° Postes secondaires de transformation 15.000/380 V. (La fourniture des transformateurs exceptée).

4° Ouvrages accessoires correspondant, tels que : traversées de voies ferrées, interrupteurs et coupe-circuits aériens.

L'ensemble de ces ouvrages, dont le détail est donné à l'article 2 ci-après, constitue la première étape de la réalisation pour le compte du groupement d .... (1) des installations prévues à l'avant-projet, ci-annexé, dressé par le Service du Génie Rural. Le groupement poursuivra l'exécution de ces installations en une ou plusieurs étapes ultérieures.

Cette première étape sera elle-même réalisée en 2 lots d'ouvrages, à adjuger séparément, comme il sera expliqué à l'article 3.

Tous les ouvrages seront livrés en ordre de marche, les canalisations prêtes à recevoir les branchements d'abonnés et reçus conjointement par le Directeur du groupement et l'Ingénieur en Chef du Génie Rural ou son délégué.

Désignation des travaux à exécuter

Art. 2. — Les ouvrages prévus à l'avant-projet et que l'entrepreneur aura à exécuter sont les suivants :

I. Lignes à M. T. 15.000 V.

1° La ligne provisoire de transport de la ville de ...., à la commune de ...., telle qu'elle est décrite à l'avant-projet.

2° Les lignes de répartition dont état suit, et dont extrait de plan est joint au présent cahier des charges, telles qu'elles sont prévues à l'avant-projet :

Résumé du Tableau des lignes M. T. 15.000 V. à construire

Totaux du premier lot :

Lignes à 3 fils cuivre de 30/10 mm. ..	54	95	km.
— — 35/10 — ..	0	—
— — 45/10 — ..	21	25	—
— — 50/10 — ..	0	25	—
— — 55/10 — ..	0	—
— — 60/10 — ..	17	—
— — 65/10 — ..	13	05	—
Lignes de 3 fils 30/10 et 3 de 35/10 ..	7	—
— 6 fils 35/10	2	25	—
Longueur des Lignes à 3 fils	109	50	—
— — 6 fils	9	25	—

Totaux du deuxième lot :

Lignes à 3 fils cuivre de 30/10 mm. ..	65	55	km.
— — 35/10 — ..	4	30	—
— — 45/10 — ..	0	—
— — 50/10 — ..	3	45	—
— — 55/10 — ..	22	20	—
— — 60/10 — ..	0	—
— — 65/10 — ..	0	—
Lignes à 3 fils 30/10 et 3 de 35/10 ..	0	—
— 6 fils 35/10	0	—
Longueur des Lignes à 3 fils	95	50	—

Le tracé de ces canalisations, tel qu'il est prévu à l'avant-projet, pourra subir des modifications de détail au moment du piquetage, soit sur la simple requête du Directeur du groupement, l'avis conforme du Génie Rural obtenu, soit à la demande de l'entrepreneur, reçue favorablement par le Directeur du groupement et le Génie Rural.

3° Des coupe-circuits aériens et des sectionneurs aériens à cornes aux emplacements désignés par le Directeur du Groupement au cours du piquetage. Le nombre total de ces appareils sera d'environ 50.

4° Six traversées de voie ferrée de grand réseau d'intérêt général.

II. Postes secondaires de transformation 15.000/380 V.

Les postes secondaires de transformation, dont état suit, à établir aux emplacements approximatifs fixés à l'avant-projet, dans les conditions suivantes :

---

(1) Groupement-syndicat de communes d......., Société d'intérêt collectif agricole d......, ou association syndicale d...........

a) l'emplacement des postes sera fixé exactement par le Directeur du groupement, au cours du piquetage des lignes à M. T. 15.000 V. ;

b) la puissance des postes pourra être modifiée à la requête du Directeur du Groupement, l'avis conforme du Génie Rural obtenu ;

c) les postes de :

8, 10 et 12 KVA. seront établis sur poteaux de bois ;

15, 18, 20, 25 et 30 KVA. seront établis sur poteaux de ciment ;

35, 40, 45 et 60 KVA. seront établis en cabine ;

d) les transformateurs seront fournis par le groupement et livrés à l'entrepreneur au siège social du groupement, à ....

La mise en place des transformateurs sera à la charge des entrepreneurs.

Les postes de transformation connectés aux systèmes de répartition désignés 1 et 2 sur l'état ci-joint font partie du premier lot à adjuger. Les postes connectés aux systèmes 3 et 4 font partie du deuxième lot à adjuger.

Résumé du Tableau

des Postes secondaires 15.000/380 V.
et Lignes B. T. 380/220 V.

Premier lot

Postes sur poteaux de bois	13	Postes
— sur poteaux ciment	27	—
— en cabine	1	—
	41	—

Développement du Réseau B. T. connecté aux postes
Lignes B. T. sur mêmes supports que

la M. T. 15.000 V.	21.219 km.
Lignes sur supports propres à la B. T.	68.345 —
Développement total	89.564 —

Deuxième lot

Postes sur poteaux de bois	13	Postes
— sur poteaux ciment	18	—
— en cabine	5	—
	36	—

Développement du Réseau B. T. connecté aux postes
Lignes B. T. sur mêmes supports que

la M. T. 15.000 V.	27.550 km.
Lignes sur supports propres à la B. T.	90.825 —
Développement total	118.375 —

III. Lignes de distribution à B. T. 380/220 V.

Les lignes de distribution dont état par postes précède immédiatement. Leur tracé définitif sera imposé à l'entrepreneur au cours du piquetage par le Directeur du groupement. Toute modification du tracé prévu à l'avant-projet, qui entraînerait une modification importante du développement des canalisations connectées à chaque poste devra être soumise préalablement à l'acceptation du Génie Rural.

Les lignes B. T. seront à 4 fils, 3 de phase et 1 fil neutre, ou à 2 fils : 1 fil de phase et 1 fil neutre. Le tracé respectif de ces deux catégories de canalisations sera imposé à l'entrepreneur au cours du piquetage par le Directeur du groupement.

En ce qui concerne le développement respectif de ces deux catégories de canalisations, le tracé figuré aux pièces 13, 14, 15 et 16 du projet, et qui ne considère que des lignes à 4 fils, ne pourra être invoqué par l'entrepreneur puisque, en vertu de ce qui précède, son tracé définitif sera fixé par le groupement.

Les sections à donner aux conducteurs seront également imposées à l'entrepreneur au cours du piquetage relatif à chaque poste par le Directeur du groupement.

Les lignes B. T. entrant dans le 1er lot, et celles entrant dans le 2e lot, sont respectivement celles qui sont connectées aux postes de transformation entrant dans ces lots.

Mise au concours et adjudication

Art. 3. — Le 1er lot de travaux, qui comprendra, outre la ligne de la ville de .... à la commune de ...., toutes les installations spécifiées dans les états précédents, et appartenant aux systèmes 1 et 2, sera mis au concours et adjugé dans les conditions suivantes :

Les entrepreneurs désireux de prendre part au concours feront valoir leurs titres (certificats, références, dessins des dispositifs proposés, etc...), tant auprès de l'Ingénieur en Chef du Génie Rural (26, rue Léon-Boyer, à ....), qu'auprès du Président du groupement (16, fg. d'Orléans, à ....), avant le *10 février 1922*.

Ils pourront consulter les pièces du présent dossier :

1° à ...., Siège social du groupement, 16, fg. d'Orléans ;

2° à ...., au Génie Rural, 26, rue Léon-Boyer ;

3° à ...., chez M. ...., Ingénieur-Conseil, 51, rue ....

Le 15 février 1922 se réunira à .... une Commission composée :

1° du Président du groupement ;

2° de deux Membres du Conseil d'Administration du groupement ;

3° de l'Ingénieur en Chef du Génie Rural, ou de son délégué ;

4° du Directeur du groupement.

Cette Commission examinera le dossier présenté par chacun des entrepreneurs concurrents et dressera la liste de ceux qu'elle admettra à soumissionner.

Les entrepreneurs admis à soumissionner en seront immédiatement avisés par lettre recommandée.

Le 22 février 1922, la même Commission se réunira à nouveau à .... et recevra de chaque entrepreneur admis à soumissionner une soumission sous pli cacheté, où il fera connaître le rabais consenti par lui sur l'ensemble des prix figurant au bordereau des prix. Ce rabais devra être global, c'est-à-dire le même pour tous les articles du bordereau.

Les soumissions seront décachetées et lues en séance publique, après que chaque soumissionnaire aura déposé un cautionnement provisoire de 10.000 francs (dix mille francs).

L'entrepreneur ayant consenti le rabais le plus grand sera déclaré adjudicataire du 1er lot et devra déposer avant le *28 février* le cautionnement définitif de 50.000 francs (cinquante mille francs).

Procès-verbal de la séance sera immédiatement rédigé et signé par les Membres de la Commission et l'adjudicataire.

Dans le courant du mois d'*octobre 1922,* la Commission, dont la composition est spécifiée plus haut, se réunira à nouveau. Elle entendra les rapports des Ingénieurs du Génie Rural et du Directeur du groupement faisant connaître la manière dont l'adjudicataire a exécuté les travaux et dont il a tenu les engagements qui résultent pour lui du cahier des charges. La Commission prononcera alors s'il y a lieu ou non d'entrer en pourparlers avec lui pour la passation d'un marché de gré à gré pour l'exécution du 2e lot d'ouvrages. Dans l'affirmative, il sera introduit et il lui sera demandé quel rabais il consent pour l'exécution du 2e lot. Ce rabais sera alors discuté par la Commission, de nouvelles offres pourront être demandées à l'adjudicataire, et, en définitive, la Commision votera pour savoir s'il y a lieu d'accepter ces offres ou de procéder à une nouvelle adjudication. Pour que toute nouvelle adjudication soit écartée, il suffira qu'une majorité de 3 Membres se prononce dans ce sens, les voix du Directeur du groupement et de l'Ingénieur en Chef du Génie Rural ou de son délégué étant comprises dans cette majorité.

Au cas où, dans les conditions qui viennent d'être spécifiées, un marché de gré à gré serait passé avec l'adjudicataire du 1er lot, pour l'exécution du 2e lot, procès-verbal de la séance serait signé par les membres présents et par l'entrepreneur. Le cautionnement afférent au 1er lot serait maintenu en possession du groupement pour constituer le cautionnement afférent au 2e lot.

Dans le cas où le premier adjudicataire ne serait pas agréé par la Commission, ou bien au cas où le rabais consenti par lui serait jugé insuffisant, une deuxième adjudication s'effectuerait dans les mêmes formes que la première, pour l'exécution du 2e lot d'ouvrages.

Ordre d'exécution des travaux

Art. 4. — Les travaux afférents au 1er lot devront être exécutés dans un délai de *10 mois,* à dater du 1er mars 1922, et se poursuivre dans l'ordre suivant :

1° La ligne provisoire de la ville de .... à la commune de .... Cette ligne devra être terminée au plus tard *le 31 mai 1922.*

2° La ligne .... et, au fur et à mesure de son avancement, toutes les installations M. T. et B. T. qui y sont connectées. Cette ligne et ces installations devront être terminées au plus tard le *15 septembre 1922.*

3° La ligne .... et, au fur et à mesure de son avancement, toutes les installations M. T. qui y seront connectées. Cette ligne et ces installations devront être terminées au plus tard le *31 décembre 1922.*

Les travaux afférents au 2e lot devront être exécutés dans un délai de *8 mois* à dater du 1er janvier 1923 et se poursuivre dans l'ordre suivant :

4° La ligne .... et, au fur et à mesure de son avancement, toutes les installations M. T. et B. T. qui y sont connectées. Cette ligne et ces installations devront être terminées au plus tard le *30 avril 1923.*

5° La ligne .... et, au fur et à mesure de son avancement, toutes les installations M. T. et B. T. qui y sont connectées. Cette ligne et ces installations devront être terminées au plus tard le *31 juillet 1923.*

« Le Groupement se réserve le droit, en dérogation à l'ordre d'exécution des travaux qui vient « d'être spécifié, d'imposer à l'entrepreneur, soit « du premier lot, soit du deuxième lot, à une date « quelconque comprise entre le 10 mars et le 30 « avril 1923 :

« 1° Soit la construction de la ligne ...., « à l'exclusion de ses dépendances, dérivations, « postes et réseaux B. T. Dans ce cas, la dite ligne « devra être terminée 5 mois après la notification « spéciale faite à cet effet par le Groupement à « l'entrepreneur.

« 2° Soit la construction de la ligne principale « ...., du poste de transformation « 15.000/380 V. de 60 KVA., de ...., et « du réseau B. T. qui y est connecté, à l'exclusion « de toutes les autres dérivations, dépendances, « postes et réseaux B. T. connectés à la dite ligne « principale de 15.000 V.

« Dans ce cas, la dite ligne, le dit poste et son « réseau B. T. devront être terminés 5 mois après « la notification spéciale faite à cet effet par le « Groupement à l'entrepreneur. »

Délai de garantie et retenue de garantie

Art. 5. — Le délai de garantie sera d'un an et la retenue de garantie du dixième.

Réception des travaux

Art. 6. — La réception des travaux, tant provisoire que définitive, sera faite pour chaque lot :

1° Par le Directeur du Groupement, qui aura qualité pour juger si toutes les installations ont été exécutées conformément à l'avant-projet, au cahier des charges et aux ordres notifiés à l'entrepreneur au cours du piquetage, ou à tout autre moment, conformément au présent cahier des charges.

2° Par l'Ingénieur en Chef du Génie Rural, ou son délégué, qui aura pour mission de s'assurer que les travaux ont été exécutés conformément aux dispositions et aux clauses de l'avant-projet (en tout ce qu'elles n'ont pas de contraire à celles adoptées par des pièces ultérieures en date signées par l'Ingénieur en Chef du Génie Rural), et des autres pièces du présent dossier adoptées et signées par l'Ingénieur en Chef du Génie Rural.

3° Par le Service du Contrôle des Distributions d'Energie Electrique, des P. T. T., de la voirie, en ce qui concerne l'observation des règlements que ces administrations ont à charge de faire appliquer.

CHAPITRE II

'CONDITIONS RELATIVES AUX OUVRAGES

Art. 7. — Toutes les fournitures, les travaux ou opérations de l'entreprise devront être faites suivant les règles de l'art et en observant rigoureusement :

1° Les prescriptions contenues dans les lois, décrets, arrêtés, circulaires, instructions, etc..., parus ou à paraître, et, en général, toutes les réglementations imposées ou proposées par l'Administration concernant la distribution d'énergie électrique, notamment dans l'arrêté ministériel du 30 juillet 1921 sur les conditions techniques auxquelles doivent satisfaire les distributions d'énergie électrique.

2° Les conditions que l'Administration jugera à propos d'imposer à titre spécial, tant en vue de la sécurité en général, que dans le but d'éviter les troubles dans le fonctionnement des services publics.

3° Les prescriptions contenues dans le présent cahier des charges, en ce qu'elles n ont pas de contraire aux prescriptions indiquées aux alinéas 1° et 2° ci-dessus.

4° a) Les clauses et conditions générales imposées aux entrepreneurs des travaux des Ponts et Chaussées, dans l'arrêté du 29 décembre 1910.

b) Les clauses et conditions de l'Union des Syndicats de l'Electricité, concernant la fourniture et la réception du matériel électrique, en ce qu'elles n'ont pas de contraire aux prescriptions indiquées aux alinéas 1°, 2° et 3° ci-dessus.

Lignes à 15.000 volts

SUPPORTS

Art. 8. — L'ensemble du réseau à 15.000 volts sera construit sur poteaux en bois, ou, exceptionnellement, sur potelets métalliques.

A. Poteaux bois

La hauteur à donner aux poteaux en chaque cas sera déduite des prescriptions administratives, notamment de l'arrêté ministériel du 30 juillet 1921 sur les conditions techniques auxquelles doivent satisfaire les distributions d'énergie électrique.

Etant admis d'autre part,

que la position normale des fils à moyenne tension 15.000 v. sera aux sommets d'un triangle équilatéral dont un des côtés sera vertical ;

que la distance entre les fils à 15.000 v. sera normalement de 0 m. 70 ; cependant, l'entrepreneur sera autorisé à réduire dans certains cas, pour des raisons qu'il devra justifier, cette distance sans qu'elle puisse jamais être inférieure à 0 m. 60 ;

qu'il devra y avoir une distance de 0 m. 20 au moins entre la base du côté formant la pointe du poteau et le plus élevé des trous percés dans celui-ci pour la fixation des ferrures ;

que lorsque les supports seront communs à la moyenne et à la basse tension, la distance entre le fil le plus bas de la moyenne tension et le fil le plus haut de la basse tension placé en-dessous, ne sera pas moindre de 1 m. 50 ;

que le nombre et la disposition des fils de basse tension à prévoir est indiqué par ailleurs au chapitre concernant la basse tension ;

que la distance entre les fils de basse tension sera de 0 m. 30 ;

qu'il y a lieu de tenir compte de la flèche maximum ;

que la fiche en terre sera de profondeur « h », déterminée par

$$h = \frac{H}{10} + 0 \text{ m. } 60$$

« H » étant la longueur totale du poteau.

Les poteaux les plus chargés seront consolidés par jumelage ou contrefichage, de telle manière que les coefficients de sécurité prescrits par l'arrêté susmentionné et par les directives administratives soient dépassés dans tous les cas.

B. Supports spéciaux

a) Traversées de voies ferrées.

Les traversées de voies ferrées sont soumises à une autorisation spéciale du Service des Chemins de Fer.

Elles seront donc exécutées conformément aux prescriptions des services intéressés, et seront soit aériennes, soit souterraines, à l'exclusion de celle de .... qui, sur la demande du Groupement, pourra être obligatoirement aérienne.

b) Poteaux supports de transformateurs.

Le présent devis comprend également :

1° La fourniture et la mise en place des poteaux bois destinés à supporter (sur 2 poteaux) les transformateurs aériens d'une puissance inférieure ou égale à 12 KVA. et leur équipement.

Ces poteaux auront une hauteur totale correspondant à la disposition adoptée et qui sera au minimum de 12 m. et une fiche de 2 m. en sol.

2° La construction et la mise en place des poteaux en ciment armé destinés à supporter (sur 2 poteaux) les transformateurs aériens d'une puissance de 15 à 30 KVA. et tout leur équipement.

Ces poteaux seront calculés pour chaque type de transformateur. Ils auront une hauteur totale correspondant à la disposition adoptée, et qui sera au minimum de 12 m. et une fiche de 2 m. en sol. Ils seront encastrés dans un massif en maçonnerie de béton à raison de 350 kg. de ciment ou de chaux hydraulique par mètre cube de sable.

C. Potelets métalliques

Il ne sera fait usage de potelets métalliques pour les lignes à moyenne tension qu'à titre exceptionnel et avec l'assentiment du Groupement, lorsque cette mesure sera imposée par une meilleure disposition de la ligne ou par la nécessité d'éviter la présence sur le sol de poteaux gênants.

Toutes précautions étant prises pour que les potelets ne risquent jamais, en se trouvant sous tension, de provoquer d'accidents dans les immeubles.

Ces potelets seront constitués par des tubes carrés galvanisés, type « Louvroil », de la série correspondant aux efforts à supporter, sans employer de tubes de dimensions moindres que 45 mm. de côté et 4,5 mm. d'épaisseur.

PORTÉES

Art. 9. — Les portées normales des lignes spéciales à la moyenne tension seront de 40 mètres. Dans le cas de poteaux peu chargés et en alignement droit, elles pourront être augmentées à la condition que cette mesure obtienne l'assentiment du Groupement.

La longueur des portées sera réduite obligatoirement :

a) quand les supports seront communs à la moyenne et à la basse tension ;

b) aux traversées des routes, des P. T. T. ;

c) dans les parcours sinueux, afin de suivre exactement les tracés des voies empruntées et, en général, toutes dimensions imposées par le terrain ;

d) s'il y a lieu de diminuer par ce moyen l'effort sur certains supports en angle de ligne.

ARMEMENTS

Art. 10. — *A. Type courant moyenne tension*

Cet armement est constitué par 3 isolateurs porcelaine scellés chacun sur une console métallique à patte longue.

La fixation de la patte sur le poteau de bois se fera par un boulon traversant le poteau et le trou supérieur de la patte, et par un tirefond dans le trou inférieur.

B. Protection dans les angles et à la traversée des voies publiques

Les cadres employés conformément à l'article 5, paragraphe 6, du décret du 30 juillet 1921, seront en fer de 30 × 4 mm. et devront entourer complètement les conducteurs, dont ils devront être distants de 250 mm. au moins.

C. Protection des lignes télégraphiques et des lignes téléphoniques de l'Etat ; des lignes de distribution B. T.

L'entrepreneur devra se conformer aux prescriptions de l'Administration et justifier que les dispositions adoptées par lui ont reçu l'approbation des services intéressés.

En outre, sur les parcours d'une certaine longueur l'entrepreneur devra exécuter sur les lignes les rotations nécessaires pour supprimer les effets d'induction sur les lignes B. T. existantes ou qui pourraient être installées dans l'avenir.

D. Armements pour les traversées de voies ferrées

Les dispositions à prendre, en accord avec les règlements en vigueur, seront déterminées après entente préalable avec les services intéressés.

E. Armements spéciaux

1° Dans tous les cas où les conducteurs sont susceptibles d'exercer une traction dirigée suivant les sens de la ligne, il sera fait usage de ferrures genre « Cornez », de résistance appropriée. Cette prescription s'appliquera notamment :

a) aux armements des supports sur lesquels une ligne de dérivation est branchée sur une autre ligne, interrompue ou non ;

b) aux armements de supports correspondant aux changements de section des lignes ;

c) au cas où les isolateurs sont doublés sur le même support (art. 25, paragraphe 5, de l'arrêté du 30 juillet 1921).

Les isolateurs doublés devront être disposés conformément au croquis « *a* » de la planche annexée à la circulaire ministérielle du 30 juillet 1921.

2° L'armement dit « en drapeau » (fils de ligne dans un même plan vertical) pourra être employé à titre exceptionnel, avec l'autorisation spéciale du Groupement.

3° Tous dispositifs spéciaux (exhaussement des supports au moyen des ferrures, etc.) ne pourront également être employés qu'à titre exceptionnel et avec l'autorisation spéciale du Groupement.

Interrupteurs aériens et coupe-circuits aériens

Art. 11. — Le sectionnement des lignes sera assuré par des interrupteurs aériens à cornes, disposés pour pouvoir couper la ligne en charge.

En principe, chaque artère principale sera sectionnée en deux tronçons.

Chaque dérivation sera sectionnée au point de branchement ; cette prescription s'applique à toutes les ramifications des lignes.

La protection des lignes contre les surintensités sera assurée :

1° Par des disjoncteurs, lesquels ne font pas partie du présent devis, placés au poste central de .... et commandant chaque artère principale.

2° Par des coupe-circuits aériens à cornes, placés sur les dérivations principales. En principe, toutes les dérivations alimentant plus de deux postes de transformation seront munies de coupe-circuits.

Les dérivations branchées sur la ligne .... seront munies de fusibles, quel que soit le nombre de postes desservis.

Les coupe-circuits seront placés en aval et à proximité des interrupteurs, afin de pouvoir supprimer le courant et opérer le remplacement des fusibles en toute sécurité.

Postes secondaires de transformation 15.000/380 V.

Art. 12. — A l'exception du transformateur, les postes de transformation seront fournis entièrement par l'entrepreneur, y compris les poteaux supports ou les cabines, suivant le cas.

Le montage et la mise en place des appareils, y compris le transformateur, sera entièrement à la charge de l'entrepreneur.

Les postes de transformation seront montés conformément aux spécifications du chapitre 1er, soit sur poteaux bois, soit sur poteaux ciment, soit en cabine maçonnerie.

Les poteaux (bois ou ciment) auront une longueur totale minimum de 12 m. et une section suffisante pour assurer une solidité parfaite, et seront au nombre de 2 par poste.

Les cabines en maçonnerie seront établies d'après un plan proposé par le Groupement, ou accepté par lui.

Description sommaire de l'équipement

1° Postes sur 2 poteaux bois

(jusqu'à 12 KVA. inclus)

Ils comprennent :

l'équipement complet du poste ;

2 poteaux en bois ;

1 transformateur de puissance fixée par le Groupement au moment du piquetage, dont l'entrepreneur doit prendre livraison au siège social du Groupement, à .... ;

3 isolateurs d'arrivée de courant (15.000 v.) ;

3 sectionneurs unipolaires 15.000 v., pour extérieur, contacts pour 100 A ;

3 bobines de self pour extérieur 15.000 v. ;

3 coupe-circuits à expulsion, pour extérieur, contacts pour 100 A. (à 15.000 v.) ;

3 parafoudres à cornes, à 15.000 v. ;

3 résistances liquides pour parafoudres ;

1 conducteur de mise à la terre, en cuivre plat de 20 $\times$ 3 mm., rivé et soudé à la plaque de terre ;

1 plaque de terre en tôle galvanisée épaisse, de 1 m² de surface, plus le coke ou matière équivalente nécessaire pour assurer une bonne communication avec le sol ;

1 interrupteur tétrapolaire à rupture brusque sur la basse tension, dont les contacts pourront supporter en régime permanent une intensité au moins égale au double de celle correspondant à la puissance du poste ;

4 coupe-circuits sur la basse tension ;

3 appareils de mise à la terre, genre « Cardew », sur les lignes à basse tension ;

1 tableau en marbre pour les appareils à basse tension ;

Les connexions en fil de cuivre nu de 50/10 mm., pour la moyenne tension ;

Les connexions en câble de cuivre isolé à 1.200 mégohms, pour la basse tension ; leur section sera calculée d'après la puissance apparente du poste, pour que la densité du courant soit au maximum de 1,2 ampère par mmq. Pour les postes de faible puissance, la section ne sera pas moindre de 20 mmq.

Les isolateurs intermédiaires nécessaires pour la bonne fixation des connexions ci-dessus, les pipes d'entrée et de sortie, les isolateurs de départ B. T.

Les fers nécessaires à la fixation du transformateur sur les deux poteaux.

Les dispositifs de protection des appareils (interrupteurs, Cardew, etc). contre les intempéries l'emploi du bois exclu.

Le conducteur de mise à la terre sera protégé par un fourreau en fer jusqu'à une hauteur de 3 m. au-dessus du sol.

2° Postes sur poteaux en ciment

(de 15 à 30 KVA.)

L'équipement de ces postes comprend le même matériel que celui prévu ci-dessus pour les postes sur poteaux en bois. Il comprend en outre :

Une plate-forme constituée par un platelage en caillebotis bois, reposant sur un châssis métallique en fer profilé et munie de garde-corps de 0 m. 80 de hauteur.

Un grillage de protection de tout conducteur nu se trouvant à la portée de la main par rapport à la plate-forme.

3° Postes en cabines maçonnées

(de 35 KVA et plus)

L'équipement des postes en cabines maçonnées comprend la cabine elle-même et, en outre, tous les appareils nécessaires pour la protection et la manœuvre des transformateurs, soit :

Pour la moyenne tension :

3 sectionneurs sur chaque ligne aboutissant au poste (il y aura, par conséquent, suivant les cas, des postes à une, deux ou trois directions, avec trois, six ou neuf sectionneurs pour les lignes) ;
3 isolateurs à moyenne tension par direction, montée sur leurs consoles, pour l'extérieur ;
3 pipes ou glaces d'entrée de postes par direction ;
3 sectionneurs de transformateur ;
3 bobines de self ;
3 coupe-circuits à 15.000 v. ;
3 sectionneurs de parafoudre ;
3 parafoudres à cornes ;
3 résistances liquides ;
1 mise à la terre répondant à la même spécification que celle des postes sur poteaux ;
1 tabouret isolant ;
1 perche de sectionnement ;
1 paire de gants caoutchouc ;
1 cadre de protection du transformateur, avec grillage ;

Pour la basse tension :

1 interrupteur tétrapolaire, avec coupe-circuit à cartouches, pour une intensité permanente au moins égale au double de celle correspondant à la puissance du transformateur ;
1 appareil « Cardew » de mise à la terre des lignes B. T. ;
1 tableau en marbre pour les appareils ci-dessus ;
4 pipes de sortie basse tension ;
4 isolateurs de départ B. T. montés sur leurs consoles.

L'équipement comprend en outre :
l'emplacement et le montage du transformateur ;
les connexions et leurs isolateurs intermédiaires de support, répondant à la même spécification que pour les postes sur poteaux ;
tous les fers nécessaires au montage de la cabine, destinés à supporter ou fixer le matériel électrique, les isolateurs de transformateurs, etc., la peinture des fers.

CABINES MAÇONNERIE

Les cabines sont du même type pour toutes les puissances du transformateur.

Les terrassements sont ceux nécessités pour les fondations de la cabine.

Les travaux de maçonnerie comprennent :
les fondations de la cabine et son soubassement ;
les murs en élévation et la toiture.

Les fondations et le soubassement sont en maçonnerie de béton.

Les murs en élévation sont prévus en maçonnerie de briques ou agglomérés de ciment.

La toiture est constituée par des dalles en ciment armé reposant sur des chevrons en fer T ou toute autre disposition équivalente.

A. Murs de fondation

Les fondations sont enterrées de 0 m. 70 et dépassent le terrain naturel de 0 m. 30, pour former soubassement.

Toutefois, la profondeur des fondations dans le sol pourra être augmentée si la résistance du sous-sol n'est pas reconnue suffisante lors de l'exécution.

L'épaisseur des murs de fondation sera de 0 m. 50.

Les parties vues de soubassement seront recouvertes extérieurement d'un enduit au ciment de Portland, de 2,5 à 3 cm. d'épaisseur.

Les murs de fondation seront reliés entre eux par une semelle en béton de 0 m. 22 d'épaisseur.

La face supérieure de cette semelle est à 0 m. 15 au-dessus du terrain naturel. Elle est recouverte d'un enduit de ciment de Portland de 0 m. 03 d'épaisseur, bouchardé, et forme ainsi le dallage de la cabine.

B. Maçonnerie en élévation

En élévation, la cabine est constituée par 4 piliers d'angle à section carrée, de 0 m. 34 d'épaisseur, s'élevant sur toute la hauteur du bâtiment.

Entre piliers, la maçonnerie a 0 m. 22 d'épaisseur, soit l'épaisseur d'une brique.

La baie ménagée pour la porte a une largeur de 1 m. entre les murs et une hauteur de 2 m. sous clef.

La partie supérieure de la porte est limitée par une archivolte courbe de 22 cm. de hauteur et 1 m. 70 de rayon.

Les piliers d'angle forment chaîne d'angle de 22/34, avec une hauteur égale à 5 rangs de briques et saillie de 3 cm. sur le nu du mur.

La hauteur des murs, sous rive du toit, est de 5 mm. au-dessus du soubassement.

La partie supérieure du poste est surmontée d'un lanterneau, dont la largeur est de 1 m. 10 entre murs.

Les murs de face du lanterneau sont supportés sur toute leur longueur par 2 fers 1 — P. N. — 140. Ces murs ont une épaisseur de 0 m. 11.

Les murs de côté du lanterneau sont formés par le prolongement des murs de la cabine ; ils ont une épaisseur de 22 cm.

Un espace vide est laissé dans les murs de 0 m. 11 pour le montage des pipes ou glaces d'entrée ; il sera ensuite raccordé après scellement des dites pipes, de façon à assurer à la façade une harmonie complète de joints de brique. On laissera également 4 espaces vides dans le mur de face du lanterneau opposé à la porte et en dessous des pipes M. T., composés de 4 briques mises à jour et garnies d'une grille métallique (voir dessin du poste).

Tous les parements vus extérieurs des maçonneries de briques seront ragréés et rejointoyés au mortier de ciment, à joints saillants.

Tous les parements vus intérieurs de maçonnerie seront recouverts d'un enduit au plâtre ou au mortier de chaux hydraulique, passé à la chaux.

La maçonnerie de briques pourra être remplacée par la maçonnerie de moellons ou autres matériaux, si l'entrepreneur assure une sécurité équivalente et une dépense inférieure d'établissement.

C. Toiture

La toiture est constituée par des dalles en ciment armé de 3 à 4 cm. d'épaisseur, supportées par des chevrons en fer T de 40/40/6. Ces fers sont supportés d'une part par les murs de côté et, d'autre part, par les murs de face du lanterneau et par le fer I. P. N. 80, formant faitage.

Les dalles sont scellées et revêtues extérieurement d'un enduit étanche et intérieurement d'un enduit au ciment.

D. Ferronnerie

Les travaux de ferronnerie comprennent la fourniture, la pose et le transport de tous les fers nécessaires à la construction du bâtiment et au montage de l'équipement.

Les barres devant supporter les sectionneurs sont constituées par 2 fers U jumelés, de 35/18/6, assemblés deux à deux, et maintenus à écartements de 20 à 25 mm. par des entretoises rendues solidaires par des rivets. La distance entre ces fers jumelés est de 0 m. 12 et de 1 m. 02 (voir dessins des maçonneries).

La herse extérieure destinée à recevoir les tiges d'isolateurs basse tension est constituée par 2 fers U jumelés, de 35/18/6, maintenus à écartement de 25 mm. par des entretoises rivées. Ces fers U, de 1 m. 40 de longueur chacun, sont boulonnés à leur extrémité sur 2 fers U de 0 m. 50 de longueur et de même section, boulonnés sur les fers I, supports du lanterneau.

Les pattes, au nombre de 6 par façade, se composent d'un fer plat de 0 m. 060 de largeur, sur 0 m. 200 de hauteur et 0 m. 008 d'épaisseur, rivé sur la semelle extérieure du fer support du lanterneau.

La partie supérieure de ces pattes sera coudée et percée de deux trous de 16 mm. de diamètre, distants de 70 mm. d'axe en axe, pour le passage des boulons de fixation des consoles de supports des isolateurs moyenne tension.

La porte de fermeture de la cabine est prévue constituée par un tôle de 3 mm. d'épaisseur, maintenue à l'aide de rivets sur un cadre en cornières avec traverses et écharpes.

Cette porte, toute ferrée, s'appuie sur un cadre en cornières scellées dans les piedroits et l'archivolte de la porte.

Elle doit être munie de toutes ses quincailleries, monture, serrure à poignées et clef avec gâche.

Ses dimensions sont prévues de 1 m. sur 2 m. ; toutefois, ces dimensions n'ont rien d'absolu et l'entrepreneur pourra les augmenter légèrement. suivant les tôles dont il dispose ; elles ne pourront jamais être diminuées.

Enfin, une plaque indiquant : « Danger de mort », « Défense d'entrer », doit être fixée sur la porte d'une façon apparente.

Lignes à 380 volts

Art. 13. — Les réseaux à basse tension ont pour objet la distribution d'énergie aux consommateurs de force motrice et de lumière. Ils sont prévus à 4 fils, dont 3 fils de phase et 1 fil neutre, ce qui permet l'emploi de la force motrice à 380 volts entre conducteurs, et de la lumière à 220 volts entre phases et point neutre.

Les conducteurs seront en cuivre, le diamètre des fils de phase étant déterminé par la considération des pertes en ligne, le diamètre du fil neutre étant en principe de 30/10 de mm.

En principe, lorsque la moyenne tension et la basse tension suivront un cours parallèle, les supports moyenne tension (poteaux ou potelets) seront utilisés également comme supports pour les fils de la basse tension.

La hauteur des supports servant à la fois à la moyenne et à la basse tension sera surélevée en conséquence, par application de l'article 8.

SUPPORTS

Art. 14. — Les supports uniquement affectés aux lignes basse tension seront des poteaux en bois ou des potelets métalliques.

A. Poteaux

La hauteur de ces poteaux sera déduite des prescriptions de l'Administration, notamment de l'arrêté ministériel du 30 juillet 1921. Le jumelage et le contrefichage seront adoptés, afin que le coefficient de sécurité 3 soit dépassé dans tous les cas.

Etant admis d'autre part :

que, d'une manière générale, les fils seront placés de part et d'autre du support, la distance entre fils d'un même côté étant de 0 m. 30 ;

que l'emplacement d'un 5e fil susceptible d'être placé ultérieurement sur les tronçons imposés par le Groupement lors du piquetage, sera réservé dans les agglomérations et sur les lignes formant liaison entre le poste de transformation et les agglomérations, en vue de l'alimentation éventuelle de l'éclairage public et des bâtiments communaux.

Au droit des immeubles, les prescriptions ministérielles relatives à la distance à maintenir entre les conducteurs et les bâtiments devront être observées.

Les conducteurs pourront alors, dans ce but, être disposés dans un même plan vertical, d'un même côté du poteau, la distance entre fils basse tension étant toujours de 0 m. 30 et l'emplacement étant réservé pour compléter la ligne à 5 conducteurs éventuellement.

Pour obtenir l'écartement nécessaire entre les conducteurs et les bâtiments, on ne devra pas recourir à l'emploi de ferrures d'isolateurs plus longues que celles prévues au chapitre III. Il sera alors fait usage de herses en tube, genre « Louvroil », ou de cadres d'avancement en fer, de résistance équivalente.

B. Potelets métalliques

Il pourra être fait usage de potelets métalliques dans les cas spéciaux ; lorsque cette mesure sera justifiée par une meilleure disposition de la ligne, ou la nécessité d'éviter la présence sur le sol de poteaux gênants.

Les potelets seront constitués par des tubes carrés, galvanisés, genre « Louvroil », de dimensions correspondantes aux efforts à supporter, sans employer de tubes dont le côté soit moindre de 45 mm., ni d'épaisseur moindre de 4,5 mm.

PORTÉES

Art. 15. — La distance entre supports ne portant que des lignes à basse tension sera normalement de 40 mètres. Cette longueur de portée pourra être augmentée exceptionnellement, mais avec l'assentiment du Groupement.

La longueur des portées sera réduite obligatoirement :

a) aux traversées des routes et des P. T. T. ;

b) dans les parcours sinueux, afin de suivre exactement le tracé des voies empruntées et, en général, toutes directions imposées par le terrain ;

c) s'il y a lieu de diminuer par ce moyen l'effort sur certains supports.

La distance entre supports portant à la fois les lignes à moyenne tension et à basse tension sera réduite, lorsque le poids kilométrique des conducteurs dépassera 900 kg., proportionnellement à ce dépassement, jusqu'à atteindre 33 m. 35 comme limite normale, sans préjudice des réductions indiquées aux alinéas *a)*, *b)*, *c)*.

ARMEMENTS

Art. 16. — L'armement du type courant de basse tension est constitué par 4 isolateurs porcelaine, scellés chacun sur une console métallique à patte courte.

Les traversées des routes et chemins, et la protection des lignes télégraphiques et téléphoniques, les traversées des voies ferrées, seront faites suivant les prescriptions ministérielles et les directives des services intéressés.

Lorsqu'il sera fait emploi d'isolateurs doublés, ceux-ci seront montés sur ferrures genre « Cornez », et disposés conformément au croquis « a » de la planche annexée à la circulaire ministérielle du 30 juillet 1921.

CHAPITRE III

PROVENANCE, QUALITE ET PREPARATION DES MATERIAUX

Poteaux bois

Art. 17. — Les poteaux seront établis en bois résineux (épicéas, sapin ou pin), admis par l'Administration des P. T. T.

Ils seront injectés avec un liquide antiseptique, d'après un procédé au moins équivalent comme garantie de conservation au procédé « Boucherie », appliqué suivant les meilleures conditions de la technique, et dont l'entrepreneur est tenu de fournir la justification dans son dossier de concours.

Les poteaux devront être bien secs, exempts de pourriture. Ils seront goudronnés à la base sur toute la partie enfoncée dans le sol et sur une hauteur de 1 m. environ au-dessus du sol. Leur extrémité supérieure sera taillée en cône et goudronnée.

Ils devront être choisis soigneusement et présenter les dimensions minima suivantes :

Hauteur en mètres	Diamètres	
9 mètres	20/22 cm.	11/13 cm.
10 —	22/24 —	11/13 —
11 —	23/25 —	11/13 —
12 —	24/26 —	12/14 —
13 —	25/28 —	13/15 —
14 —	26/28 —	13/15 —

Les poteaux seront aussi droits que possible ; toutefois, il pourra être admis deux déviations : l'une en-dehors du sol, l'autre dans la partie encastrée dans le sol.

La flèche de ces déviations ne sera pas supérieure à 7 cm. pour la partie aérienne, et à 12 cm. pour la partie encastrée.

Poteaux ciment

Art. 18. — Les poteaux ciment, supports de transformateur, ou destinés aux traversées de voies ferrées, seront à section rectangulaire ou carrée, décroissante de la base au sommet. L'armature de ces poteaux sera constituée par des barres droites en acier, de section cylindrique, et par une spire d'acier ligaturée sur ces barres ou tout autre mode proposé au Groupement dans le dossier de concours de l'entrepreneur.

Ils devront présenter les avantages suivants :

1° Durée indéfinie et entretien nul.

2° Possibilité d'escalade sans moyen auxiliaire.

On devra s'efforcer de leur donner une forme agréable à l'œil.

Ils devront être calculés suivant les prescriptions en vigueur, concernant le ciment armé (arrêté ministériel du 20 octobre 1906), et celles concernant le transport d'énergie électrique, principalement pour les efforts du vent, coefficients de sécurité, etc... (arrêté ministériel du 30 juillet 1921).

Chaque poteau, aussitôt achèvement, devra faire l'objet d'un calcul justificatif présenté au Groupement, établissant que sa résistance est suffisante pour l'emploi prévu.

Isolateurs

Art. 19. — Tous les isolateurs seront en porcelaine. Les types proposés par l'entrepreneur seront indiqués dans le dossier de concours.

Les isolateurs basse tension seront à double cloche.

Les isolateurs moyenne tension devront être essayés en usine, sous une tension minimum de 50.000 volts. Un procès-verbal pourra être exigé par le Groupement.

La matière servant au scellement de l'isolateur sur la ferrure devra être choisie telle qu'elle ne provoque pas une diminution de la solidité de l'isolateur, immédiatement, ni dans l'avenir. Le procédé de scellement sera indiqué au dossier de concours.

Ferrures et supports d'isolateurs

Art. 20. — Les ferrures ou supports d'isolateurs seront fabriqués en acier doux galvanisé, ayant les caractéristiques suivantes :

Résistance : 38 à 42 kg. par mmq. de section ;
Allongement : 22 à 25 0/0.
Les boulons et tirefonds seront galvanisés.
Les ferrures simples à patte, pour fixation directe sur le poteau, auront les dimensions suivantes :

1° Consoles pour isolateurs moyenne tension
    a) en alignement droit :
Diamètre : 20 mm.
Saillie : 250 mm.
Boulons, diamètre : 14 mm.
Tirefonds, diamètre : 14 mm, longueur : 100 mm.
    b) Angle de 150° et au-dessous :
Diamètre : 25 mm.
Saillie : 250 mm.
Boulons, diamètre : 16 mm.
Tirefonds, diamètre : 16 mm., longueur : 100 mm.

2° Consoles pour isolateurs basse tension :
Diamètre : 18 mm.
Saillie : 95 mm.
Boulons, diamètre : 12 mm.
Tirefonds, diamètre : 12 mm., longueur : 90 mm.

Les tiges droites pour fixation sur ferrures souples auront les dimensions suivantes :

Tige renforcée pour isolateurs moyenne tension :
au sommet : 23 mm. ;
au collet de base : 30 mm. environ ;
hauteur libre : 200 à 220 mm. ;
cette dernière dimension déterminée de façon à réaliser la position correcte de l'isolateur.

Tige cylindrique pour isolateur basse tension :
diamètre : 20 mm. ;
hauteur libre : 170 mm.

3° Les ferrures souples type « Cornez », pour fixation des isolateurs M. T. sur poteaux, seront composées de fers plats ayant les dimensions suivantes :

Collier Cornez, simple, à un isolateur :
Acier de 70/6 mm. — Saillie : 300 mm.
Collier Cornez, double, à 2 isolateurs, dans les traversées des P. T. T. :
Acier de 70/8 mm. — Saillie : 300 + 230 mm.
Distance entre tiges d'isolateurs : 230 mm.

Cornes garde-fil simples, dans les traversées de routes, ou dans les angles :
Acier de 40/5 mm. — Saillie : 275 mm.

Lorsque l'armement sera doublé symétriquement de chaque côté du poteau, les prescriptions pour l'armement simple comme ci-dessus, seront valables pour chaque côté du poteau.

L'entrepreneur devra d'ailleurs s'assurer que tous les matériaux travaillent dans le cas le plus défavorable avec le coefficient de sécurité demandé par l'arrêté ministériel du 30 juillet 1921.

Fers profilés

Art 21. — Tous les fers profilés pour cadres ou autres travaux métalliques seront bien corroyés, doux, non cassants à froid, d'un grain homogène et sans paille, gerçure, brûlure, ni autres défauts.

Cuivre

Art. 22. — Les fils de cuivre employés auront une conductivité égale au moins à 98 0/0 de celle du cuivre type recuit, calculée suivant la spécification adoptée et les hypothèses prescrites par la Commission électrotechnique internationale (Union des Syndicats de l'Electricité).

La résistance à la rupture sera de 45 kg. par mm² et l'allongement à la rupture de 1 0/0.

Il sera fait des essais de pliage dont le nombre peut varier de 6 à 3 suivant le diamètre du fil et faits sur un rayon de 10 mm.

Interrupteurs aériens

Art. 23. — Les interrupteurs aériens à cornes pour la moyenne tension étant exposés à toutes les intempéries, seront particulièrement robustes et bien construits, choisis parmi les meilleurs modèles connus et disposés pour rompre en charge.

Les contacts devront être très largement calculés et devront supporter sans échauffement nuisible une intensité permanente de 100 ampères pour les interrupteurs des diverses dérivations, et de 200 ampères sur les lignes principales.

Le mécanisme interrupteur sera placé au sommet

d'un ou de deux poteaux renforcés et devra se manœuvrer du bas par l'intermédiaire d'une commande par tube rigide à crémaillère. Cette commande, parfaitement isolée des pièces de contact, sera d'ailleurs reliée à une prise de terre et comportera un système de verrouillage avec clé spéciale. Le modèle de l'ensemble devra en être indiqué dans le dossier du concours.

Coupe-circuits aériens

Art. 24. — Les coupe-circuits aériens à cornes pour extérieur devront être choisis avec le même soin que les interrupteurs aériens. Ils seront tripolaires et construits de telle sorte qu'en employant des fusibles appropriés, ces derniers fondent exactement à l'intensité prévue, sans risquer d'amorcer des arcs dangereux entre les parties métalliques des porte-fusibles.

Ils devront comporter un dispositif permettant de discerner nettement depuis la chaussée le fusible qui a fondu, de préférence par l'emploi de cornes mobiles.

Le modèle devra en être présenté dans le dossier de concours.

Matériel des postes de transformation

Art. 25. — Les appareils et fournitures proviendront des meilleures usines et seront de la qualité la meilleure parmi les types choisis. L'entrepreneur devra se prêter à toutes les vérifications ou essais demandés par le Groupement et devra procéder en cas de litige et à ses frais aux épreuves, essais et vérifications, en vue d'établir la bonne exécution des travaux et le dimensionnement suffisant des fournitures, en cours de construction ou après achèvement.

Les isolateurs accordéons M. T. pour intérieur seront en porcelaine, essayés à 50.000 v.

Les entrées de postes se feront par pipes porcelaine, avec passe-mur, ou plaques, au choix de l'entrepreneur.

Les tiges de scellement, les boulons, goukons, tirefonds et tout le matériel de fixation devront présenter le maximum de solidité compatible avec la dimension des isolateurs ou appareils.

Cabines maçonnerie

A. Ciments et chaux

Les ciments proviendront des établissements mêmes où on les fabrique, ce que l'entrepreneur sera tenu de justifier si demande lui en est faite par la présentation des factures. Ils seront de bonne qualité, purs de tout mélange, bien énergiques.

La chaux sera éminemment hydraulique. Elle sera amenée sur les chantiers pulvérisée et en sacs plombés, avec une marque de fabrique agréée par le Groupement.

B. Sable

Le sable sera pur, sec, anguleux, criant à la main, sans y adhérer ni la tacher, exempt de toutes matières terreuses. Il sera passé à la claye ou au crible si cela est nécessaire et lavé au besoin jusqu'à parfait état de propreté.

On choisira le plus gros sable pour le béton, sans toutefois que ses fragments puissent excéder 1 cm. de diamètre.

Le sable des mortiers préparés pour la pose des briques devra être assez fin pour passer dans un tamis à toile métallique de 25 à 30 mailles par cm².

C. Cailloux pour béton

Les cailloux pour béton seront épurés avec le plus grand soin et purgés de toute matière terreuse. Ils seront d'une grosseur à peu près uniforme et devront passer en tous sens dans un anneau de 6 cm. de diamètre.

On pourra employer les déchets de briques les plus cuites et les plus résistantes, que l'on réduira par le cassage en fragments anguleux, tels que les plus gros puissent passer en tous sens dans un anneau de 5 cm. de diamètre, que l'on purgera de tout fragment qui pourrait passer dans un anneau de 2 cm. de diamètre.

Les cassons devront être, d'ailleurs, d'une extrême propreté.

D. Briques

Les briques seront prises aux meilleurs fours du pays. Elles devront être bien choisies, bien moulées, exemptes de crevasses, dures, sonores, d'une forte consistance, bien cuites, sans être vitrifiées, de forme très régulière, parfaitement rectangulaires et égales entre elles, et présentant des arêtes bien vives.

E. Moëllons

Les moëllons de toute espèce, proviendront des meilleures carrières de la région. Ils seront durs, bien gisants, sans fils, non gelifs, détachés de toute terre ou gangue, propres, et lavés si cela est nécessaire.

F. Ferronnerie

Tous les fers seront de première qualité, bien corroyés, doux et non cassants, malléables à froid, nerveux, d'un grain fin et homogène, sans paille, gerçures, ni défauts quelconques.

Les tôles seront de très bonne qualité. Les tôles aigres, à nerf fouillé, qui se fendraient ou s'ouvriraient sous le poinçon, o se détérioreraient quand on voudrait les courber, infléchir ou cisailler, seront refusées.

Les rivets seront en fer de première qualité, ductiles, tenaces, s'étalant à la rivure bien uniformément sans se fendiller et sans qu'aucune parcelle ne s'en détache.

Les boulons seront en fer de première qualité.

Les fers pour boulons et rivets devront pouvoir

être pliés à 45° et redressés à froid sans éprouver la moindre altération.

G. *Peinture*

La peinture sera faite à l'huile de lin ou de noix de première qualité, bien épurée et non grasse.

Prises de terre

Art. 26. — Les prises de terre destinées à mettre en communication électrique avec le sol certaines pièces de l'installation, par mesure de protection contre un contact accidentel, seront constituées par des plaques en tôle galvanisée épaisse, d'environ un mètre carré de surface, enfouies dans un sol suffisamment conducteur et humide et reliées aux pièces à protéger par des conducteurs de conductance équivalente à celle des fils de la ligne.

CHAPITRE IV

MODE D'EXECUTION DES TRAVAUX

Jalonnage et piquetage des travaux

Art. 27 — Le piquetage sera exécuté par l'entrepreneur, conformément à l'avant-projet, aux pièces du présent dossier et aux clauses du présent cahier des charges, en présence et sur les indications du Directeur du Groupement ou de son délégué, l'approbation du Génie Rural pour toute modification importante obtenue.

L'entrepreneur devra fournir tout le matériel et les aides nécessaires à cette opération.

Le tracé de la ligne et la place exacte, ainsi que la nature de chaque appui, sera indiqué sur le terrain par des piquets, ou exceptionnellement par des marques fixes et apparentes, qui devront persister jusqu'au moment de l'exécution.

Ce piquetage devra se faire aussi peu de temps que possible avant l'exécution des travaux, et l'entrepreneur devra remplacer ou rétablir à ses frais tous piquets ou marques qui seraient enlevés ou dérangés pour une cause quelconque.

L'entrepreneur devra remettre, aussitôt la fin du piquetage :

1° Un carnet de piquetage donnant :

    a) les distances chaînées entre supports ;

    b) les angles, relevés au goniomètre ;

    c) le type de chaque support ;

    d) son numéro.

2° S'il y a lieu, un mémoire sur les observations relatives au tracé.

3° Un relevé de piquetage gravé sur plan au 1/20.000.

4° Le tracé et les particularités du plan de piquetage.

5° Les plans à l'échelle du cadastre des agglomérations portant tracé définitif.

6° Les plans au 1/50 des emplacements des postes de transformation, des traversées de chemins de fer, cours d'eau, etc.....

Il sera remis à l'entrepreneur pour l'exécution de ses travaux :

1° Un plan des lignes à moyenne tension ;

2° Un plan de chacune des agglomérations ;

3° Dessin des ouvrages à établir sur la voie publique.

Les dessins n'ont qu'un caractère purement explicatif. Les dispositions qu'ils recommandent pourront être modifiées ou remplacées par toutes autres admises comme équivalentes par le Groupement et le Génie Rural.

Montage

Art. 28. — L'entrepreneur reste libre du choix des moyens à employer pour l'exécution des travaux, qui devront être confiés à des ouvriers expérimentés et en nombre suffisant pour assurer la bonne et prompte exécution.

Pose des poteaux bois

Art. 29. — Les poteaux seront placés directement dans le sol, le fond de la fouille sera garni de pierres, le poteau sera fortement calé à l'aide de pierres dures, cailloux ou briquaillons soigneusement tassés.

Les fouilles devront présenter le minimum de terrain déplacé et, par suite, le maximum de résistance, tout en ayant la profondeur prescrite pour l'enfoncement des poteaux.

Dans la roche dure, la profondeur de la plantation pourra être réduite à 1 mètre, et même à la rigueur à 0 m. 60, mais il faudra, dans ce cas, consolider soigneusement le pied du poteau, préalablement goudronné, soit en coulant du béton de chaux hydraulique ou de ciment à prise rapide, soit en profitant des matériaux fournis par la fouille pour le garnir d'un bloc de maçonnerie avec mortier à la chaux hydraulique.

Lorsque les poteaux seront plantés dans des terrains peu consistants, tel qu'en terrain marécageux, on encastrera le poteau préalablement goudronné dans un bloc de maçonnerie de chaux hydraulique ou de ciment à prise rapide. La maçonnerie sera élevée à 0 m. 50 du sol au minimum, de façon à soustraire le pied du poteau à l'action de l'humidité.

La fouille pour un poteau contrefiché sera exécutée soigneusement par double cheminée. Il faudra caler et serrer avec le plus grand soin, non seulement la base de la jambe de force, mais encore celle du pied-droit, afin d'éviter tout renversement et cintrage de la jambe de force.

Pose des poteaux en ciment

Art. 30. — Ces poteaux devront être placés dans une fondation en béton de chaux hydraulique ou béton de ciment.

L'entrepreneur reste d'ailleurs entièrement responsable de la bonne exécution de la plantation de ces poteaux.

Pose des potelets métalliques

Art. 31. — Les potelets seront fixés au mur au moyen de pattes à scellement.

Pour contourner un angle droit saillant, il faudra placer un appui sur chaque façade ou employer des tiges bifurquées, de façon à ce que les conducteurs ne se rapprochent pas trop de l'angle.

Aucun potelet ne devra être posé sans une autorisation écrite préalable du propriétaire de l'immeuble intéressé, demandée par l'entrepreneur.

Armements des appuis

Art. 32. — En ce qui concerne les poteaux bois, on fixera les isolateurs avant de les planter.

La fixation des ferrures, genres consoles, à pattes, se fera au moyen d'un boulon traversant le poteau et le trou supérieur de la patte avec une large rondelle sous l'écrou. Les filets des boulons seront graissés. Le trou inférieur de la patte recevra un tirefond.

Les trous qui devront recevoir les tirefonds seront percés de façon à ce qu'ils permettent simplement le passage de quelques filets du tirefond, que l'on vissera ensuite à l'aide d'une clé carrée. Les boulons devront passer sans jeu dans les trous des poteaux.

Peinture

Art. 33. — Toutes les pièces de fer qui ne seront pas galvanisées recevront trois couches de peinture, dont deux au minimum de plomb, la première appliquée en usine avant la pose, la seconde au moment de la pose, la troisième en ton commun après la mise en place définitive des armements et des fils. Cette prescription sera sans exception et s'appliquera notamment aux pièces de cadre, potelets, ferrures d'armements, boulons, écrous, etc...

Conducteurs

Art. 34. — La pose des conducteurs devra répondre aux conditions techniques réglementaires contenues dans les différents arrêtés ministériels. Les conducteurs devront toujours être placés hors de la portée du public et, en tous cas, à 6 m. au moins du sol le long des voies publiques, et à 6 m. au moins dans la traversée des voies.

Ces minimum devront être observés strictement, de façon à ce que les conducteurs ne se trouvent jamais au-dessous, même pendant les plus grandes chaleurs de l'été, en tenant compte, en outre, de la déformation permanente que les poteaux sont susceptibles de subir normalement dans l'avenir.

Dans la traversée des agglomérations, les conducteurs seront placés à 1 m. au moins des façades. Si l'on ne peut obtenir cette distance avec l'armement ordinaire des poteaux, il faudra, ou mettre tous les conducteurs du même côté, ou avoir recours à une ferrure spéciale, sans que le modèle de console portant l'isolateur soit modifié.

Les prescriptions ministérielles relatives à la distance entre les conducteurs et les saillies des bâtiments, les toits et les terrasses, devront toujours être observées.

Dans les poteaux en courbe des voies publiques, les poteaux ou potelets devront être plus rapprochés que dans les alignements droits, pour diminuer l'empiètement en projection horizontale des conducteurs sur la voie publique.

Lorsque les conducteurs du réseau basse tension seront portés par les mêmes supports que les conducteurs du réseau moyenne tension, il y aura lieu d'exécuter avec le plus grand soin leur établissement, en particulier au voisinage des traversées des voies publiques, ainsi que des lignes de l'Etat.

Les conducteurs ne devront être déroulés qu'au moment d'être montés, afin qu'ils ne séjournent pas sur le sol.

Les conducteurs devront être tendus au degré voulu, en tenant compte de la température au moment de l'opération.

Cette tension devra être mesurée au moyen du dynamomètre.

Les flèches des différents conducteurs d'une même portée seront rigoureusement égales et les fils devront présenter des courbes semblables.

Les conducteurs ne devront être arrêtés définitivement que quelque temps après leur pose provisoire, de façon à leur laisser produire leur effet de traction.

Lors de la révision de la ligne, on réparera les défauts, on redressera les appuis et les isolateurs qui n'auraient pas conservé leur position normale.

Exécution des cabines en maçonnerie

Art. 35.

A. *Terrassements*

Les fouilles pour les fondations seront dressées, nivelées et nettoyées, de manière que leur fond ne présente ni flèches ni bosses ou jarrets, ni aucune irrégularité On leur donnera les dimensions convenables pour l'exécution facile des maçonneries.

Les remblais autour des maçonneries se feront par couches de 0 m. 20 d'épaisseur au plus, régalées de nouveau et pilonnées.

B. *Maçonneries*

a) Mortier. — Les mortiers auront les dosages ci-après :

N° 1 : 500 kg. de chaux par m³ de sable.

N° 2 : 1.200 kg. de ciment par m³ de sable.

b) Le béton sera composé de 0,90 de cailloux et de 0,45 de mortier n° 1.

Le mélange devra être fait avec tout le soin nécessaire pour obtenir une masse bien homogène et dont les menus matériaux soient bien empreints de mortier.

Le béton devra être employé de suite après sa fabrication ; il sera étendu sur le sol des fondations par couche de vingt centimètres (0 m. 20) environ, d'épaisseur ; chaque couche sera pilonnée au fur et à mesure de l'avancement du coulage, de manière à ce qu'on ne voit à la surface aucune pierre qui ne soit bien empâtée dans la masse.

Quand la couche de béton aura fait prise et qu'on se disposera à maçonner dessus, on devra la nettoyer jusqu'au vif, cette main-d'œuvre et les pertes de béton qui en résultent sont implicitement comprises dans les prix du béton.

C. Maçonnerie de briques

Les briques seront posées au bain de mortier n° 1.

Elles seront mises en place à joints croisés par rangées bien régulières.

L'épaisseur des joints sera de un centimètre (0 m. 01), environ.

Toute brique cassée ou fendue pendant la pose sera enlevée et mise au rebut, en ayant soin de renouveler le mortier avant de la replacer. On choisira les briques les mieux cuites, les plus régulières et les plus saines pour les parements.

Les lits de rangées de briques seront établis en prolongement de ceux des chaînes d'angle et devront se raccorder régulièrement.

Les parements vus seront ragréés de manière qu'il ne reste ni bosse, ni dépression, ni jarrets, ni irrégularités d'aucune sorte.

Après ce travail, les parements seront rejointoyés, le mortier employé sera du mortier n° 2, les joints seront saillants et lissés au fer, jusqu'à ce qu'ils soient bien polis.

D. Maçonnerie de moëllons

Les moëllons seront bien posés à bain de mortier et en liaison. Ils seront placés à la main et serrés par glissement les uns contre les autres, de manière à ce que le mortier reflue à la surface par tous les joints. Ils seront frappés et tassés avec un maillet en bois ou avec le manche du têtu.

Ceux qui casseraient seront repris et nettoyés et employés avec du nouveau mortier. Les joints d'intervalles bien garnis de mortier seront remplis d'éclats de pierre enfoncés et serrés de façon que chaque moëllon ou éclat soit toujours enveloppé de mortier. Le mortier refluant par les lits et joints sera proprement relevé sans bavure et pressé fortement à la truelle.

Toutes les surfaces vues seront toujours ragréées et rejointoyées avec soin.

E. Maçonnerie de ciment armé

Le ciment armé aura les dosages suivants :

400 kg. de ciment, 0 m³ 400 de sable, 0 m³ 850 de gravier.

Le béton devra être gâché assez humide pour pouvoir se couler aisément dans les coffrages et envelopper complètement l'armature.

Toutefois, on n'admettra pas plus de 9 à 10 0/0 d'eau.

On le mettra en place de manière continue et sans qu'il y ait de surface reprise.

On devra s'opposer à l'épanouissement de la section transversale en reliant entre elles les tiges métalliques au moyen de ligatures rapprochées de 0 m. 33 environ, soit 3 au mètre.

La surface extérieure sera recouverte d'un enduit au ciment, à la cérésite ou autre produit, assurant l'étanchéité, la surface intérieure d'un enduit ordinaire au mortier n° 2.

F. Enduits

Les enduits au ciment auront 2,5 à 3 centimètres d'épaisseur ; ils seront exécutés au mortier de ciment n° 2.

Le mortier de la surface sera enlevé par le nettoyage, le grattage et le lavage des joints. La surface définitive d'enduit sera bien réglée, homogène, sans aucune gerçure.

Les enduits au plâtre à l'intérieur de la cabine seront faits sur crépis au plâtre passés au sas. Ils auront 0 m. 015 d'épaisseur et seront parfaitement dressés et polis à la truelle.

G. Scellement

Les scellements seront faits au ciment, les trous de scellement devront être préparés d'avance avec beaucoup de précision.

H. Ferronnerie

Les fers seront travaillés, ajustés et posés avec le plus grand soin, conformément au dessin d'exécution.

Tous les fers et tôles recevront 3 couches de peinture à l'huile ; une première couche au minium sera donnée à l'atelier, une seconde couche au minium sera donnée sur tous les fers apparents après la pose, et enfin une troisième couche en ton gris sera donnée lorsque les montages complets du poste seront terminés.

CHAPITRE V

MODE D'EVALUATION DES OUVRAGES

Dispositions générales

Art. 36. — Les travaux exécutés par l'entrepreneur, conformément aux règles de l'art, aux règlements en vigueur, aux dispositions du projet et à toutes les clauses du présent cahier des charges, seront payés sur métré et application des prix qui figurent à l'analyse des prix annexés au présent cahier des charges, chaque prix unitaire étant diminué du rabais global consenti par l'entrepreneur adjudicataire.

Le rabais global étant de « r » francs pour 100 francs, et le prix d'un article quelconque figurant à l'analyse des prix étant « p », le prix à appliquer à cet article sera :

$$p \times \frac{100 - r}{1100}$$

Les prix comprennent toutes les fournitures (celles des transformateurs exceptées), leur transport à pied-d'œuvre par n'importe quel mode, le montage, le matériel pour montage, tous frais, faux-frais, assurance et bénéfice de l'entrepreneur.

Ils comprennent également le piquetage des lignes, tous les terrassements, fournitures de pierres, cailloux, matériaux pour maçonnerie, plaques et inscriptions réglementaires, trous de scellement, scellements, peinture des fers, frais de casse des isolateurs, etc..., en un mot les installations complètes en ordre de marche, sans aucune plus-value pour quelconque cause que ce soit.

Les lignes en particulier seront payées au kilomètre de longueur et les prix, diminués du rabais consenti, comprennent tout le matériel de transport d'énergie, de distribution et de protection, toutes les fournitures et toutes les sujétions indiquées ci-dessus.

La longueur servant de base au règlement sera la distance comptée sur le sol suivant la ligne brisée, suivie par la canalisation et passant par l'axe de chaque poteau ou potelet, sans aucune plus-value pour déchets, flèches, épissures, ou raccords, fil d'attache du conducteur sur les isolateurs ou supports spéciaux, étant entendu que toutes les prescriptions mentionnées au présent cahier des charges seront observées, les fournitures qu'elles nécessiteront seront faites et les travaux qu'elles nécessiteront seront exécutés par l'entrepreneur, comme étant prévus par lui dans les prix qu'il aura acceptés.

Les prix kilométriques seront basés sur le diamètre des fils de cuivre constituant le conducteur de phase de la ligne considérée. Ces prix, établis pour l'ensemble des lignes, ne seront sujets à aucune plus-value ni moins-value, quels que soient les cas spéciaux, l'existence ou l'absence de difficultés, les nécessités auxquelles l'entrepreneur aura à satisfaire pour répondre aux prescriptions imposées par le présent cahier des charges.

Lignes de transport de la ville de ......
à la commune de ......
et lignes de répartition à M. T. 15.000 V.

Art. 37. — Les lignes M. T. 15.000 V. sur poteaux de bois à 3 fils seront payées à « tant » le kilomètre en prenant pour base les lignes comportant 3 conducteurs de cuivre de 30/10 de millimètre.

Lorsque les conducteurs de cuivre auront un diamètre supérieur à 30/10 mm., le supplément de cuivre sera payé à « tant » le kilogramme.

La ligne 15.000 V. de .... à ....
(tronçon A. R. L.), à 6 fils de cuivre de 35/10 mm., sera payée à « tant » le kilomètre.

La ligne 15.000 V. de .... à ....
(tronçons A. R. 2, A. R. 5 et A. R. 6), à 3 fils de cuivre de 35/10 mm. et 3 fils de cuivre de 30/10 mm., sera payée à « tant » le kilomètre.

Afin de préciser la nature des prix kilométriques qui précèdent, nous ajouterons que ces prix seront établis comme suit :

a) Lorsque les 3 conducteurs de la ligne auront chacun un diamètre de 30/10 mm., le prix sera celui indiqué à la série de prix annexés au présent cahier des charges, diminué du rabais consenti par l'entrepreneur.

b) Lorsque chacun des trois conducteurs de la ligne aura un diamètre supérieur au kilomètre entre le poids de cuivre de la ligne considérée et le poids de cuivre d'une ligne à 3 fils de 30/10 mm., les poids en question seront calculés suivant les diamètres des fils et la longueur de la ligne distance prise sur le sol entre axe de chaque poteau ou potelet, sans aucune plus-value pour déchets, flèches, épissures ou raccords.

Une somme proportionnelle à la différence des poids kilométriques ainsi calculée sera ajoutée au prix de base spécifié à l'alinéa *a)*. Le résultat, diminué du rabais consenti par l'entrepreneur, constituera le prix kilométrique de la ligne.

Remarque. — Il est entendu que la somme proportionnelle à la différence des poids représente non seulement le coût du cuivre supplémentaire mis en œuvre, mais comprend également et d'une manière générale tous frais supplémentaires de renforcement des supports et des armements, s'il y a lieu, et qu'il ne peut résulter de ce fait aucune autre plus-value.

c) Lorsque les lignes à basse tension seront fixées sur les supports des lignes moyenne tension, le prix de ces dernières ne subira de ce fait aucune majoration, les frais supplémentaires, tels que la surélévation des poteaux étant compris dans le prix spécial des lignes à basse tension ainsi placées.

Lignes de distribution à B. T. 380/220 V.

Art. 38. — Les lignes B. T.   V. à 4 fils seront payées à « tant » le kilomètre, en prenant pour base les lignes comportant 3 conducteurs de phase de 45/10 mm. et 1 conducteur neutre de 30/10 mm., et en appliquant 2 prix différents suivant que les canalisations sont portées ou non par les mêmes supports que la M. T. 15.000 V.

Lorsque les conducteurs auront un diamètre inférieur ou supérieur à 45/10 mm., le poids du cuivre kilométrique en moins ou en plus sera compté à « tant » le kilogramme, et la somme correspondante sera déduite du prix kilométrique de base, ou bien lui sera ajoutée.

Les lignes B. T. 220 V. à 2 fils seront payées à « tant » le kilomètre, en prenant pour base les lignes comportant 2 conducteurs de 30/10 mm., et en appliquant 2 prix différents suivant que les canalisations sont portées ou non par les mêmes supports que la M. T. 15.000 V.

Lorsque les conducteurs auront un diamètre inférieur ou supérieur à 30/10 mm., le poids de cuivre kilométrique en plus ou en moins sera compté à « tant » le kilogramme, et la somme correspondante sera déduite du prix kilométrique de base, ou bien lui sera ajoutée.

Afin de préciser ce qui vient d'être dit, nous ajouterons que pour les lignes à basse tension, les prix kilométriques seront établis comme suit :

d) Lorsque les lignes à basse tension, dans les mêmes conditions que ci-dessus, c'est-à-dire pour 4 conducteurs, dont 3 de 45/10 mm. de diamètre et 1 de 30/10 mm., seront montées sur les supports servant aussi aux lignes à moyenne tension, le prix de base sera celui indiqué à la série de prix annexée au présent cahier des charges, diminué du rabais consenti par l'entrepreneur.

e) Lorsque les lignes à basse tension seront montées sur des supports indépendants et que les 3 conducteurs de phase de la ligne auront chacun un diamètre de 45/10 mm., le prix kilométrique de la ligne comprenant 4 conducteurs, dont 3 de phases de 45/10 mm. et un conducteur neutre de 30/10 mm. de diamètre, sera celui indiqué à la série de prix annexée au présent cahier des charges, diminué du rabais consenti par l'entrepreneur.

f) Lorsque les diamètres des conducteurs de phase seront différents de 45/10 mm., le diamètre du fil neutre restant de 30/10 mm., on calculera la différence au kilomètre entre le poids du cuivre de la ligne considérée et le poids de cuivre d'une ligne à 4 conducteurs, ayant les diamètres indiqués aux alinéas *d)* et *e)*.

Les poids en question seront calculés d'après le diamètre des fils et la longueur de la ligne, distance prise sur le sol, entre axe de chaque poteau ou potelet, sans aucune plus-value pour déchets, flèches épissures ou raccords.

Une somme proportionnelle à la différence des poids kilométriques ainsi calculée sera ajoutée ou retranchée, suivant les cas, aux prix de base spécifiés aux alinéas *d)* et *e)*.

Le résultat, diminué du rabais consenti par l'entrepreneur, constituera le prix kilométrique de la ligne.

g) S'il y a lieu de donner au fil neutre un diamètre supérieur à 30/10 mm., le prix kilométrique de la ligne serait majoré d'une somme proportionnelle au nombre de kilogrammes de cuivre supplémentaire.

h) Lorsque les supports pour la basse tension seront dimensionnés pour recevoir ultérieurement un 5° fil d'éclairage public, il sera payé une plus-value kilométrique.

Remarque. — Il est bien entendu que la somme proportionnelle à la différence des poids de cuivre représente non seulement le prix du cuivre supplémentaire mis en œuvre, mais comprend également et d'une manière générale tous les frais supplémentaires de renforcement des supports et des armements, s'il y a lieu, et qu'il ne peut résulter de ce fait aucune plus-value ni moins-value.

Postes de transformation

Art. 39. — Les postes de transformation seront payés à « tant » le poste, suivant puissance apparente du transformateur installé.

Interrupteurs aériens et coupe-circuits aériens

Art. 40. — Les interrupteurs aériens seront payés à l'unité. Le prix comprend, outre les spécifications de l'article 23, la commande par tube rigide à crémaillère, verrouillée et cadenassée ; la mise à la terre de l'appareil de commande, les isolateurs d'arrêt des lignes, toutes les ferrures, boulons et raccordements à la ligne, en un mot, l'appareil prêt à fonctionner.

Les poteaux supportant les interrupteurs étant considérés comme faisant partie des ignes payées au kilomètre, ne donneront pas lieu à plus-value.

Les coupe-circuits aériens seront payés à l'unité ; ce prix comprend, outre les spécifications de l'article 24, l'appareil prêt à fonctionner et les isolateurs d'arrêt des lignes.

Traversée des voies ferrées

Art. 41. — Les traversées de voies ferrées seront payées à « tant » la traversée, suivant le nombre de fils de la ligne, et considérées comme plus-value par rapport aux lignes 15.000 V., c'est-à-dire que leur prix s'ajoutera à celui qui sera d'autre part payé par application de l'article 37, en considérant les traversées comme élément de ligne.

La traversée T. F. 1 sera à 6 fils.

La traversée T. F. 2 sera à 6 fils 15.000 V., et disposée de manière telle que 3 fils 6.000 V. puissent plus tard y être ajoutés.

Les traversées T. F. 3, 4, 5 et 6 seront à 3 fils.

CHAPITRE VI

DISPOSITIONS ET CLAUSES DIVERSES

Titre des entrepreneurs concurrents

Art. 42. — Les entrepreneurs désireux de prendre part au concours suivi d'adjudication au rabais devront remettre avant le *10 février 1922*, au bureau du Groupement, 16, Faubourg d'Orléans :

1° Un certificat de capacité, délivré par un homme de l'art, et n'ayant pas plus de trois ans de date au moment du concours, dans lequel il est fait mention de la manière dont les soumissionnaires ont rempli leurs engagements, soit envers l'Administration, soit envers les tiers, soit envers les ouvriers, dans les travaux qu'ils ont exécutés, surveillés ou suivis.

2° La liste, à titre de références, des installations faites, se rapprochant comme importance et dispositions générales de celles de la présente adjudication.

3° a) Un exposé indiquant :

Les marques et provenances du matériel proposé, les caractéristiques de chacun des appareils.

Toutes spécifications utiles, relatives au matériel, notamment l'indication précise de l'origine et du procédé d'imprégnation des poteaux en bois.

b) Tous les dessins et notices explicatives concernant :

les modèles d'isolateurs ;

les modèles d'interrupteurs aériens ;

les modèles de coupe-circuits aériens ;

les modèles des postes de transformation sur poteaux bois, ciment, et en cabine ;

les types de poteaux ciment armé.

4° Les certificats officiels ou autres délivrés par des stations d'essai, à la suite des expériences effectuées sur les appareils proposés.

5° Un état indiquant les approvisionnements dont il dispose, ou les options qu'il possède pour l'approvisionnement immédiat, et

6° Un engagement de se conformer à toutes les clauses du présent cahier des charges.

Copie ou duplicata certifiés conformes des pièces constituant le précédent dossier seront adressés dans les mêmes conditions à l'Ingénieur en Chef du Génie Rural, 26, rue Léon Boyer, à ....

Dans aucun cas, les entrepreneurs évincés par la Commission, soit le 15 février, soit le 22 février 1922, ne pourront réclamer aucune indemnité pour quelque cause que ce soit, en particulier, pour rémunération du travail d'établissement du dossier qu'ils auront fourni ou des démarches qu'ils auront pu faire s'y rapportant.

Cautionnement

Art. 43. — Le cautionnement définitif est fixé à la somme de 50.000 fr.

Le cautionnement provisoire pour prendre part à l'adjudication est fixé au 1/5 de cette somme, soit 10.000 fr.

Les soumissionnaires devront déposer cette dernière somme (constituée en numéraire, bons du Trésor ou titres de rentes françaises) entre les mains du Trésorier du Groupement, avant l'adjudication.

L'entrepreneur adjudicataire devra compléter son cautionnement définitif dans le délai de 8 jours, faute de quoi il serait considéré comme défaillant et son cautionnement provisoire serait conservé à titre d'indemnité par le Groupement.

Le cautionnement définitif peut-être constitué pour une moitié en numéraire, rente française à leur cours du jour, et pour l'autre moitié par des valeurs industrielles acceptées par la Commission.

Art. 44. — Par le seul fait du dépôt de son dossier avant le 10 février 1922, l'entrepreneur reconnaît que l'examen du terrain, des emplacements réservés à ses chantiers et que les moyens d'investigation dont il a pu disposer pour apprécier les sujétions et difficultés des travaux ont suffi pour lui fixer son rabais, sans qu'il l'ait déterminé sur les indications seules des pièces mises sous ses yeux par le présent dossier.

Les dessins fournis, ainsi que l'avant-métré et le détail estimatif n'ont pour objet que de fixer les entrepreneurs concurrents sur la nature réelle et l'importance des travaux à exécuter. Ils ne pourront être invoqués, tant par le Groupement que par l'entrepreneur, que comme description des ouvrages, mais ils n'engagent en aucune façon le Groupement au sujet des quantités exactes qui y sont inscrites, des erreurs ou des omissions qui auront pu être faites.

Art. 45. — La façon et la mise en œuvre des matériaux devront présenter toute la perfection dont les ouvrages sont susceptibles et l'exécution devra être conformé aux règles de la bonne construction.

Pendant toute la durée des travaux, et jusqu'à la réception, l'entrepreneur doit garantir à ses frais et par tous les moyens possibles les matériaux qu'il doit mettre en œuvre et ses ouvrages, des dégradations ou avaries qu'ils pourraient éprouver par suite d'intempéries, ou pour toute autre cause.

Lorsque l'entrepreneur aura terminé ses travaux dans une partie de la construction, il devra faire les nettoyages nécessaires pour remettre et laisser les lieux en parfait état de propreté. Il devra faire réparer les avaries ou dégradations de toute espèce qui pourront résulter de son entreprise, le tout par ses soins et à ses frais.

En cas de non-exécution de ces réparations ou réfections, le Groupement aura le droit de les faire exécuter aux frais de l'entrepreneur, et il remboursera le Groupement du montant des dépenses ainsi faites sur le premier acompte à délivrer à l'entrepreneur.

Art. 46. — L'entrepreneur s'engage à prendre au cours de la construction toutes les dispositions de nature à permettre l'exploitation immédiate des réseaux à basse tension ayant été l'objet de réception provisoire, réseaux qui devront être construits et achevés en même temps que les lignes moyenne tension qui les desservent, comme il est dit d'autre part (mesure ayant pour but de permettre l'exploitation par le Groupement des travaux reçus).

L'entrepreneur devra s'assurer sous sa responsabilité que toutes les autorisations nécessaires de l'Administration et des particuliers sont obtenues pour l'exécution des travaux qu'il va entreprendre.

Réception des travaux

Art. 47. — Les travaux ci-dessus décrits seront, sans exception, soumis à la réception du Service du Génie Rural, du Contrôle, de l'Administration des P. T. T., du Service de la Voirie et autres services intéressés.

Le Groupement, et par suite l'entrepreneur, devront se conformer aux décisions qui seront prises avec ces différents services.

En conséquence, toute l'entreprise sera faite en conformité des lois, règlements en vigueur, c'est-à-dire qu'elle devra présenter toutes garanties exigées par la loi au point de vue mécanique et électrique.

En principe, le Groupement prendra livraison des travaux complètement terminés et procèdera à leur réception provisoire après que la réception en aura été faite par les différents services mentionnés ci-dessus.

Cette réception par le Groupement ne sera prononcée qu'après constatation du parfait état de fonctionnement des installations et que si tous les essais de mise sous tension et d'isolement, etc..., ont été satisfaisants.

Cette réception fera l'objet d'un procès-verbal signé par les représentants des deux parties.

Cette réception aura lieu au plus tard un mois après la signification de l'achèvement des travaux par l'entrepreneur.

L'année qui suivra cette réception constituera l'année de garantie.

Dans le cours de cette année, l'entrepreneur sera tenu de faire à ses frais la réfection de toutes ses installations reconnues défectueuses.

Frais divers

Art. 48. — En plus de tous les frais résultant de la mise en œuvre des travaux décrits ci-dessus et des frais déjà spécialement stipulés, seront à la charge de l'entrepreneur :

a) Tous les frais accessoires des hangars, dépôts, Bureau de l'entrepreneur, etc...

b) Tous les frais de fourniture, d'établissement, de scellement, d'entretien et d'éclairage des barrières, toutes les fournitures d'équipage et agrès pour la sûreté des ouvriers et de tous autres, les frais d'assurances.

c) Tous les frais provenant des infractions aux lois et règlements en vigueur.

d) Tous les frais qu'entraîneront la réparation des dégâts ou bris quelconques commis par des inconnus.

e) Les charges de ville et de police, entretien et raccords de la voie publique, réparations de bordures de trottoirs, accotements, etc...

f) Tous les frais nécessaires au piquetage définitif de la ligne, au relevé, à la rédaction et à la présentation de tous les plans d'exécution, cotés après achèvement d'une ligne, ces plans fournis en autant d'exemplaires que lui demanderont, soit le Groupement, soit les services administratifs intéressés.

g) les frais des élagages entraînés par la construction des lignes.

Paiements

Art. 49. — L'entrepreneur sera tenu de dresser le mémoire des travaux exécutés, d'une manière précise et facile à vérifier tous les quinze du mois.

Les paiements d'acomptes seront faits par le Groupement après constatation de l'achèvement complet des parties du réseau exécutées.

Les acomptes des lignes à moyenne tension ne seront payées que lorsque seront achevés les réseaux à basse tension correspondant à chaque tronçon.

Il sera fait sur chaque acompte proposé une retenue de 1/10 pour garantie.

Cette retenue d'un dixième sera remboursée aussitôt la réception définitive par le Service du Contrôle, et sans intérêt, le délai de garantie expiré.

Travaux imprévus

Art. 50. — Les travaux non prévus au présent projet et qui ne pourraient recevoir application des prix indiqués au bordereau des prix, ne devront être exécutés qu'après un accord préalable entre l'entrepreneur et la Société, qui jugera si elle doit exiger un bordereau de prix d'application ou si elle doit les accepter d'après leur prix de revient dûment constaté, majoré de 10 0/0 pour frais généraux et 10 0/0 pour bénéfice.

Invariabilité des prix

Art. 51. — L'entrepreneur ne peut, sous aucun prétexte, revenir sur les prix de la série ci-annexée, diminuée du rabais qu'il aura consenti lors de l'adjudication.

Par suite, les prix résultant du rabais global consenti par l'entrepreneur sont définitifs et seront ceux appliqués au règlement.

Accidents

Art. 52. — L'entrepreneur prendra toutes les mesures nécessaires pour prévenir les accidents qui pourraient survenir à ses ouvriers ou à toute autre personne, du fait de ses travaux, soit pendant leur exécution, soit à l'occasion de cette exécution, accidents pour la déclaration desquels il devra se conformer aux prescriptions des lois et règlements en vigueur et dont les conséquences seront à sa charge comme chef d'entreprise.

Contestations

Art. 53. — En cas de contestations survenant dans l'interprétation du présent cahier des charges ou de la lettre de commande, les parties, avant de s'adresser aux tribunaux compétents, s'engageront à tenter de régler le litige par arbitrage.

Chacune des parties désignera un arbitre, mais s'interdit de l'en avertir séparément ; les invitations adressées aux arbitres devront être signées par les deux parties.

Les deux arbitres ainsi désignés pourront, le cas échéant, en choisir un troisième pour les départements.

En cas de non possibilité d'entente, l'arbitre sera nommé d'office par le Tribunal Civil de ....

Les frais d'arbitrage seront supportés par la partie qui succombera.

Art. 54. — Les droits de timbre et d'enregistrement du procès-verbal d'adjudication seront à la charge de l'adjudicataire.

2ᵉ PARTIE

AVANT METRE DES TRAVAUX A EXÉCUTER

DÉSIGNATION DES TRAVAUX	QUANTITÉS		OBSERVATIONS
	PARTIELLES	TOTALES	
PREMIER LOT			
I. Lignes à M. T. 15.000 volts			
A. Lignes à 3 fils de cuivre			
Ligne provisoire de la ville d .... à la commune de	17 km.		
Lignes de répartition	92 km. 5		
Cuivre complémentaire pour les lignes ci-dessus :		109 km. 5	
Lignes à fils de 45/10, — 21,25 km.			
3 × 21,25 × (141,5 — 62,9)	5.010 kg.		
Lignes à fils de 50/10, — 3,25 km.			
3 × 3,25 × (174,7 — 62,9)	1.090 kg.		
Lignes à fils de 60/10, — 17 km.			
3 × 17 × (251,6 — 62,9)	9.620 kg.		
Lignes à fils de 65/10, — 13,05 km.			
3 × 13,05 × (295,3 — 62,9)	1.100 kg.		
		24.820 kg.	
B. Lignes à 6 fils			
3 de 30/10 mm.			
et 3 de 35/10 mm.			
Ligne	7 km. 700	7 km.	
C. Lignes à 6 fils de 35/10 mm.			
Ligne	2 km. 25	2 km. 25	
D. Sectionneurs et coupe-circuits			
a) Interrupteurs aériens à cornes, contacts 100 A.	20	20	
b) Interrupteurs aériens à cornes, contacts 200 A.	3	3	
c) Coupe-circuits aériens à cornes	8	8	
E. Traversée des voies ferrées			
a) Traversée à 9 conducteurs	1	1	
b) Traversée à 6 conducteurs	1	1	
II. Postes de transformation 15.000/380 v.			
A. Sur poteaux de bois			
a) Postes de 10 KVA.	7	7	
b) — 12 KVA.	6	6	
B. Sur poteaux de ciment			
a) Postes de 15 KVA.	3	3	
b) — 18 KVA.	10	10	
c) — 20 KVA.	8	8	
d) — 25 KVA.	4	4	
e) — 30 KVA.	2	2	
C. En cabine			
Poste de 40 KVA.	1	1	41 postes

DÉSIGNATION DES TRAVAUX	QUANTITÉS		OBSERVATIONS
	PARTIELLES	TOTALES	
III. Lignes B. T. 380/220 v., à 4 fils			
A. Sur les mêmes supports que la M. T. 15.000 v.			
Développement des lignes	21 km. 22	21 km. 22	
B. Sur supports propres à la B. T. 380/220 v.			
Développement des lignes	68 km. 35	68 km. 35	
DEUXIÈME LOT			
I. Lignes à M. T. 15.000 volts			
A. Lignes à 3 fils de cuivre			
Lignes de répartition	95 km. 50	95 km. 50	
Cuivre supplémentaire pour les lignes ci-dessus :			
Lignes à 3 fils de 35/10 mm., — 4,30 km.			
3 × 4,30 × (85,6 — 62,9)	293 kg.		
Lignes à fils de 50/10 mm., — 3,45 km.			
3 × 3,45 × (174,7 — 62,9)	1.157 kg.		
Lignes à fils de 55/10 mm., — 22,20 km.			
3 × 2,20 × (211,4 — 62,9)	9.900 kg.	11.350 kg.	
B. Sectionneurs et coupe-circuits			
a) Interrupteurs aériens à cornes, contacts 100 A.	14	14	
b) Interrupteurs aériens à cornes, contacts 200 A.	1	1	
c) Coupe-circuits aériens à cornes	6	6	
C. Traversée des voies ferrées			
à trois conducteurs	4	4	
II. Postes de transformation 15.000/380 v.			
A. Sur poteaux de bois			
a) Postes de 8 KVA.	2	2	
b) — 10 KVA.	5	5	
c) — 12 KVA.	5	5	
B. Sur poteaux ciment			
a) Postes de 15 KVA.	4	4	
b) — 18 KVA.	2	2	
c) — 20 KVA.	7	7	
d) — 25 KVA.	2	2	
e) — 30 KVA.	4	4	
C. En cabine			
a) Postes de 35 KVA.	2	2	
b) — 40 KVA.	1	1	
c) — 45 KVA.	1	1	
d) — 60 KVA.	1	1	36 postes
III. Lignes B. T. 380/220 v., à 4 fils			
A. Sur les mêmes supports que la M. T. 15.000 v.			
Développement des lignes	27 km. 55	27 km. 55	
B. Sur les supports propres à la B. T. 380/220 v.			
Développement des lignes	90 km. 825	90 km. 825	

3ᵉ PARTIE

ANALYSE DES PRIX

NUMÉROS des ARTICLES	DÉSIGNATION DE LA NATURE DES TRAVAUX	PRIX EN TOUTES LETTRES	PRIX en chiffres (francs)
	Les prix servant de base au règlement des fournitures et travaux de l'entreprise, et sur lesquels les entrepreneurs sont appelés à indiquer le rabais global qu'ils consentent, sont les suivants :		
	I. Lignes à M. T. 15.000 v.		
	A. Lignes à 3 fils		
1	*Le kilomètre* de ligne à moyenne tension pour courant triphasé à 15.000 volts, formée de 3 conducteurs, fils de cuivre de 30/10 de mm. de diamètre, livrée en ordre de marche, complète, compris supports, armements, etc..., compris également et d'une manière générale tout le matériel spécial ou non, et tous les travaux prescrits au cahier des charges	Huit mille cent quarante francs.	8.140 »
2	*Par kilogramme* de cuivre supplémentaire pour les lignes comportant des fils conducteurs de diamètre supérieur à 30/10 de mm., compris toutes autres fournitures et tous autres frais résultant du renforcement de la section des conducteurs	Onze francs.	11 »
	Comme application des articles précédents, le prix du kilomètre de ligne à 3 conducteurs, à moyenne tension, pour courant triphasé 15.000 volts, formée de 3 conducteurs de différentes sections, indiquées ci-après, livrée en ordre de marche, complète, compris supports, armements, etc..., compris également tout le matériel, spécial ou non, et tous les travaux prescrits au cahier des charges, s'établira comme suit :		
3	*Le kilomètre* de ligne à 3 conducteurs en cuivre de 35/10 de mm. de diamètre	Huit mille huit cent quatre-vingt-dix francs.	8.890 »
4	*Le kilomètre* de ligne à 3 conducteurs en cuivre de 45/10 de mm. de diamètre	Dix mille sept cent trente-cinq francs.	10.735 »
5	*Le kilomètre* de ligne à 3 conducteurs en cuivre de 50/10 de mm. de diamètre	Onze mille huit cent trente francs.	11.830 »
6	*Le kilomètre* de ligne à 3 conducteurs en cuivre de 55/10 de mm. de diamètre	Treize mille quarante fr.	13.040 »
7	*Le kilomètre* de ligne à 3 conducteurs en cuivre de 60/10 de mm. de diamètre	Quatorze mille trois cent soixante-cinq fr.	14.365 »
8	*Le kilomètre* de ligne à 3 conducteurs en cuivre de 65/10 de mm. de diamètre	Quinze mille huit cent dix francs.	15.810 »
	B. Lignes à 6 fils 3 de 35/10 et 3 de 30/10		
9	Dans les mêmes conditions que ci-dessus, *le kilomètre* d'ensemble d'une double ligne à 15.000 volts, sur mêmes supports, formée de 6 conducteurs en cuivre, dont 3 de 30/10 et 3 de 35/10 de mm. de diamètre. Les conducteurs étant fixés séparément au moyen de 6 isolateurs à chaque support et écartés de la distance indiquée à l'article 8	Onze mille huit cent trente-cinq francs.	11.835 »
	C. Lignes à 6 fils de 35/10 de mm.		
10	Dans les mêmes conditions que ci-dessus, *prix kilométrique* d'ensemble d'une double ligne à 15.000 v., sur mêmes supports, formée de 6 conducteurs en cuivre de 35/10 de mm. de diamètre. Les conducteurs étant fixés séparément au moyen de 6 isolateurs à chaque support et écartés de la distance indiquée à l'article 8 ...	Douze mille cinq cent quatre-vingt-cinq fr.	12.585 »

NUMÉROS des ARTICLES	DÉSIGNATION DE LA NATURE DES TRAVAUX	PRIX EN TOUTES LETTRES	PRIX en chiffres (francs)
	D. Interrupteurs et coupe-circuits aériens		
11	*Interrupteur aérien* à cornes, tripolaire, pour moyenne tension 15.000 v., en ordre de marche, suivant spécification du cahier des charges et contacts pour 100 ampères . . .	Mille deux cents francs.	1.200 »
12	*Interrupteur aérien* à cornes, tripolaire, pour moyenne tension 15.000 v., en ordre de marche, suivant spécification du cahier des charges et contacts pour 200 ampères . . .	Mille deux cent cinquante francs.	1.250 »
13	*Coupe-circuit aérien* à cornes, tripolaire, pour moyenne tension 15.000 v., suivant spécification du cahier des charges . . .	Huit cents francs.	800 »
	E. Traversée de voie ferrée.		
	Plus-value pour traversée de voie ferrée, comportant toutes fournitures, transports, pose, etc..., livrée en ordre de marche		
14	*a)* pour une traversée à 9 conducteurs, dont 3 à 60.000 v.	Treize mille francs.	13.000 »
	b) pour une traversée à 6 fils . . .	Dix mille francs.	10.000 »
	c) pour une traversée à 3 fils . . .	Huit mille francs.	8.000 »
	II. Postes de transformation		
	Prix du poste, comportant toutes fournitures (celle du transformateur exceptée), supports ou cabine, transports, construction et montage, bénéfice, etc..., livré en ordre de marche.		
	A. Sur poteaux de bois		
15	De 7 à 9 KVA. . . .	Cinq mille cent francs.	5.100 »
15 *bis*	De 9 à 11 KVA. . . .	Cinq mille cent vingt-cinq fr.	5.125 »
15 *ter*	De 11 à 13 KVA. . . .	Cinq mille cent cinquante fr.	5.150 »
	B. Sur poteaux de ciment		
16	De 13 à 17 KVA. . . .	Six mille francs.	6.000 »
16 *bis*	De 17 à 19 KVA. . . .	Six mille vingt-cinq fr.	6.025 »
16 *ter*	De 19 à 22 KVA. . . .	Six mille cinquante fr.	6.050 »
16 *quat.*	De 22 à 27 KVA. . . .	Six mille cent francs.	6.100 »
16 *quin.*	De 27 à 32 KVA. . . .	Six mille cent cinquante francs.	6.150 »
	C. En cabine		
17	Poste de 35 KVA. environ . . .	Huit mille trois cents fr.	8.300 »
17 *bis*	— 40 KVA. — . . .	Huit mil. trois cent cinquante fr.	8.350 »
17 *ter*	— 45 KVA. — . . .	Huit mille quatre cents francs.	8.400 »
17 *quat.*	— 60 KVA. — . . .	Huit mille six cents fr.	8.600 »
	III. Lignes B. T. 380/220 v.		
	A. Lignes B. T. à 4 conducteurs, sur les mêmes supports que la M. T. 15.000 v.		
18	*Le kilomètre* de ligne à basse tension, montée sur les mêmes supports qu'une ligne à 15.000 v., la ligne à basse tension comprenant 4 conducteurs, dont 3 fils de cuivre de 45/10 de mm. de diamètre et le fil de cuivre de 30/10 de mm. de diamètre, compris armements, etc... Compris également le renforcement et la surélévation des supports communs et, d'une manière générale, tout le matériel, spécial ou non, et tous les travaux prescrits au cahier des charges . . .	Six mille trois cent quatre-vingt francs.	6.380 »
19	*Observation.* — Le prix spécifié à l'article 18 comprend les frais de renforcement et de surélévation des supports, lesquels sont prévus d'ailleurs aux articles 1 à 10, relatifs aux lignes à 15.000 volts. Le prix total kilométrique de la ligne, portant à la fois la ligne à 15.000 volts et la distribution à basse tension complètes, s'établira en ajoutant le prix kilométrique		

NUMÉROS des ARTICLES	DÉSIGNATION DE LA NATURE DES TRAVAUX	PRIX EN TOUTES LETTRES	PRIX en chiffres (francs)
	spécifié à l'article 18, à celui résultant de l'application des articles 1 à 10, suivant le cas, sans autre supplément ni diminution que les différences à retrancher ou à ajouter, conformément aux articles 24, 25 et 26, s'il y a lieu.		
	B. Lignes à 4 conducteurs, sur supports propres à la basse tension		
20	*Le kilomètre* de ligne à basse tension, formée de 4 conducteurs, dont trois fils de cuivre de 45/10 de mm., et un fil de cuivre de 30/10 de mm. de diamètre, livrée en ordre de marche, compris également, et d'une manière générale, tout le matériel, spécial ou non, et tous les travaux prescrits au cahier des charges	Dix mille cinq cent soixante francs.	10.560 »
	C. Lignes B. T. à 2 conducteurs, sur les mêmes supports que la M. T. 15.000 v.		
21	*Le kilomètre* de ligne de basse tension, montée sur les mêmes supports qu'une ligne 15.000 v., la ligne à basse tension comprenant 2 conducteurs, fils de cuivre de 30/10 de mm. de diamètre, l'emplacement pour deux autres fils B. T. étant réservé, compris armements, etc..., compris également le renforcement et la surélévation des supports communs, et, d'une manière générale, tout le matériel, spécial ou non, et tous les travaux prescrits au cahier des charges	Quatre mille francs.	4.000 »
22	*Observation.* — Le prix spécifié à l'article 21 comprend les frais de renforcement et de surélévation des supports, lesquels sont prévus d'ailleurs aux articles 1 à 10, relatifs aux lignes à 15.000 volts. Le prix total kilométrique de la ligne portant à la fois la ligne 15.000 v. et une B. T. à 2 fils, s'établira en ajoutant le prix kilométrique spécifié à l'article 21 et celui résultant de l'application des articles 1 à 10, suivant le cas, sans autre supplément que les différences à ajouter, conformément aux articles 24, 25 et 26, s'il y a lieu.		
	D. Lignes à 2 conducteurs sur supports propres à la B. T.		
23	*Le kilomètre* de ligne à basse tension, formée de 2 conducteurs, fils de cuivre de 30/10 de mm. de diamètre, l'emplacement pour deux autres fils B. T. étant réservé, livrée en ordre de marche, compris supports, armements, etc..., compris également, d'une manière générale, tout le matériel, spécial ou non, et tous les travaux prescrits au cahier des charges	Six mille cinq cents fr.	6.500 »
	E. Prix applicables aux lignes B. T., dont les conducteurs sont de diamètres autres que ceux spécifiés ci-dessus		
24	*Par kilogramme* de cuivre supplémentaire, pour les lignes basse tension, comportant des fils de phase d'un diamètre supérieur à 45/10 de mm., ou un fil neutre supérieur à 30/10 de mm., compris toutes autres fournitures et tous autres frais résultant du renforcement de la section des conducteurs	Onze francs.	11 »
25	*Par kilogramme* de cuivre en moins pour les lignes basse tension, comportant des conducteurs de diamètres respectivement inférieurs à ceux spécifiés à l'article 24 ..	Onze francs.	11 »
	F. Lignes disposées pour recevoir ultérieurement un cinquième fil à B. T.		
26	Plus-value par kilomètre pour supplément de hauteur des supports des lignes M. T. ou B. T., résultant de l'emplacement réservé pour le montage ultérieur d'un 5ᵉ fil pour l'éclairage public	Cent vingt-cinq francs.	125 »

4ᵉ PARTIE

DÉTAIL DESCRIPTIF

DÉSIGNATION DES TRAVAUX A EXÉCUTER	NUMÉROS des PRIX d'application	PRIX de L'UNITÉ (francs)	QUANTITÉS	DÉPENSE par article (francs)	DÉPENSE par ouvrages (francs)
PREMIER LOT					
I. Lignes M. T. 15.000 v.					
A. Lignes à 3 fils de cuivre					
Lignes de transport et de répartition·.........	1	8.140 »	109 km. 50	891.300 »	
Cuivre supplémentaire pour les lignes ci-dessus	2	11 »	248 kg. 20	273.000 »	
					1.164.300 »
B. Lignes à 6 fils de cuivre					
3 fils de 30/10 de mm. et 3 fils de 35/10 de mm					
Lignes de .... à	9	11.835 »	7 kg.	82.850 »	82.850 »
C. Lignes à 6 fils de cuivre de 35/10 de mm.					
Lignes de .... à	10	12.585 »	2 km. 25	28.300 »	28.300 »
D. Sectionneurs et coupe-circuits					
a) Interrupteurs aériens à cornes, contacts 100 A..	11	1.200 »	20	24.000 »	
b) Interrupteurs aériens à cornes, contacts 200 A..	12	1.250 »	3	3.750 »	
c) Coupe-circuits aériens à cornes	13	800 »	8	6.400 »	
					34.150 »
E. Traversée de voies ferrées					
a) Traversée à 9 conducteurs	14	13.000 »	1	13.000 »	
b) Traversée à 6 conducteurs	14 *bis*	10.000 »	1	10.000 »	
					23.000 »
II. Postes de transformation 15.000/380 v.					
A. Sur poteaux de bois					
a) Postes de 10 KVA.	15 *bis*	5.125 »	7	35.875 »	
b) — 12 KVA.	15 *ter*	5.150 »	6	30.900 »	
B. Sur poteaux de ciment					66.775 »
a) Postes de 15 KVA.	16	6.000 »	3	18.000 »	
b) — 18 KVA	16 *bis*	6.025 »	10	60.000 »	
c) — 20 KVA	16 *ter*	6.250 »	8	48.400 »	
d) — 25 KVA	16 *quat.*	6.100 »	4	24.400 »	
e) — 30 KVA	16 *quin.*	6.150 »	2	12.300 »	
C. En cabine					163.350 »
Poste de 40 KVA.	17 *bis*	8.350 »	1	8.350 »	8.350 »
III. Lignes B. T. 380/220 v., à 4 fils					
A. Sur les mêmes supports que la M. T. 15.000 v.					
Lignes de distribution	18	6.380 »	21 km. 220	135.400 »	135.400 »
B. Sur supports propres à la B. T. 380 v.					
Lignes de distribution	19	10.560 »	68 km. 350	721.775 »	721.775 »
Total du 1ᵉʳ lot......................	....	....	....	....	2.428.250 »

DÉSIGNATION DES TRAVAUX A EXÉCUTER	NUMÉROS des PRIX d'application	PRIX de L'UNITÉ (francs)	QUANTITÉS	DÉPENSE par article (francs)	DÉPENSE par ouvrages (francs)
DEUXIÈME LOT					
I. Lignes M. T. 15.000 v.					
A. Lignes à 3 fils de cuivre					
Lignes de répartition	1	8.140 »	95 km. 50	777.400 »	
Cuivre supplémentaire pour les lignes ci-dessus.	2	11 »	11 kg. 350	124.850 »	
					902.250 »
B. Sectionneurs et coupe-circuits					
a) Interrupteurs aériens à cornes, contacts 100 A..	11	1.200 »	14	16.800 »	
b) Interrupteurs aériens à cornes, contacts 200 A..	12	1.250 »	1	1.250 »	
c) Coupe-circuits aériens à cornes	13	800 »	6	4.800 »	
					22.850 »
C. Traversée de voies ferrées					
Traversée à 3 conducteurs	14 ter	8.000 »	4	32.000 »	32.000 »
II. Postes de transformation 15.000/380 v.					
A. Sur poteaux de bois					
a) Postes de 8 KVA.	15	5.100 »	2	10.200 »	
b) — 10 KVA.	15 bis	5.125 »	5	25.625 »	
c) — 12 KVA.	15 ter	5.150 »	5	25.750 »	
					61.575 »
B. Sur poteaux de ciment					
a) Postes de 15 KVA.	16	6.000 »	4	24.000 »	
b) — 18 KVA.	16 bis	6.025 »	2	12.050 »	
c) — 20 KVA.	16 ter	6.050 »	7	42.350 »	
d) — 25 KVA.	16 qual.	6.100 »	2	12.200 »	
e) — 30 KVA.	16 quin.	6.150 »	4	24.600 »	
					115.200 »
C. En cabine					
a) Postes de 35 KVA.	17	8.300 »	2	16.600 »	
b) — 40 KVA.	17 bis	8.350 »	1	8.350 »	
c) — 45 KVA.	17 ter	8.400 »	1	8.400 »	
d) — 60 KVA.	17 qual.	8.600 »	1	8.600 »	
					41.950 »
III. Lignes B. T. 380/220 v., à 4 fils					
A. Sur les mêmes supports que la M. T. 15.000 v.					
Lignes de distribution	18	6.380 »	27 km. 550	175.750 »	175.750 »
B. Sur les supports propres à la B. T. 380 v.					
Lignes de distribution	19	10.560 »	90 km. 825	959.100 »	959.100 »
TOTAL DU DEUXIÈME LOT..............	....	....	....	....	2.310.675 »

Le présent devis estimatif montant pour le **PREMIER LOT** à la somme de **deux millions quatre cent vingt huit mille deux cent cinquante** francs environ ;

et pour le **DEUXIÈME LOT** à la somme de **deux millions trois cent dix mille six cent soixante-quinze** francs environ.

Dressé par le Directeur du Groupement,

A............................... le........................... 192

Présenté par le Président du Groupement,

A............................... le........................... 192

Vérifié par l'Ingénieur-adjoint du Génie Rural,

A............................... le........................... 192

Adopté par l'Ingénieur en chef du Génie Rural,

A............................... le........................... 192

MINISTÈRE DE L'AGRICULTURE

SERVICE DU GÉNIE RURAL
Circonscription d.....

RÉSEAU RURAL

DE DISTRIBUTION D'ENERGIE ELECTRIQUE

Entrepris par le groupement d...............(1)

CAHIER DES CHARGES

pour la fourniture des transformateurs

DRESSÉ PAR :

le Directeur du Groupement
soussigné.

A...........le...........192...

l'Ingénieur du Génie Rural
soussigné.

A...........le...........192...

Présenté par le Président du Groupement
soussigné.

A...........le...........192...

Approuvé par l'Ingénieur en Chef du Génie
Rural soussigné.

A...........le...........192...

(1) Groupement = Syndicat de communes d........., Société d'intérêt collectif agricole d.........,
ou Association syndicale d..................

Cahier des Charges pour la fourniture des transformateurs

CHAPITRE PREMIER

OBJET ET DESCRIPTION DE LA FOURNITURE
Objet du cahier des charges

Art. 1er. — Le présent cahier des charges se rapporte à la fourniture des transformateurs qui seront employés sur le réseau de distribution du Groupement d .... (1).

Le projet technique du réseau de distribution, dressé par le Service du Génie Rural, prévoit l'électrification de ....

L'exécution des lignes se fera, en dehors du présent cahier, après mise au concours et adjudication, en plusieurs lots qui seront exécutés successivement, en conformité du projet mentionné ci-dessus.

Le dossier d'adjudication des deux premiers lots d'ouvrages est actuellement soumis aux entrepreneurs en vue de la passation du marché qui aura lieu le ....

En raison de l'influence spéciale du fonctionnement des transformateurs, sur la régularité et sur le rendement des distributions rurales, il a été décidé de détacher la fourniture des transformateurs, des ouvrages adjugés, afin d'obtenir, par un marché de gré à gré, sous forme de mise au concours, des appareils présentant les qualités requises et avant tout des pertes à vide très faibles.

Les transformateurs sont destinés à fonctionner sur un réseau rural de distribution, et leur charge moyenne annuelle peut-être évaluée à 20 0/0. Ils devront être par conséquent convenablement étudiés dans ce but en recherchant la réduction des pertes pendant les périodes de faible charge.

Il sera procédé à un examen approfondi des propositions des fournisseurs, en vue d'adopter un type de transformateur présentant les avantages voulus.

Cet examen portera :

1° Sur les pertes à vide, tant wattées que déwattées, qui devront être aussi faibles que possible ;

2° Sur le prix des appareils rendus en gare d .. .. ;

3° Sur tout autre considération (chute de tension, échauffements, rendements, dispositions mécaniques, etc...), mais les considérations de faible consommation à vide et de prix constituent les éléments principaux d'appréciation.

Les conditions du présent cahier des charges s'appliquent à la fourniture de 80 transformateurs correspondant aux deux premiers lots d'ouvrages

---

qui seront adjugés le .... et achevés le ....

Dès le mois de .... 192 , le Groupement commencera l'exécution de son deuxième programme de réalisation, et une nouvelle fourniture de 7 transformateurs lui sera nécessaire.

Le présent cahier des charges ne s'applique pas à cette deuxième fourniture, le Groupement a voulu réserver la possibilité d'introduire alors dans les conditions de ce deuxième marché toute amélioration que l'expérience aurait pu suggérer.

Toutefois, il ne sera procédé alors à une nouvelle mise au concours qu'au cas où une entente n'aurait pas pu intervenir entre le Groupement et son ancien fournisseur.

Détail de la fourniture

Art. 2. — La fourniture comprendra, suivant les prévisions du projet :

2 transformateurs triphasés de			8 KVA.
12	—	—	10 —
12	—	—	12 —
7	—	—	15 —
12	—	—	18 —
17	—	—	20 —
6	—	—	25 —
6	—	—	30 —
2	—	—	35 —
2	—	—	40 —
1	—	—	45 —
1	—	—	60 —

Total, 80 transformateurs,

constituant le matériel destiné, ainsi qu'il est dit à l'art. 1er, aux postes desservis par les lignes formant les deux premiers lots d'ouvrages de canalisation.

Cet état du nombre des transformateurs de chaque puissance est donné à titre indicatif.

Au fur et à mesure de l'avancement des travaux, mais au moins 75 jours avant la date de livraison prévue plus loin de chaque lot d'appareils, le Groupement fera connaître au fournisseur le nombre des transformateurs de chaque puissance que devra comprendre ce lot.

Toutefois, le nombre total des transformateurs à livrer ne pourra pas être ainsi modifié et reste fixé à 80.

La gamme des puissances donnée à l'état ci-dessus sera le mieux possible observée.

Les constructeurs pourront proposer, parmi leurs types courants, des appareils de puissances différentes, aussi rapprochées que possible de celles indiquées ci-dessus.

Spécification des transformateurs

Art. 3. — Les transformateurs à fournir sont des appareils pour *courant triphasé*, à la fréquence de *50 périodes* par seconde.

Ils sont destinés à fonctionner sur un réseau à canalisations aériennes.

Les enroulements primaires et secondaires seront connectés « *en étoile* ».

Les transformateurs de puissance égale ou inférieure à 30 KVA., seront construits pour fonctionner en plein air.

Ceux de puissance égale ou inférieure à 12 KVA. seront destinés à être montés sur 2 poteaux en bois.

Ceux de puissance comprise entre 15 et 30 KVA. inclusivement sont destinés à être montés sur 2 poteaux en ciment.

Les traverses en bois ou les fers nécessaires à la fixation sur les poteaux ne font pas partie du présent devis.

Les transformateurs seront disposés de manière à permettre un montage aussi simple que possible.

Le constructeur donnera les indications nécessaires pour l'exécution des pièces de supports intermédiaires.

Les transformateurs de 35 KVA. et au-dessus étant destinés à fonctionner dans une cabine en maçonnerie, seront du type intérieur.

Les réseaux de distribution B. T. seront à 4 fils : 3 fils de phase et 1 fil neutre mis à la terre.

La *tension primaire* entre phases sera de 15.000 volts.

La tension secondaire correspondante entre phase à pleine charge, pour un facteur de puissance égal à 0,75, sera de 380 volts, et, par suite, la tension secondaire entre phases et point neutre sera de 220 volts.

Le point neutre sera connecté à une borne extérieure.

Des prises, faites sur les enroulements et aboutissant à des bornes, permettront de faire varier les tensions secondaires de plus ou moins 5 0/0 des valeurs indiquées ci-dessus.

Les transformateurs seront à bain d'huile, à refroidissement naturel.

La puissance est exprimée en kilovoltampères, et s'entend pour service continu.

Les transformateurs pourront supporter, après une période prolongée de fonctionnement à pleine charge, une surcharge de 25 0/0 pendant une heure, et de 50 0/0 pendant une demi-heure, sans que les échauffements dépassent les valeurs compatibles avec la conservation des isolants.

Les *variations de tension*, lorsqu'on passera du fonctionnement à vide au fonctionnement à pleine charge, devront être au plus égales à celles indiquées plus loin.

Les transformateurs devront pouvoir fonctionner en parallèle.

CHAPITRE II

CONDITIONS DE LA FOURNITURE

Lieu et délai de livraison

Art. 4. — Les transformateurs seront livrés, franco de port, en gare d ...., en principe, où le Groupement en prendra livraison.

Toutefois, sur demande du Groupement, la livraison pourra avoir lieu à toute autre station de chemin de fer de la région d .... ; s'il en résultait, dans ce cas, un supplément de prix de transport, il serait à la charge du Groupement.

La livraison se fera, sauf modifications résultant d'entente amiable, en 4 lots, aux dates suivantes :

1er lot :	le 1er juin 1922 au plus tard,	—	19	transfor-
2e —	le 15 septembre	—	25	
3e —	le 31 décembre	—	19	mateurs
4e —	le 30 avril 1923	—	17	

Le premier lot comprendra :

3 transformateurs de		10 KVA.	
3	—	—	12 —
2	—	—	15 —
4	—	—	18 —
3	—	—	20 —
3	—	—	25 —
1	—	—	40 —

La composition des 2e, 3e et 4e lots sera portée à la connaissance du fournisseur, au fur et à mesure de l'avancement des travaux, comme il est dit à l'article 2.

Prix

Art. 5. — Les prix s'entendent pour les transformateurs livrés complets, huile comprise, prêts à fonctionner, emballés, rendus franco en gare d .. ..

Ils comprennent, en outre, toutes charges d'essais spécifiés au présent cahier des charges, tous frais d'étude et d'établissement des dossiers.

Ils seront susceptibles de réduction ou d'augmentation, par application des pénalités prévues à l'article 14 du présent cahier des charges.

CHAPITRE III

QUALITE DES APPAREILS

Garanties de fonctionnement

Art. 6. — Dans leurs propositions, les constructeurs devront indiquer avec clarté, pour chaque type d'appareil, les quantités suivantes garanties par eux :

1° Le rendement D moyenne arithmétique des rendements D_1, D_2 et D_3 définis de la manière suivante :

Rendement à 1/3 de charge pour cos $\varphi = 1$
Rendement à 2/3 de charge pour cos $\varphi = 0,75$
Rendement à pleine charge pour cos $\varphi = 0,80$

φ étant le déphasage aux bornes des enroulements secondaires $\quad D = \dfrac{D_1 + D_2 + D_3}{3}$.

2° La consommation à vide de puissance réelle en « watts », P_{ow}, pour les 3 phases, les enroulements primaires étant soumis à la tension composée de 15.000 V. $\quad P_{ow} = 15.000 \times \sqrt{3} \times I_1 \times \cos \varphi_1$.

3° La consommation à vide de puissance réactive en watts réactifs, P_{od}, pour les 3 phases, les enroulements primaires étant soumis à la tension de 15.000 V.

$$P_{od} = 15.000 \times \sqrt{3} \times I_1 \times \sin \varphi_1 = P_{ow} \times \operatorname{tg} \varphi_1.$$

4° La chute de tension en 0/0 u, en passant du fonctionnement au fonctionnement à pleine charge, pour $\cos \varphi_2 = 0.80$, la tension primaire étoilée restant égale à 15.000 volts.

Les constructeurs feront connaître en outre quelle sera l'influence du vieillissement des tôles et les consommations à vide de puissance réelle et réactive garanties par eux après un an de fonctionnement à l'échéance du délai de garantie.

Les quantités qui précèdent seront présentées par les constructeurs dans un tableau conforme au modèle ci-après, suivi de toutes les observations qu'ils croiraient devoir formuler :

PUISSANCE apparente des transformateurs	1° RENDEMENT D	2° CONSOMMATION A VIDE de puissance réelle P_{ow}		3° CONSOMMATION A VIDE de puissance réactive P_{od}		4° CHUTE de tension u
		à la livraison	à la fin du délai de garantie	à la livraison	à la fin du délai de garantie	
K V A	0/0	watts	watts	watts réactifs	watts réactifs	0/0
....	....	....	....	....	....	....
....	....	....	....	....	....	....
....	....	....	....	....	....	....

Les quantités garanties dans le présent tableau par le constructeur agréé, seront considérées comme engagements contractuels de sa part.

Echauffements

Art. 7. — Après une durée de fonctionnement suffisante pour que les températures deviennent stationnaires, les échauffements d'une partie quelconque d'un transformateur ne devront pas dépasser les valeurs suivantes :

En charge normale : 50 degrés C.

Surcharge de 25 0/0 pendant 1 h.) à indiquer dans les
Surcharge de 50 0/0 pendant 1/2 h.) propositions

Les surcharges seront appliquées lorsque le transformateur aura pris sa température de régime à charge normale.

Les températures des enroulements seront déduites de la température de l'huile, mesurée à la partie supérieure.

La température ambiante sera prise égale à la moyenne des lectures faites pendant le dernier quart de la durée de l'essai, sur 2 thermomètres placés à environ 1 mètre de l'appareil, à l'abri du rayonnement et des courants d'air.

Tolérance pour les mesures : 3° C.

Isolements

Art. 8. — Les isolants devront pouvoir supporter, pendant une minute, les tensions efficaces indiquées ci-après :

a) Isolants des enroulements entre eux ou entre eux et le bâti :

    à froid .... 35.000 volts
    à chaud ....: 32.000 —

Entre l'enroulement secondaire et le bâti :

    à froid .... 2.500 volts
    à chaud .... 2.000 —

b) Isolants des éléments des enroulements :

Les transformateurs devront pouvoir fonctionner pendant cinq minutes, sous deux fois la température normale ;

Les deux premières bobines au moins des enroulements à haute tension auront une isolation renforcée.

Essais et vérifications

Art. 9. — Les essais de réception provisoire et définitive seront faits contradictoirement, soit dans les ateliers du constructeur, soit sur place, à la volonté du Groupement.

Dans le premier cas, le constructeur aura à fournir à ses frais l'énergie, le personnel et les appareils nécessaires aux essais ; dans le second cas, il aura seulement à supporter les frais de déplacement de ses représentants.

Les essais de réception sur place devront être faits lors de la mise en service du poste auquel le transformateur sera destiné, et autant que possible dans les deux mois qui suivront la livraison.

En ce qui concerne les essais prévus à l'article 14, en fin de l'année de garantie, la partie qui aura demandé ces essais devra fournir à ses frais le personnel et les appareils nécessaires.

Dans tous les cas, la partie adverse pourra demander l'étalonnage des instruments de mesure, les frais d'étalonnage étant supportés par elle au cas où ils seraient reconnus exacts.

Les essais porteront, soit sur tous les transformateurs, à la demande d'une quelconque des deux parties, soit sur un certain nombre de transformateurs, désignés par le sort, suivant entente amiable intervenant entre elles au moment des essais.

Les essais auront pour objet la détermination du rapport de transformation (art. 3), la vérification des quantités garanties (art. 6), des échauffements (art. 7), et des isolements (art. 8).

Les essais comprendront :

La mesure de résistance des enroulements ;

Le relevé de la caractéristique en court-circuits ;

Un essai de consommation à vide.

Le rapport de transformation R, pour les diverses charges, sera pris égal au rapport des courants mesurés pendant l'essai en court-circuit :

$$R = \frac{I^{ce}_1}{I^{ce}_2}$$

Les rendements D_1, D_2 et D_3 définis à l'article 6 seront déterminés par la méthode des pertes séparées.

La consommation à vide d'énergie réelle sera donnée par deux wattmètres.

La consommation à vide d'énergie réactive se déduira des indications des wattmètres et de deux ampèremètres.

La chute de tension sera déterminée par application de la méthode indirecte de Kapp.

Tolérance, majoration et minoration des prix

Art. 10. — Rapport de transformation. — Le Groupement se réserve le droit de refuser les appareils dont le rapport de transformation différerait de plus de 2,5 0/0 de celui résultant de l'application de l'article 3.

Art. 11. — Échauffements. — Le Groupement se réserve le droit de refuser les appareils dont les échauffements excéderaient de plus de 10 0/0 ceux résultant de l'application de l'article 7.

Art. 12. — Isolements. — Les appareils dont l'isolement ne répondra pas aux conditions de l'article 8, seront refusés par le Groupement.

Art. 13. — Quantités garanties par le fournisseur. — Le Groupement se réserve le droit de refuser, lors de la réception provisoire, les appareils dont l'une quelconque des qualités définies à l'article 6 serait différente dans le sens défavorable au Groupement des tolérances suivantes, par rapport aux valeurs garanties par le fournisseur ;

18 0/0 pour le rendement, le dit pourcentage appliqué aux pertes totales ;

12 0/0 pour la consommation de puissance réelle à vide ;

15 0/0 pour la consommation de puissance réactive à vide ;

15 0/0 pour la chute de tension.

Le Groupement sera en droit de refuser le paiement de la retenue de garantie, lors de la réception définitive, si les consommations à vide, après un an de fonctionnement, sont différentes dans le sens défavorable au Groupement, des tolérances suivantes, par rapport aux valeurs garanties par le fournisseur :

20 0/0 pour la consommation de puissance réelle à vide ;

25 0/0 pour la consommation de puissance réactive à vide.

Ces tolérances doivent s'interpréter numériquement de la manière suivante :

soit :

1° D le rendement garanti par le fournisseur, exprimé en 0/0,

2° P_{ow} la consommation de puissance réelle à vide, garantie par le fournisseur,

3° P_{od} la consommation de puissance réactive à vide, garantie par le fournisseur,

4° u la chute de tension garantie par le fournisseur,

soit : D', P'_{ow}, P'_{od}, u' les quantités correspondantes données par les essais.

Le Groupement sera en droit de refuser tout appareil pour lequel une quelconque des inégalités suivantes ne serait pas vérifiée :

$$(1) \qquad 100 \cdot \frac{D - D'}{100 - D} \leqq 18$$

$$(2) \qquad 100 \cdot \frac{P'_{ow} - P_{ow}}{P_{ow}} \leqq 12$$

$$(3) \qquad 100 \cdot \frac{P'_{od} - P_{od}}{P_{od}} \leqq 15$$

$$(4) \qquad 100 \cdot \frac{u' - u}{u} \leqq 15$$

Le Groupement sera en droit de refuser le paiement de la retenue de garantie relative à tout appareil pour lequel, après un an de fonctionnement, l'une quelconque des deux inégalités suivantes ne serait pas vérifiée.

$$100 \cdot \frac{P'_{ow} - P_{ow}}{P_{ow}} \leqq 20$$

$$100 \cdot \frac{P'_{od} - P_{od}}{P_{od}} \leqq 25$$

Majoration ou minoration des prix

Art. 14. — Les prix des transformateurs seront majorés ou minorés selon les quantités

$$D', P'_{ow}, P'_{od} \text{ et } u'$$

résultant des essais différeront des quantités garanties correspondantes D, P_{ow}, P_{od} et u dans un sens favorable ou défavorable au Groupement.

Ces majorations ou minorations se détermineront de la manière suivante :

On calculera les quantités e_1, e_2, e_3, e_4 définies par les relations suivantes en grandeur et en signe :

$$e_1 = 100 \cdot \frac{D - D'}{100 - D}$$

$$e_2 = 100 \cdot \frac{P'_{ow} - P_{ow}}{P_{ow}}$$

$$e_3 = 100 \cdot \frac{P'_{od} - P_{od}}{P_{od}}$$

$$e_4 = 100 \cdot \frac{u' - u}{u}$$

e_1, e_2, e_3, e_4 seront positifs ou négatifs selon le cas.

On calculera ensuite la somme algébrique :

$$p = 0{,}1 \times e_1 + 0{,}8 \times e_2 + 0{,}3 \times e_3 + 0{,}1 \times e_4$$

Si p est positif, le prix P du transformateur sera minoré de p 0/0.

Si p est négatif, le prix P du transformateur sera majoré de p 0/0.

De sorte que dans les deux cas p étant donné en grandeur et en signe par la somme algébrique qui précède, le prix rectifié du transformateur sera :

$$P \left(1 - \frac{p}{100} \right)$$

P étant le prix de la proposition.

Le jeu du présent article entraînera profit au bénéfice du constructeur au cas où, au fur et à mesure de la fourniture, il améliorerait les qualités de ses appareils.

La retenue de garantie du 1/10, par application de ce qui précède, égale à

$$r = \frac{1}{10} \cdot P \left(1 - \frac{p}{100} \right)$$

A la fin du délai de garantie, et à la demande d'une des deux parties, les quantités e_3 et e_4 seront déterminées à la suite de nouveaux essais et l'on en déduira la somme algébrique :

$$p' = 8 \times e_3 + 3 \times e_4$$

Si p' est positif, la retenue de garantie r sera minorée de p' 0/0.

Si p' est négatif, la retenue de garantie r sera majorée de p' 0/0.

De sorte que, dans les deux cas, p' étant donné en grandeur et en signe par la somme algébrique qui précède, la retenue de garantie à verser par le Groupement sera :

$$r \left(1 - \frac{p'}{100} \right)$$

Démontage

Art. 15. — Au point de vue mécanique, le Groupement attachera du prix à ce que les transformateurs soient construits de manière à permettre la sortie de la cuve et le démontage facile de toutes les pièces, jusqu'aux enroulements.

CHAPITRE IV

CLAUSES ET CONDITIONS GENERALES

Concours

Art. 16. — Chaque constructeur remettra, avant le *28 février 1922*, au siège social du Groupement, 18, faubourg d'Orléans, à ...., un dossier comprenant :

1° L'indication des garanties spécifiées aux articles 6 et 7.

2° Le prix des transformateurs de chaque puissance, dans les conditions de l'article 5.

3° Une notice sur les qualités électriques du matériel proposé, où il fera connaître notamment, pour chaque type de transformateurs :

a) le poids du transformateur seul ;

b) le poids d'huile ;

c) les dimensions d'encombrement ;

d) le mode de construction, de démontage, et les moyens de manipulation et de vérification ;

e) le mode de fixation.

Il décrira en outre sommairement chaque appareil et les matériaux constitutifs.

4° Une série de dessins cotés des différents types.

5° L'acceptation des conditions du cahier des charges.

6° Les références d'usages.

Copie certifiée conforme de ce dossier sera remise, également avant le 28 février 1922, aux bureaux du Service du Génie Rural, 26, rue Léon-Boyer, à ....

Les dossiers des divers constructeurs seront examinés par le Président du Groupement, ou son délégué, et par l'Ingénieur en Chef du Génie Rural, ou son délégué, qui se réuniront à cet effet le 4 mars 1922, et décideront à quel constructeur la fourniture sera confiée.

Ils pourront auparavant demander à l'auteur d'une proposition quelconque des explications ou des modifications sur tel ou tel point, à la suite desquelles le constructeur pourra être appelé à formuler de nouvelles propositions définitives.

Le constructeur agréé sera immédiatement averti par lettre recommandée et se rendra avant le 9 mars 1922 à ...., aux fins de signature du contrat de fourniture.

Ce contrat stipulera seulement l'engagement réciproque de se conformer au présent cahier des charges et aux clauses qui se dégagent du dossier produit par le fournisseur, comme il est dit au présent article.

Dans aucun cas, un constructeur non agréé ne pourra réclamer l'indemnité pour quelque cause que ce soit, en particulier pour rémunération du travail d'établissement du dossier qu'il aura fourni, ou les démarches qu'il aura pu faire s'y rapportant.

Réception de la fourniture

Art. 17. — La fourniture sera faite en conformité des lois et règlements en vigueur, c'est-à-dire qu'elle devra présenter toutes les garanties exigées par les textes, au point de vue mécanique et électrique.

La fourniture sera faite conformément aux clauses et conditions de l'Union des Syndicats de l'Electricité, en ce qu'elles n'ont pas de contraire ou de différent des conditions du présent cahier des charges, et des engagements qui en résultent de la part du constructeur.

La réception, tant provisoire que définitive, sera faite par le Directeur du Groupement et le Service du Génie Rural, dans les conditions spécifiées au présent cahier des charges.

Le délai de garantie sera d'une année, qui commencera dès la réception provisoire, si celle-ci est postérieure à la livraison.

Dans le cas contraire, le délai de garantie d'une année commencera à la date de livraison.

Paiements

Art. 18. — Il sera versé au fournisseur :

1° Aussitôt la signature du contract de fourniture, 20 0/0 des prix contenus dans sa proposition.

2° Aussitôt après réception provisoire, le complément nécessaire à la somme précédente, pour qu'elle soit égale à 90 0/0 du prix majoré ou minoré, comme il est expliqué à l'article 14.

Ce complément sera par conséquent :

$$\frac{90}{100} \times P \times \left(1 - \frac{p}{100}\right) - \frac{20}{100} P$$

3° Aussitôt après la réception définitive, à l'expiration du délai de garantie, la somme $r\left(1 - \frac{p'}{100}\right)$ comme elle est définie à l'article 14.

Les prix proposés par le constructeur seront définitifs et seront appliqués au règlement, compte tenu de l'article 14, sans aucune variation pour quelque cause que ce soit.

Contestations

Art. 19. — En cas de contestations survenant dans l'interprétation ou dans l'exécution du présent cahier des charges ou du contrat de fourniture, les parties, avant de s'adresser aux tribunaux compétents, s'engagent à tenter de régler le litige par arbitrage.

Chacune des parties désignera un arbitre, mais s'interdit par avance de l'en avertir séparément ; les invitations adressées aux arbitres devront être signées par les deux parties.

Les deux arbitres ainsi désignés pourront, le cas échéant, en choisir un troisième pour les départager.

En cas de non possibilité d'entente, l'arbitre sera nommé d'office par le tribunal civil de ....

Timbres et enregistrement

Art. 20. — Les droits de timbre et d'enregistrement du contrat, et, s'il y a lieu, du cahier des charges, seront à la charge du fournisseur.

Renseignements complémentaires

Art. 21. — Les originaux du présent cahier des charges sont déposés :

1° à ...., au Siège social du Groupement, 16, Faubourg d'Orléans ;

2° à ...., aux Bureaux du Génie Rural, 26, Rue Léon-Boyer ;

où les constructeurs pourront recueillir tous les renseignements complémentaires dont ils pourraient avoir besoin pour l'établissement de leur dossier.

NOTE SUR L'EMPRUNT

effectué par le Syndicat intercommunal d'électricité de. . . . .

L'emprunt du Syndicat intercommunal de
a été effectué de la manière suivante :

1° Il a été procédé à une répartition des dépenses entre chacune des communes intéressées.

2° Chacune des dites communes a voté les centimes nécessaires pour couvrir l'annuité de l'emprunt d'une somme égale à celle mise à sa charge, sous la réserve que des centimes ne seraient mis en recouvrement que si la gestion de la régie syndicale était déficitaire.

3° Le Syndicat intercommunal s'est substitué aux communes pour effectuer l'emprunt total, ce, avec l'autorisation préfectorale. Des membres du Conseil syndical ont passé dans chaque maison pour faire signer des bulletins de souscription. Le taux prévu est de 6 0/0, mais impôts non compris. La somme demandée de 340.000 francs a été rapidement réunie.

4° Cahier des charges et tableau d'amortissement ont été adoptés par la délibération du Conseil syndical du (Pièces jointes) ;

5° Un arrêté préfectoral du a approuvé les modalités prévues pour l'emprunt, le cahier des charges et le tableau d'amortissement (Pièce jointe) ;

6° A noter que la dépêche ministérielle du , visée par l'arrêté préfectoral, est spéciale au Syndicat de , et est fort importante, car elle tranche une question de principe.

La question avait en effet été posée, au Ministère de l'Intérieur, par la Préfecture de , de savoir si l'emprunt pouvait être gagé en fait sur les recettes du réseau, — et d'autre part les centimes communaux qui en sont en principe le gage, — votés avec la clause qu'ils ne seraient mis en recouvrement qu'en cas d'insuffisance des dites recettes.

La dépêche précitée a répondu affirmativement et a donné toute latitude à M. le Préfet de pour donner suite à l'affaire dans les conditions prévues.

7° Aucun notaire ni banquier n'est intervenu.

Le Conseil. syndical fait imprimer des titres suivant un modèle analogue à celui des obligations du Crédit Foncier, avec un coupon à détacher, au total 30, durée de la période d'amortissement. Ces titres seront retirés contre le versement des espèces, à partir du 1er janvier 1922, à la Caisse du Receveur du Syndicat..

8° On aurait pu évidemment s'adresser à une banque, qui se serait chargée de l'émission, ou même l'aurait prise ferme, sauf à la remplacer. Mais il aurait fallu lui payer une commission probablement élevée, étant donné le faible taux de l'emprunt (qui n'est pas net d'impôt), et les difficultés qu'elle aurait eu à le placer.

SYNDICAT INTERCOMMUNAL D'ÉLECTRICITÉ DE...............

Emprunt de 340.000 fr. par voie de souscription publique

CAHIER DES CHARGES

Art. 1er. — Un emprunt de 340.000 francs, représenté par 680 obligations d'une valeur nominale de 500 francs, sera réalisé par le Syndicat intercommunal d'électricité de   . Ces obligations seront exclusivement au porteur.

Art. 2. — Le taux de l'intérêt est fixé à 6 0/0 l'an, impôts à la charge du porteur de coupon. Il courra du 1er janvier 1922 et sera payable à terme échu, à la Caisse du Receveur du Syndicat, sur présentation des coupons annuels.

Art. 3. — L'emprunt sera remboursé en 30 ans, à partir de 1922, conformément au tableau d'amortissement annexé au présent cahier des charges.

Art. 4. — Les obligations à rembourser chaque année seront désignées par voie de tirage au sort, qui aura lieu à la Mairie de   , dans la première quinzaine de décembre, devant une Commission composée du Président et de deux membres du Comité du Syndicat, du Receveur du Syndicat et du Directeur de la Régie.

Art. 5. — Le remboursement au pair des obligations sorties au tirage sera effectué par le Receveur du Syndicat, à partir du 1er janvier, pour chaque année d'amortissement.

Tout intérêt cessera de courir du jour où le remboursement de l'obligation, déterminé par le tirage, pourra être exigé.

Art. 6. — Le Syndicat se réserve expressément la faculté de rembourser par anticipation la totalité ou une partie seulement des obligations qui composent le présent emprunt. La désignation des obligations à rembourser et leur remboursement auront lieu dans les formes prévues aux articles 4 et 5 ci-dessus.

Le présent cahier des charges, discuté et arrêté par le Comité du Syndicat, pour être annexé à sa délibération du

Le Président du Syndicat,

Signé : X.

RÉPUBLIQUE FRANÇAISE

SYNDICAT INTERCOMMUNAL D'ÉLECTRICITÉ DE........ ET COMMUNES ASSOCIÉES

Extrait des Registres des arrêtés de la Préfecture de.....

EMPRUNT ET IMPOSITIONS

Le

Le Préfet du département de

Vu les délibérations des Conseils municipaux de

en dates, respectivement, des

votant des emprunts et des impositions extraordinaires en vue de la construction du réseau de distribution d'énergie électrique du Syndicat intercommunal d'électricité de composé des dites communes ;

Vu les pièces produites à l'appui, ainsi que les comptes administratifs de ces communes pour les trois derniers exercices et leurs budgets de l'exercice en cours ;

Vu la délibération en date du , par laquelle le Comité du Syndicat intercommunal d'électricité de a décidé de contracter, par substitution aux communes précitées, les emprunts projetés par ces dernières, du total de 340.000 francs, à amortir sur le produit des recettes d'exploitation du réseau à établir ;

Vu l'arrêté préfectoral du , qui a autorisé la constitution du Syndicat ;

Vu le budget du Syndicat pour l'exercice en cours ;

Vu les lois des 5 avril 1884 et 7 avril 1902, et celles des 22 mars 1890 et 15 novembre 1917 ;

Vu la circulaire ministérielle du 10 août 1890, l'instruction ministérielle du 31 mai 1902, et la dépêche de M. le Ministre de l'Intérieur, en date du 5 février 1921 ;

Considérant que les emprunts projetés par le Syndicat intercommunal d'électricité de représentent dans leur totalité ceux votés pour le même objet par les communes composant le Syndicat ; que les modalités et conditions en sont identiques ; que le Syndicat en assurera complètement le service ; qu'il y a lieu toutefois d'autoriser les impositions communales extraordinaires correspondantes à la part d'emprunt à garantir par chaque commune suivant les délibérations précitées ;

ARRÊTE :

Art. 1er. — Le Syndicat intercommunal d'électricité de est autorisé, pour l'exécution des travaux de construction de son réseau de distribution d'énergie électrique, et par substitution aux communes associées :

à emprunter, par voie de souscription publique, avec faculté d'émettre des obligations au porteur, ou transmissibles par endossement, au taux d'intérêt de 6 0/0, une somme de 340.000 francs, remboursable en 30 ans, à partir de 1922.

L'amortissement du dit emprunt au capital et intérêts sera assuré par le Syndicat, sur le produit des recettes de son réseau.

Art. 2. — En garantie de service de cet emprunt, jusqu'à concurrence pour chacune d'elles du montant ci-dessous indiqué de celui qu'elles avaient elles-mêmes voté et auquel il est substitué, les communes ci-après sont autorisées à s'imposer extraordinairement, au principal des quatre contributions directes, à partir du 1er janvier 1922, savoir :

X, pour 120.000 francs : 102 c. 6 additionnels pendant 30 ans.

XX, pour 68.000 francs : 156 c. 7 additionnels pendant 30 ans.

XXX, pour 51.000 francs : 121 c. 8 additionnels pendant 30 ans.

XXXX, pour 91.000 francs : 122 c. 5 additionnels pendant 30 ans.

XXXXX, pour 10.000 francs : 190 c. 8 additionnels pendant 30 ans.

Total : 340.000 francs, égal au montant de l'emprunt du Syndicat.

Art. 3. — Les impositions autorisées au précédent article ne seront mises en recouvrement qu'en cas d'insuffisance des recettes du réseau, pour assurer en son entier le service de l'emprunt du Syndicat, dans la mesure seulement de cette insuffisance, et proportionnellement pour chaque commune à la part totale d'emprunt garantie par elle.

Art. 4. — MM. les Sous-Préfets de et M. le Directeur des Contributions directes sont chargés, chacun en ce qui le concerne, d'assurer l'exécution du présent arrêté.

Le Préfet de
Signé : X.

Pour ampliation :
Le Conseiller de Préfecture délégué,
Signé : XX.

SYNDICAT INTERCOMMUNAL D'ÉLECTRICITÉ DE............

Emprunt de 340.000 fr. par voie de souscription publique

TABLEAU D'AMORTISSEMENT

Echéance 30 Décembre

ÉCHÉANCE	NOMBRE DE TITRES à amortir	ÉCHÉANCE	NOMBRE DE TITRES à amortir	ÉCHÉANCE	NOMBRE DE TITRES à amortir
		Report	112	*Report*	315
1922	8	1932	16	1942	27
1923	9	1933	16	1943	29
1924	10	1934	17	1944	31
1925	10	1935	19	1945	33
1926	11	1936	20	1946	35
1927	11	1937	20	1947	36
1928	12	1938	22	1948	39
1929	13	1939	23	1949	42
1930	14	1940	25	1950	45
1931	14	1941	26	1951	48
A reporter...	112	*A reporter...*	315	TOTAL......	680

ANNEXE N° 4

PRIX D'ETABLISSEMENT

des distributions d'énergie électrique

NATURE DES TRAVAUX	RÉGION D' **Aubenton** (Aisne) PRIX MINIMA résultant de 3 adjudications 1922	RÉGION DE LA **Capelle** (Aisne) SÉRIE DE PRIX 1922	RÉGION DE **Soissons** (Aisne) SÉRIE DE PRIX 1921	RÉGION DE **Vervins** (Aisne) MARCHÉ 1922
	Fr.	Fr.	Fr.	Fr.
LIGNES				
Conducteurs				
Kilog. de cuivre, compris déchets, plus-value pour flèches, épissures, fil d'attache sur les isolateurs	au cours ⨼ 5 0 0	au cours ⨼ 5 0 0	»	au cours ⨼ 5 0 0
Déroulage et tirage d'un kilomètre de ligne, compris toutes mains-d'œuvre pour raccords, attaches, etc. :				
par fil d'un diamètre de 30 à 45/10	54	78	»	54
par fil d'un diamètre de 50 à 65/10	60	106	»	60
par câble de toute section	70	145	»	70
Plus-value pour pose d'un 2ᵉ conducteur de 30/10 ou 40/10 dans les traversées de routes, de lignes téléphoniques et de voies ferrées :				
portée de 8 à 10 m.	30	29	»	»
— 10 à 15 m.	40	39	»	»
— 15 à 20 m.	50	39	»	»
Poteaux ciment armé				
Compris fouille, roc excepté, bétonnage du pied, collier de protection et plaque, numérotation et marque :				
a) *Coefficient de sécurité 3*				
Poteaux de 11 m., effort au sommet de 150 à 2.000 kg.	»	»	875 à 1.260	»
— 14 m., — — 150 à 1.500 kg.	»	»	1.060 à 2.400	»
— 15 m., — — 200 à 1.000 kg.	»	»	1.200 à 2.050	»
b) *Coefficient de sécurité 5*				
Poteaux de 11 m., effort au sommet de 150 à 2.000 kg.	»	»	1.040 à 2.360	»
— 13 m., — — 150 à 1.350 kg.	»	»	1.220 à 2.400	»
— 14 m., — — 150 à 1.500 kg.	»	»	1.300 à 2.600	»
— 15 m., — — 200 à 1.000 kg.	»	»	1.350 à 2.560	»
Plus-value pour fouilles dans le roc au m³ réel	»	»	38	»
Poteau spécial pour poste de transformation	»	»	1.050 — 1.200 coeff. 3 — coeff. 5	»
Poteaux en fer profilé				
Y compris bétonnage et creusement des trous :				
simples 10 m.	»	»	»	»
jumelés 10 m.	»	»	»	»
jumelés 12 m.	»	»	»	»
Poteaux bois				
a) *Poteaux ordinaires*				
Poteau en bois injecté, compris fouille, roc excepté, dressage et calage du poteau, fourniture et pose du fil de ronce empêchant l'escalade, d'une plaque, marque et numérotage du poteau :				
Hauteur totale 9 m.	81	92	86	94
— 10 m.	90	102	113	102
— 11 m.	108	116	137	115
— 12 m.	125	140	163	137
— 13 m.	148	160	192	155
— 14 m.	220	»	»	»
— 15 m.	260	»	»	246

RÉGION DE **Cléon** (Seine-Inf^re) TRAVAUX projetés non exécutés	RÉGION DE **Compiègne** (Oise) TRAVAUX exécutés en régie 1922	RÉGION DE **Pithiviers** (Loiret) ADJUDICATION de 1922	RÉGION DE **Bordeaux** (Gironde) TRAVAUX effectués dans diverses communes	RÉGION DE **Lyon** (Rhône) PRIX MINIMA résultant de la mise au concours en 1922 auquel ont participé 14 entrepreneurs	RÉGION **Parisienne** PRIX prévus	RÉGION DE **Sains-en-Amiens** (Somme) PRIX DE MARCHÉS après adjudication restreinte	RÉGION DE LA **Marne** PROPOSITION par diverses entreprises à majorer de 15 °/₀ pour frais généraux	RÉGION DE **Perusson** (Indre-et-Loire) ADJUDICATION de 1922
Fr.	Fr.	Fr.	Fr.	Fr.	Fr.	Fr.	Fr.	Fr.
5 0 0	3 0 0	»	»	au kilomètre suivant dimension de 30/10 à 7/16 : 323 à 1.265	au cours ⊹ 10 0 0	au cours ⊹ 15 0,0	au cours ⊹ 10 0 0	»
»	»	»	»		55	57	»	»
»	»	»	»	100	65	76	»	»
»	»	»	»		75	»	»	»
»	»	»	»	»	»	»	»	»
»	»	»	»	»	»	»	»	»
»	»	»	»	»	»	»	»	»
»	»	»	»	»	»	»	»	»
»	»	»	»	»	»	»	»	»
»	»	»	»	»	»	»	»	»
»	»	»	»	»	»	»	»	»
»	»	»	»	»	»	»	»	»
»	»	»	»	»	»	»	»	»
»	»	»	»	»	»	»	»	»
»	»	»	»	»	»	»	»	»
»	»	»	»	»	»	»	215	»
»	»	»	»	»	»	»	357	»
»	»	»	»	»	»	»	410	»
110	»	»	»	50 50	80	90	55	»
120	90	»	»	70 60	95	109	66	»
»	105	»	»	82	105	119	82	»
130	124	»	»	93	125	142	25	»
»	140	»	»	»	155	166	99	»
»	159	»	»	»	»	»	»	»
»	»	»	»	»	»	»	»	»

NATURE DES TRAVAUX	RÉGION D' **Aubenton** (Aisne) PRIX MINIMA résultant de 3 adjudications 1922	RÉGION DE LA **Capelle** (Aisne) SÉRIE DE PRIX 1922	RÉGION DE **Soissons** (Aisne) SÉRIE DE PRIX 1921	RÉGION DE **Vervins** (Aisne) MARCHÉ 1922
	Fr.	Fr.	Fr.	Fr.
b) *Poteaux jumelés*				
Plus-value pour jumelage de poteaux comprenant le poteau de renforcement mis en place, trous de boulons, fourniture et pose des boulons de jumelage avec écrous, pour une hauteur totale de poteau simple :				
Hauteur totale 9 m.	»	»	92	91
— 10 m.	»	»	104	102
— 11 m.	»	»	112	115 ⎬ + 14 50
— 12 m.	»	»	130	137
— 13 m.	»	»	174	155
c) *Poteaux contrefichés*				
Plus-value pour contrefichage des poteaux, comprenant la contrefiche mise en place, les trous de boulons, fourniture et pose du boulon de tête, du collier et de la tige de serrage, supplément de fouille, pour une hauteur totale de poteau simple :				
Hauteur totale 9 m.	»	»	103	94
— 10 m.	»	»	115	102
— 11 m.	»	»	123	115 ⎬ + 48 50
— 12 m.	»	»	140	137
— 13 m.	»	»	185	155
d) *Poteaux haubannés*				
Hauteur totale 9 m.	»	»	»	»
— 10 m.	»	»	»	»
— 11 m.	»	»	»	»
— 12 m.	»	»	»	»
Plus-value pour la fouille dans le roc pour :				
poteaux de 10 m.	12	»	⎱ 38 fr. le m³	15
poteaux de 11 à 13 m.	14	10	⎰	18
Plus-value pour damages supplémentaires pour poteaux bois ..	2	»	»	»
Plus-value pour bétonnage des poteaux bois	»	»	121 50	»
Armements				
a) *pour poteaux ciment armé*				
Armement type A, ligne H. T. simple, comprenant 1 ferrure souple double en acier plat 70/6, genre Cornez, 2 supports droits avec isolateurs, 1 paire montants 40/7, 1 ferrure droite avec isolateur, 1 collier et boulons	»	»	88	»
Armement type B, pour ligne double H. T., comprenant 6 isolateurs, 3 ferrures souples doubles en acier plat 70/6, tous boulons	»	»	133	»
Plus-value pour corne garde-fil simple	»	»	3 25	»
Plus-value pour corne double de tête	»	»	5 40	»
Armement type C, pour traversée de ligne simple au-dessus des lignes des P. T. T., comprenant 1 ferrure souple double de 70/8, genre Cornez, à 4 isolateurs, 4 supports droits avec isolateurs H. T., cadre de retenue des fils et ses colliers, tirants, entretoises de fixation et boulons	»	»	212	»

RÉGION DE Cléon (Seine-Inf.re)	RÉGION DE Compiègne (Oise)	RÉGION DE Pithiviers (Loiret)	RÉGION DE Bordeaux (Gironde)	RÉGION DE Lyon (Rhône)	RÉGION Parisienne	RÉGION DE Sains-en-Amie.ns (Somme)	RÉGION DE LA Marne	RÉGION DE Perusson (Indre-et-Loire)
TRAVAUX projetés non exécutés	TRAVAUX exécutés en régie	ADJUDICATION de 1922	TRAVAUX effectués dans diverses communes	PRIX MINIMA résultant de la mise au concours en 1922 auquel ont participé 14 entrepreneurs	PRIX prévus	PRIX DE MARCHÉS après adjudication restreinte	PROPOSITION par diverses entreprises à majorer de 15 % pour frais généraux	ADJUDICATION de 1922
Fr.	Fr.	Fr.	Fr.	Fr.	Fr.	Fr.	Fr.	Fr.
»	»	»	»	101	80	116	»	»
»	»	»	»	141 20	95	130	»	»
»	»	»	»	164	105	144	»	»
»	»	»	»	186	125	167	»	»
»	»	»	»	»	155	186	»	»
»	»	»	»	101	80	125	»	»
»	»	»	»	141	95	149	»	»
»	»	»	»	164	105	163	»	»
»	»	»	»	186	125	185	»	»
»	»	»	»	195	155	210	»	»
»	»	»	»	62	»	»	»	»
»	»	»	»	82 10	»	»	»	»
»	»	»	»	93 50	»	»	»	»
»	»	»	»	104 50	»	»	»	»
»	»	»	»	»	»	24	»	»
»	»	»	»	»	»	33	»	»
»	»	»	»	»	»	»	»	»
»	»	»	»	»	»	71	»	»
»	»	»	»	»	»	»	»	»
»	»	»	»	»	»	»	»	»
»	»	»	»	»	»	»	»	»
»	»	»	»	»	»	»	»	»
»	»	»	»	»	»	»	»	»

NATURE DES TRAVAUX	RÉGION D' **Aubenton** (Aisne) PRIX MINIMA résultant de 3 adjudications 1922	RÉGION DE LA **Capelle** (Aisne) SÉRIE DE PRIX 1922	RÉGION DE **Soissons** (Aisne) SÉRIE DE PRIX 1921	RÉGION DE **Vervins** (Aisne) MARCHÉ 1922
	Fr.	Fr.	Fr.	Fr.
Armement type F., pour traversée de ligne double au-dessus des lignes des P. T. T., genre Cornez, comprenant : 3 ferrures souples doubles de 70/8, à 4 isolateurs, 12 supports droits avec isolateur H. T., cadre de retenue des fils et ses colliers, tirants et entretoises et boulons	»	»	313	»
Ferrure souple double, genre Cornez, de 50/6, avec 2 supports droits et 2 isolateurs B. T. scellés	»	»	24 30	»
Ferrure souple double, genre Cornez, avec un support droit et un isolateur H. T. scellé, pour arme en drapeau ou en dérivation	»	»	32 40	»
b) pour poteaux bois				
Armement type A, ligne simple H. T., comprenant 3 isolateurs H. T., scellés sur leur console, longueur 230 ou 250 mm., diamètre 20 ou 22 mm., avec 2 tirefonds ou boulons	40	48 50	52 40	48
Fourniture et pose d'armement type Cornez, pour lignes triphasées haute tension, en fer galvanisé électriquement, comprenan :				
a) Pour poteau simple en alignement :				
Ligne triphasée, avec fils en tête du poteau : 3 isolateurs 15.000 volts, 1 collier Cornez double, 3 supports d'isolateurs, 1 paire montants, 1 collier 2 pièces :				
Lignes triphasées en drapeau : 3 isolateurs, 3 colliers Cornez simples, 3 supports d'isolateurs	80	78	»	»
b) Pour poteau simple de traversée :				
Ligne triphasée, avec fils en tête du poteau : 6 isolateurs 15.000 v., 1 collier Cornez, 4 isolateurs, 4 supports simples d'isolateurs, 1 parre-montants, 1 collier 2 pièces, 1 ferrure double, 2 cornes simples, 1 corne double de tête.				
Ligne triphasée en drapeau : 6 isolateurs, 3 colliers Cornez, 2 isolateurs, 6 supports d'isolateurs, 3 cornes simples	145	155	»	»
c) Pour poteau d'angle contrefiché :				
Ligne triphasée en drapeau : 6 isolateurs, 15.000 v., 3 colliers Cornez, 2 isolateurs série, 6 supports d'isolateurs, 3 cornes simples	145	155	»	»
Armement type D, ligne double M. T., comprenant : 6 isolateurs M. T., scellés sur leur console à pattes, longueur, diamètre : 20 mm., avec tirefonds ou boulons	»	»	105	»
Plus-value sur armement A, pour armement d'angle, type B, comprenant l'adjonction, confection et pose d'un cadre de retenue, en fer plat de 40/5, avec tirefond :				
Cadre pour 1 isolateur	6 25	6 79	10 80	6 50
Cadre pour 2 isolateurs	7 25	7 76	16 20	8
Cadre pour 3 isolateurs	8 50	»	»	»
Plus-value pour armement type D, pour armement d'angle type E, comprenant l'adjonction, confection et pose d'un cadre de retenue, en fer plat 40/5, avec tirefonds	»	»	18 90	»
Armement type C, pour traversée de ligne simple H. T., au-dessus des lignes des P. T. T., comprenant : 1 ferrure souple double, genre « Cornez », de 70/8, à 4 isolateurs, 4 supports droits avec isolateurs H. T., 1 paire de montants, 1 collier de serrage, 1 ferrure double avec ses deux isolateurs H. T., câble de retenue des fils en fer U de 40/20/5 et ses colliers, tirants, entretoises de fixations en fer plat de 40/8 mm. ...	»	»	211 70	»

RÉGION DE **Cléon** (Seine-Infre)	RÉGION DE **Compiègne** (Oise)	RÉGION DE **Pithiviers** (Loiret)	RÉGION DE **Bordeaux** (Gironde)	RÉGION DE **Lyon** (Rhône)	RÉGION **Parisienne**	RÉGION DE **Sains-en-Amiens** (Somme)	RÉGION DE LA **Marne**	RÉGION DE **Perusson** (Indre-et-Loire)
TRAVAUX projetés non exécutés	TRAVAUX exécutés en régie	ADJUDICATION de 1922	TRAVAUX effectués dans diverses communes	PRIX MINIMA résultant de la mise au concours en 1922 auquel ont participé 14 entrepreneurs	PRIX prévus	PRIX DE MARCHÉS après adjudication restreinte	PROPOSITION par diverses entreprises à majorer de 15 % pour frais généraux	ADJUDICATION de 1922
Fr.	Fr.	Fr.	Fr.	Fr.	Fr.	Fr.	Fr.	Fr.
»	»	»	»	»	»	»	»	»
»	»	»	»	»	»	»	»	»
»	»	»	»	»	»	»	»	»
»	»	»	»	»	50	51	20 (simple)	»
»	»	»	»	»	»	»	»	»
»	»	»	»	»	»	»	»	»
»	»	»	»	»	»	»	»	»
»	»	»	»	»	»	95	»	»
»	»	»	»	»	»	19	»	»
»	»	»	»	»	»	24	»	»
»	»	»	»	»	»	30	»	»
»	»	»	»	»	»	252	»	»

NATURE DES TRAVAUX	RÉGION D' **Aubenton** (Aisne) PRIX MINIMA résultant de 3 adjudications 1922	RÉGION DE LA **Capelle** (Aisne) SÉRIE DE PRIX 1922	RÉGION DE **Soissons** (Aisne) SÉRIE DE PRIX 1921	RÉGION DE **Vervins** (Aisne) MARCHÉ 1922
	Fr	Fr.	Fr.	Fr.
Armement type F, pour traversée de ligne double H. T., au-dessus des lignes P. T. T., comprenant : 3 ferrures souples doubles genre Cornez, de 70/8, à 4 isolateurs, 12 supports droits, avec isolateurs H. T. et cadre de retenue	»	»	313 20	»
Armement type H., pour ligne en dérivation, comprenant : 6 ferrures souples Cornez, de 70/6, 6 isolateurs, scellés sur leur tige droite, et boulons d'attache	»	»	145 80	»
Armement type J spécial, pour traversée de route, pour supports de 13 m. dans les agglomérations (car des lignes H. T. et B. T. sur le même appui), comprenant :				
1 ferrure double souple Cornez, 70/6, 2 supports droits, avec leurs isolateurs, 1 collier simple en deux pièces, 1 paire de montants, 1 isolateur de tête, avec ferrure, et boulons d'attache	»	»	88 65	»
Plus-value sur armement J, pour armement d'angle comprenant l'adjonction de 3 cornes garde-fils, avec entretoises et boulons ....'	»	»	18 90	»
Isolateur H. T., sur sa console en fer galvanisé, à patte longue, de 250/25, avec tirefond ou boulons fixés sur poteau ou potelet métallique	»	»	18	»
Isolateur M. T., sur sa console droite, en fer galvanisé, de 23/30 mm. de diamètre, avec écrou et rondelle	»	»	18 90	»
Armement type C., B. T., 5, pour traversée de lignes P. T. T., comprenant : 2 ferrures souples doubles, genre Cornez, de 50/6, à 4 isolateurs, 1 ferrure souple simple, genre Cornez, de 50/6, à 2 isolateurs, 10 supports droits, avec isolateur B. T., cadre de retenue des fils de fer en U de 40/20/5, et ses 2 colliers, tirant et entretoises de fixation en fer plat de 40/8, dispositif de mise à la terre	»	»	»	»
Armement type C., B. T., 4, pour traversée de ligne B. T., 4 fils, au-dessus des lignes des P. T. T., comprenant : 2 ferrures souples doubles, genre Cornez, de 90/6, à 4 isolateurs, 8 supports droits, avec isolateurs B. T., cadre fer à U, de 40/20/5, accessoire et dispositif mis à la terre	»	»	»	»
Isolateurs B. T., sur sa console en fer galvanisé, à patte courte, de 95/18, avec tirefonds ou boulons, fixés et scellés dans les murs	6	7 28 et 6 31	6 85	6
Potelets métalliques				
Potelet métallique type A, pour ligne H. T. et B. T., comprenant 2 fers à U, de 60/30/6, maintenus à écartement de 2 ou 3 cm. par entretoises rendues solidaires des 2 montants par des rivets, hauteur 2 m. 65, 1 support à scellement en fer cassé 30/30, avec embase et écrou, 1 support à 2 branches de scellement, comme ci-dessus, 3 couches peinture, y compris pose et fourniture de ciment	165	194	le kg. 3 15	166
Potelet métallique type B, pour ligne B. T., comme ci-dessus, hauteur 2 m. 25	136	175	3 15	137 50
Potelets métalliques spéciaux sur pignon ou faitage, tout compris, en place, le kg.	2 50	2 91	3 15	2 50
Fourniture et pose d'une console d'angle, comprenant 2 fers à U, de 50/25/5, maintenus à écartements de 2 cm. par entretoises rendues solidaires de 2 montants par des rivets, et le fer U scellement, de 50/25/5, avec 3 couches peinture, y compris pose et fourniture du ciment	130	»	»	»

RÉGION DE **Cléon** (Seine-Inf^{re}) TRAVAUX projetés non exécutés	RÉGION DE **Compiègne** (Oise) TRAVAUX exécutés en régie	RÉGION DE **Pithiviers** (Loiret) ADJUDICATION de 1922	RÉGION DE **Bordeaux** (Gironde) TRAVAUX effectués dans diverses communes	RÉGION DE **Lyon** (Rhône) PRIX MINIMA résultant de la mise au concours en 1922 auquel ont participé 14 entrepreneurs	RÉGION **Parisienne** PRIX prévus	RÉGION DE **Sains-en-Amien^s** (Somme) PRIX DE MARCHÉS après adjudication restreinte	RÉGION DE LA **Marne** PROPOSITION par diverses entreprises à majorer de 15 % pour frais généraux	RÉGION DE **Perusson** (Indre-et-Loire) ADJUDICATION de 1922
Fr.	Fr.	Fr.	Fr.	Fr.	Fr.	Fr.	Fr.	Fr.
»	»	»	»	»	»	372	»	»
»	»	»	»	»	»	161	»	»
»	»	»	»	»	»	90	»	»
»	»	»	»	»	»	18	»	»
»	»	»	»	4 40 (sans ferrure)	»	22	4 80 (sans ferrure)	»
»	»	»	»	»	»	15	»	»
»	»	»	»	»	»	190	»	»
»	»	»	»	»	»	161	»	»
»	»	»	»	0 98 (seul)	6 50	7 10	»	»
»	»	»	»	»	»	228	»	»
»	»	»	»	»	»	200	»	»
»	»	»	»	»	»	3 30	»	»
»	»	»	»	»	»	»	175 (sans aucun détail)	»

NATURE DES TRAVAUX	RÉGION D' Aubenton (Aisne) PRIX MINIMA résultant de 3 adjudications 1922	RÉGION DE LA Capelle (Aisne) SÉRIE DE PRIX 1922	RÉGION DE Soissons (Aisne) SÉRIE DE PRIX 1921	RÉGION DE Vervins (Aisne) MARCHÉ 1922
	Fr.	Fr.	Fr.	Fr.
Interrupteurs, etc...				
Interrupteur aérien à cornes tripolaires, 15.000 volts, monté sur poteau, comprenant l'appareil lui-même et ses accessoires, tels qu'isolateur d'arrêt de la ligne, scellés sur leur tige et posés, connexions des isolateurs d'arrêts, avec isolateurs de l'équipement, appareil de commande à crémaillère ou chaînes avec guides, treuil, manivelle de commande et dispositif de verrouillage, cadenas, etc..., mais non compris la fourniture et la pose du poteau	1.400	Pétrier — 1.210 Merlin — 1.460	1.890	1.500
Poste de sectionnement de ligne, sans fusible, avec commande par perche, non compris les poteaux, tout posé	»	»	»	»
Le même, avec fusibles	»	»	»	»
Poste de sectionnement à commande mécanique, non compris les poteaux	»	»	»	»
Prix du kilomètre de ligne				
(Poteaux bois)				
Réseau H. T. 3 fils 30/10	»	»	»	»
— — 35/10	»	»	»	»
— — 40/10	»	»	»	»
— — 45/10	»	»	»	»
— — 50/10	»	»	»	»
— — 55/10	»	»	»	»
— — 60/10	»	»	»	»
— — 65/10	»	»	»	»
Réseau B. T. 2 fils 30/10	»	»	»	»
— 3 — 30/10 — N. 30/10	»	»	»	»
— 3 — 35/10 — N. 30/10	»	»	»	»
— 3 — 40/10 — N. 30/10	»	»	»	»
— 3 — 45/10 — N. 30/10	»	»	»	»
— 3 — 50/10 — N. 30/10	»	»	»	»
Réseau supplémentaire pour fil 30/10 (éclair. public)	»	»	»	»
— 3 fils 50/10 — 1 fil 30/10 — 1 fil 25/10	»	»	»	»
Rés. mixte (H.T. et B.T.) 3 f. 35/10 — 2 f. 30/10	»	»	»	»
— — 3 f. 35/10 — 3 f. 30/10 — N. 30/10..	»	»	»	»
— — 3 f. 35/10 — 3 f. 35/10 — N. 30/10..	»	»	»	»
— — 3 f. 35/10 — 3 f. 40/10 — N. 30/10..	»	»	»	»
— — 3 f. 30/10 — 2 f. 30/10	»	»	»	»
— — 3 f. 30/10 — 3 f. 30/10 — N. 30/10..	»	»	»	»
Traversée de voie ferrée	»	»	»	»
Poste de coupure et de comptage	»	»	»	»

RÉGION DE **Cléon** (Seine-Inf^re)	RÉGION DE **Compiègne** (Oise)	RÉGION DE **Pithiviers** (Loiret)	RÉGION DE **Bordeaux** (Gironde)	RÉGION DE **Lyon** (Rhône)	RÉGION **Parisienne**	RÉGION DE **Sains-en-Amien^n** (Somme)	RÉGION DE LA **Marne**	RÉGION DE **Perusson** (Indre-et-Loire)
TRAVAUX projetés non exécutés	TRAVAUX exécutés en régie	ADJUDICATION de 1922	TRAVAUX effectués dans diverses communes	PRIX MINIMA résultant de la mise au concours en 1922 auquel ont participé 14 entrepreneurs	PRIX prévus	PRIX DE MARCHÉS après adjudication restreinte	PROPOSITION par diverses entreprises à majorer de 15 % pour frais généraux	ADJUDICATION de 1922
Fr.	Fr.	Fr.	Fr.	Fr.	Fr.	Fr.	Fr.	Fr.
1.000	»	750 et 790	1.350	»	1.500	1.377	1.100	»
»	300	»	»	»	»	»	»	»
»	500	»	»	»	»	»	»	»
»	950	»	»	»	»	»	»	»
6.590	5.600	MT 5.120	6.800	»	7.000	»	»	4.760 (12.000 volts)
7.025	»	5.580	»	»	»	»	»	»
»	6.500	»	»	»	»	»	»	»
»	»	6.730	»	»	»	»	»	»
»	7.500	7.420	»	»	»	»	»	»
»	»	8.200	»	»	»	»	»	»
»	»	9.080	»	»	»	»	»	»
»	»	9.950	»	»	»	»	»	»
»	»	2.520 sur mêmes supports que HT / 4.080 sur supports propres à BT	»	»	»	»	»	2.625 sur mêmes supports que HT / 4.280 sur mêmes supports que BT
7.080	»	»	»	»	»	»	»	»
8.270	»	»	»	»	»	»	»	»
9.140	»	»	8.500 (prix moyen)	»	»	»	»	»
»	»	4.010 sur mêmes supports que HT / 6.630 sur supports propres à BT	»	»	7.400	»	»	3.860 sur mêmes supports que HT / 6.490 sur mêmes supports que BT
»	»	»	10.000 (chemins sinueux)	»	»	»	»	»
660	»	»	»	»	»	»	»	»
»	8.700	»	»	»	»	»	»	»
10.420	»	»	»	»	»	»	»	»
11.470	»	»	»	»	»	»	»	»
12.160	»	»	»	»	»	»	»	»
12.600	»	»	»	»	»	»	»	»
9.900	»	»	»	»	»	»	»	»
11.250	»	»	»	»	»	»	»	»
plus-value 1.000	4.500	5.030 à 8.170 suivant nombre de conducteurs	»	»	»	»	»	5.530
»	»	»	»	»	»	»	»	4.830

NATURE DES TRAVAUX	RÉGION D'**Aubenton** (Aisne) PRIX MINIMA résultant de 3 adjudications 1922	RÉGION DE LA **Capelle** (Aisne) SÉRIE DE PRIX 1922	RÉGION DE **Soissons** (Aisne) SÉRIE DE PRIX 1921	RÉGION DE **Vervins** (Aisne) MARCHÉ 1922
	Fr.	Fr.	Fr.	Fr.
TRANSFORMATEURS				
Poste de transformation sur poteaux. — Equipement				
a) *Sur poteaux bois*	15.000 220 127	15.000/220 127	15.000 380 220	
3 KVA.				
5 KVA.				
7,5 KVA., ou de 7 à 9 KVA.	2.150	2.716	6.750 Y compris transformateur et non compris matériel de protection HT.	3.000
10 KVA.				
11 à 15 KVA.				
b) *Sur poteaux ciment*				
de 15 à 17 KVA.	»	»	»	»
de 17 à 19 KVA.	»	»	»	»
de 19 à 22 KVA.	»	»	»	»
de 22 à 27 KVA.	»	»	»	»
de 27 à 32 KVA.	»	»	»	»
Transformateur triphasé à bain d'huile, pour montage sur poteaux :				
Puissance : 5 KVA.	2.925	»	»	2.925
— 7,5 KVA.	3.125	»	»	»
— 10 KVA.	3.400	3.324	»	3.700
— 15 KVA.	3.900	3.681	»	4.000
Prix moyens, y compris équipement, poteaux et transformateur :				
a) sur poteaux bois	5.550	6.200	6.750	6.500
b) sur poteaux ciment	»	»	»	»
Postes de transformation en cabine				
Equipement d'un poste de transformation en cabine :	15.000/220 127	15.000 220/127	15.000 380 220	
a) pour une direction	3.100	3.100	7.500 (1)	3.200
pour deux directions	3.800	3.350	9.000 (1)	3.850
pour trois directions	3.900	3.600	9.800 (1)	4.200
pour quatre directions	»	»	10.700 (1)	5.100
Transformateur pour montage à l'intérieur :				15.000 200 — 115
5 KVA.	2.500	»	»	1.940
10 KVA.	3.100	2.945	»	2.200
15 KVA.	3.500	3.300	»	2.520
20 KVA.	3.800	3.750	»	2.770
25 KVA.	4.060	4.200	»	3.180
30 KVA.	4.450	4.600	»	3.330
35 KVA.	4.900	4.950	»	3.410
40 ou 42 KVA.	5.450	»	»	»
Cabine en briques ou en parpaings	3.850	3.900	»	3.800
Prix moyen, y compris équipement, transformateur et cabine.	11.400	11.100	»	12.500

(1) Y compris le transformateur, mais non compris le matériel de protection contre les décharges atmosphériques.

RÉGION DE **Cléon** (Seine-Inf^re) TRAVAUX projetés non exécutés Fr.	RÉGION DE **Compiègne** (Oise) TRAVAUX exécutés en régie Fr.	RÉGION DE **Pithiviers** (Loiret) ADJUDICATION de 1922 Fr.	RÉGION DE **Bordeaux** (Gironde) TRAVAUX effectués dans diverses communes Fr.	RÉGION DE **Lyon** (Rhône) PRIX MINIMA résultant de la mise au concours en 1922 auquel ont participé 14 entrepreneurs Fr.	RÉGION **Parisienne** PRIX prévus Fr.	RÉGION DE **Sains-en-Amien^s** (Somme) PRIX DE MARCHÉS après adjudication restreinte Fr.	RÉGION DE LA **Marne** PROPOSITION par diverses entreprises à majorer de 15 % pour frais généraux Fr.	RÉGION DE **Perusson** (Indre-et-Loire) ADJUDICATION de 1922 Fr.
»	»	»		3.590				
4.900 Y compris transformateur	»	»		3.870				
»	»	3.210	3.000 monophasé	4.110	2.700	»	»	4.350 4 KVA y compris transformateur
5.500 Y compris transformateur	»	3.220		4.450				
»	»	3.240		»				
»	»	3.770	»	»	»	»	»	»
»	»	3.790	»	»	»	»	»	»
»	»	3.800	»	»	»	»	»	»
»	»	3.830	»	»	»	»	»	»
»	»	3.840	»	»	»	»	»	»
»	»	2.320	»	»	3.650	»	»	»
»	»	»	»	»	»	»	»	»
»	»	2.480	»	»	4.000	»	»	»
»	»	2.700	»	»	4.700	»	«	»
5.200	5.000	5.700	3.000 monophasé	»	6.800	»	»	4.350
»	»	7.000	»	»	»	»	»	»
33.000 3.300								
»			7.500 (p = 18 KVA) Y compris cabine	6.605 pour 15 KVA	3.600	3.906		
»	2.200	5.200 à 5.400 pour 35 à 60 KVA Y compris cabines	8.000 (p = 15 KVA) Y compris cabine	6.850 pour P = 20 KVA Y compris cabines	4.200	4.594	4.070 pour P = 20 KVA	6.560 pour P = 12 KVA y compris transformateur
»			»		4.600	5.022		
15.600 Y compris transformateur 40 KVA			»		»	5.487		
Thomson-Houston								
»	»	»	»	»	»	»	»	»
2.420	»	»	3.500	2.300	2.233	»	»	»
2.700	»	»	3.800	»	»	»	»	»
2.940	»	»	4.200	3.015	3.060	»	»	»
3.270	»	»	4.500	»	»	»	»	»
»	»	»	4.850	3.420	4.834	»	»	»
3.780	»	»	5.400	»	»	»	»	»
»	»	»	5.950	4.400	»	»	»	»
4.500	3.000	»	»	»	3.500 à 5.000 suivant matériaux et type	4.000	3.300	4.000
»	8.000	10.500 P = 40 KVA	7.750	»	12.000	11.500 pour 20 KVA	10.600	»

RAPPORT SUR LES MOYENS FINANCIERS PROPRES A ASSURER LA RÉALISATION DES RÉSEAUX RURAUX DE DISTRIBUTION D'ÉNERGIE ÉLECTRIQUE

Par M. Louis TARDY
Directeur général de l'Office National du Crédit Agricole

Nécessité de retenir à la terre les travailleurs ruraux

La diminution de la population rurale et la disparition progressive de la main-d'œuvre agricole, qui, avant la guerre, préoccupaient déjà les pouvoirs publics, constituent aujourd'hui un péril alarmant qui en se perpétuant menace de restreindre la production nationale et d'entraver la renaissance économique du pays.

Il est d'un intérêt supérieur de remédier aux conséquences désastreuses que peut entraîner une crise aussi profond et de rechercher les moyens pratiques qui permettront de retenir à la terre ceux qui lui sont attachés, d'attirer à elle de nouvelles énergies et de suppléer à l'insuffisance numérique des travailleurs ruraux par une large application des progrès de la science et notamment par l'utilisation généralisée d'un matériel agricole perfectionné.

Depuis longtemps le législateur a témoigné de l'intérêt qu'il attache à pourvoir aux besoins des agriculteurs isolés ou groupés ; des lois bienfaisantes ont facilité l'accession à la petite propriété rurale (spécialement au profit des mutilés) ; favorisé la création et le fonctionnement des sociétés coopératives, encouragé la constitution et le développement des assurances mutuelles contre les risques agricoles et développé l'enseignement de l'agriculture. Mais dans le domaine des améliorations qui tendent à accroître la production de la terre, à faciliter les travaux de la ferme ou à influer favorablement sur les conditions d'existence du paysan, il reste beaucoup à réaliser.

Il apparaît aujourd'hui que des résultats féconds et immédiats pourraient être obtenus si l'agriculteur avait à sa disposition l'énergie électrique, dont l'emploi est demeuré, jusqu'ici, dans la généralité des cas, le privilège des régions industrielles ou des centres urbains.

Qu'elle soit utilisée comme lumière ou comme force motrice, l'électricité peut contribuer à améliorer d'une manière très sensible la condition du travailleur rural.

Avantages de l'électricité

L'éclairage électrique des bâtiments de ferme offre des avantages incontestables de sécurité, de commodité et d'hygiène. Il facilite le nettoyage et permet une meilleure utilisation des locaux. Il rend l'habitation plus confortable et le séjour à la campagne plus agréable. A une époque où l'attrait du bien-être est une des raisons qui poussent les agriculteurs à quitter leur village, l'amélioration des conditions de confort de la vie rurale revêt une grande importance.

Bien plus sensibles encore sont les profits que le cultivateur peut retirer des applications mécaniques de l'énergie électrique.

Sans insister sur la culture électro-mécanique, encore à son début, mais dont les essais récents ont mis en évidence le rôle qu'elle est appelée à jouer dans l'avenir, l'électricité sera utilisée avec avantage pour battre les céréales, hacher la paille, couper les racines, trier, applatir et concasser les grains, broyer les tourteaux, élever l'eau, actionner les fouloirs et les pressoirs, mettre en mouvement les appareils de laiterie, chauffer les couveuses, seconder enfin la ménagère dans ses travaux d'intérieur, de lessivage, de repassage, etc...

L'éclairage et la force motrice permettront d'employer utilement les longues soirées d'hiver et l'on peut espérer que, grâce à l'électricité, on assistera peut-être à la renaissance des petites industries locales autrefois si florissantes.

Il n'est pas douteux, d'autre part, que les industriels trouveront intérêt, dans beaucoup de régions, à créer, dans les communes rurales, de petites usines ou des ateliers familiaux qui bénéficieront d'une main-d'œuvre locale robuste et peu coûteuse.

La décentralisation de l'industrie, dont nous trouvons déjà des exemples dans les régions agricoles de l'Oise, qui viennent d'être dotées de réseaux électriques, contribuera certainement à retenir au pays natal de nombreux travailleurs et à ramener l'activité dans les agglomérations paysannes.

Essais tentés en divers endroits pour mettre l'électricité à la disposition des populations rurales

Ces avantages n'avaient pas échappé avant la guerre aux esprits avisés, soucieux de doter l'agriculture des bienfaits de la science moderne. De grandes fermes (1) avaient été pourvues de l'énergie électrique, soit par l'aménagement d'un ancien

---

(1) On peut citer les fermes de Noisy-le-Roi, de Couttillet, de la Relulière en Sologne et de Torchamp dans l'Orne.

moulin, soit par la création d'une station à gaz pauvre, soit par l'utilisation de l'énergie thermique produite en excédent par certaines industries agricoles.

Considérées au début comme le brillant décor d'exploitations luxueuses, entraînant une importante immobilisation de capitaux, ces installations n'ont pas tardé à prendre le caractère de véritables améliorations foncières.

A la faveur de ces résultats se sont constitués, en certains endroits, des groupements agricoles animés du désir de bénéficier des avantages réservés jusque-là aux grandes exploitations rurales. C'est ainsi que furent constitués en 1912 les secteurs coopératifs de Prouais-Rosay Electric, de Vaucogne et de Roisel.

La guerre a entravé la réalisation des projets qui avaient pu être conçus sur le modèle des précédents; mais elle a développé chez l'agriculteur l'esprit d'entreprise. Le paysan s'intéresse aujourd'hui à toutes les manifestations du progrès. Les initiatives individuelles qui étaient rares avant 1914, dans le domaine de l'électricité se sont multipliées. Les idées de mutualité et de coopération en pénétrant profondément dans les masses rurales, ont fait apparaître l'utilité de groupements ayant pour but d'améliorer la condition des cultivateurs par la création de réseaux collectifs de distribution d'électricité. Les Ministres de l'Agriculture et des Travaux publics par leur circulaire interministérielle du 19 octobre 1919 ont marqué qu'ils s'intéressaient à cette importante question et que l'Etat était disposé à consentir des sacrifices pécuniaires pour la faire aboutir.

Intervention du crédit agricole

La loi du 5 août 1920 sur le Crédit mutuel et la Coopération agricoles, par les facilités de crédit qu'elle réserve aux coopératives et aux sociétés d'intérêt collectif ayant pour objet de doter une région de réseaux d'électricité a ouvert la voie aux réalisations pratiques des projets tendant à l'électrification des campagnes.

Un mouvement d'opinion très puissant s'est créé en faveur de la diffusion de l'énergie électrique dans les exploitations agricoles.

Pénétrés de ses bienfaits, les cultivateurs la réclament avec insistance et adhèrent avec enthousiasme aux groupements qui se constituent dans le but d'organiser des réseaux de distribution.

Difficultés d'ordre technique auxquelles se heurte l'électrification des communes rurales

L'électrification des communes rurales soulève cependant des difficultés sérieuses. Les agriculteurs sont de médiocres clients pour les secteurs électriques. Sous la dépendance des conditions atmosphériques, pour l'exécution de leurs travaux, ils se servent de l'électricité les jours de pluie, pour les besognes intérieures de la ferme, tandis qu'en période de beau temps, ils travaillent tous aux champs et laissent les moteurs au repos. L'énergie se trouve ainsi utilisée d'une façon irrégulière.

Pour alimenter les localités et les fermes dispersées, dans les zones agricoles, il faut établir des réseaux très étendus et, par suite, très coûteux (1). Or, ces réseaux ne seraient ensuite utilisés que pour des consommations extrêmement faibles, l'agriculture en effet, a besoin d'électricité mais en quantité limitée ; on ne fait pas de dépense superflue à la campagne ; on ne s'éclaire que là où il faut et quand il faut ; les moteurs sont de puissance réduite et leur durée d'utilisation — comparée à celle des moteurs industriels — est très courte (2). Ajoutons qu'en raison même de la faible consommation d'énergie le long des fils du réseau, il se produit une déperdition de courant relativement très élevée. C'est ainsi que dans certains secteurs agricoles, la proportion entre le nombre des kilowatts vendus aux sociétaires et le nombre des kilowatts achetés à l'usine génératrice ne dépasse guère 50 0/0 (3).

Il faut reconnaître, dans ces conditions, que si les sociétés d'électricité ont établi, dans les zones industrielles ou les agglomérations urbaines des réseaux de transport, dont elles ont demandé la concession à l'Etat et si elles ont consenti des participations importantes pour l'établissement des lignes de distribution, elles ne peuvent financièrement prendre à leur charge la construction et l'exploitation des réseaux ruraux dont les recettes basées sur les tarifs usuels sont telles que les charges d'exploitation ne sont pas toujours couvertes et que, par suite, l'amortissement des dépenses de premier établissement devient impossible.

Nécessité pour les populations rurales de construire elles-mêmes leurs réseaux

Comment, dès lors, réaliser le programme d'électrification des campagnes, dont on s'accorde à reconnaître la nécessité mais qui constitue une opération financière présentant de sérieux aléas ? Ne pouvant intéresser à une semblable entreprise des sociétés de capitaux qui ont à défendre les intérêts légitimes de leurs actionnaires, il est indispensable de faire appel au concours financier des agriculteurs eux-mêmes.

M. le Ministre de l'Agriculture s'était rendu compte de cette nécessité lorsqu'il écrivait dans sa circulaire du 15 juin 1920 : « les communes devront, « dans beaucoup de cas, participer à l'entreprise « par la prise en charge de la totalité des frais de «. premier établissement ».

Sans doute, l'opération considérée en elle-même,

---

(1) On ne compte guère que 50 abonnés par kilomètre de ligne à haute tension dans les secteurs ruraux, tandis qu'il en existe 1.500 dans les villes, en moyenne.

(2) D'après l'Ingénieur Préaud, la consommation dans les secteurs ruraux par habitant et par an n'atteindrait que 10 Kw.-h. pour les pays de moyenne et petite culture.

(3) Cette proportion est actuellement de 68,4 0/0 pour le secteur de la coopérative de Catenoy (Oise).

au simple point de vue commercial, n'en est pas rendue meilleure par cette combinaison ; mais il faut reconnaître que les agriculteurs seraient mal fondés à refuser une contribution pécuniaire, même importante, à l'entreprise rurale (quelle que modique que soit la rémunération des capitaux investis) puisque l'électricité est installée pour eux seuls et que l'usage qu'ils en font peut être considéré en quelque sorte comme une rémunération en nature.

Les divers aspects du problème

Il ne saurait être question, d'ailleurs, pour les groupements agricoles, d'entreprendre sur une grande échelle l'aménagement des forces hydrauliques du pays, ni de créer de toutes pièces de vastes usines thermo-électriques.

Des travaux aussi étendus soulèvent des questions très complexes de technique et d'exploitation, dépassant la compétence et les facultés financières des collectivités agricoles.

Dans beaucoup de cas on se bornera à construire le réseau de distribution et le conducteur à haute tension qui le raccordera aux lignes de transport des compagnies productrices d'énergie. Parfois, cependant, il y aura avantage à aménager une chute ou à profiter d'une usine thermique (fromagerie ou laiterie coopérative), pour créer entre agriculteurs une entreprise autonome qui assurera à ses sociétaires l'indépendance économique.

Nous n'avons pas à envisager dans ce rapport les avantages et les inconvénients respectifs de ces deux systèmes. C'est une question de technique et d'opportunité dont la solution est liée étroitement à la situation des communes à desservir, à la nature et à l'importance des forces hydrauliques qui pourraient être aménagées dans la contrée, à la proximité des grandes agglomérations ou au voisinage d'une ligne de transport. Ce qu'il importe de rechercher et d'établir, c'est l'importance et la source des capitaux à engager dans le projet général d'électrification des campagnes.

Importance du sujet. Données générales. Nombre de communes à électrifier. Prix de revient.

Sur 36.000 communes qui composent les départements français (l'Alsace et la Lorraine exceptées), 6.000 sont pourvues de distributions d'électricité.

On ne peut songer à dresser un plan d'ensemble qui engloberait les 30.000 autres communes.

Un certain nombre d'entre elles ne sont pas rurales et, par suite, ne nous intéressent pas, d'autres à caractère nettement agricole, sont situées dans le voisinage immédiat d'agglomérations et de centres industriels déjà dotés de l'électricité. Elles seront englobées dans le secteur tout proche quand les débouchés faciles du courant se feront plus rares pour les Compagnies. Leur situation privilégiée les dispensera sans doute d'un effort financier préalable et il n'est pas nécessaire de prévoir, pour elles, des dispositions particulières.

Un assez grand nombre de communes sont éloignées des sources d'énergie ou des lignes de transport ; leur électrification ne sera possible, économiquement, qu'après la mise en marche de nouvelles usines génératrices, d'autres, ne comprenant que des exploitations agricoles isolées, sans agglomération, ne peuvent à l'heure actuelle faire les sacrifices nécessaires pour être pourvues du courant. Ce n'est que plus tard, quand l'agriculture se sera industrialisée et que la culture électro-mécanique, mise au point, se sera développée de façon à assurer une utilisation suffisante de l'énergie électrique, que ces communes à centres de consommation dispersés et à population clairsemée pourront être conduites à bénéficier des avantages de l'électricité.

Il est difficile d'évaluer, même approximativement, le nombre de ces communes, qui, pour des raisons diverses doivent rester en dehors des réseaux à créer. Faute de statistique précise sur les possibilités de réalisation immédiate, les chiffres que nous donnerons dans ce rapport et qui résultent de renseignements fournis tant par le service du Génie rural que, par les fonctionnaires des ponts et chaussées et les ingénieurs spécialisés dans les questions d'électricité, ne doivent être considérés que comme l'indication d'un ordre de grandeur.

Sous réserve de cette observation, nous sommes conduits à admettre qu'un plan général d'électrification comprenant 20 à 22.000 communes — sur 30.000 à pourvoir — et englobant une population de 10 à 11 millions d'habitants — soit les 2/3 de la population rurale du pays — constitue à l'heure actuelle le maximum des réalisations pratiques qui peuvent être envisagées.

Il est possible de se faire une idée assez précise du prix de revient de ces réseaux agricoles.

En relevant dans les dossiers constitués depuis la guerre, à l'appui des demandes d'avances adressées à l'Office national du crédit agricole par les coopératives, les sociétés d'intérêt collectif et les syndicats inter-communaux d'électricité, le nombre des communes desservies ainsi que le montant des devis de chaque projet (compte tenu des rectifications apportées après étude par le Service du Génie rural), nous arrivons pour 27 institutions diverses de distribution du courant à un total de 53.400.000 fr. pour 578 communes soit : 92.000 fr. par commune.

Si nous faisons entrer dans cette statistique, deux sociétés d'intérêt collectif qui ont pour but, à la fois, la *production* du courant, par l'aménagement d'une chute et la *distribution* aux associés de l'énergie produite (il s'agit des sociétés agricoles de Précy-Saint-Martin dans l'Aube et de Saint-Martin de Londres dans l'Hérault), le nombre des institutions agricoles se trouve porté à 29 ; le chiffre des communes intéressées passe à 640, le montant total des dépenses à 61.880.000 fr. et la moyenne par commune à 97.000 fr.

D'après les indications fournies par M. Petit, ingénieur électricien, qui s'est spécialisé dans la construction des réseaux agricoles, cette moyenne de 97.000 fr. par commune doit être considérée comme un maximum. Elle résulte, en effet, pour la plupart des projets, de l'application des prix de séries de 1919 et 1920 qui ont subi depuis deux ans une diminution sensible par suite du fléchissement du cours du cuivre et de la réduction des salaires.

M. Petit estime que l'on peut évaluer à 80.000 fr. environ, le prix de revient par commune d'un réseau de distribution d'électricité (1).

M. Duperrier, ingénieur en chef des ponts et chaussées d'Eure-et-Loir, qui a dressé, pour ce département, un avant-projet d'électrification de 400 communes (sur un total de 426) intéressant 213.000 habitants et une superficie cultivable de 550.000 hectares — avec prise de courant à la ligne de transport d'une usine thermique de l'Orne — évalue à 40.000.000 la dépense à engager soit 100.000 par commune.

Ce chiffre est considéré par d'autres techniciens comme un maximum qui ne sera pas atteint après examen plus complet du projet.

Il semble que pour ce département on ne doive pas dépasser en moyenne 90.000 fr. par commune, soit 36 millions pour l'ensemble des travaux.

Suivant les contrées et selon qu'il s'agit d'un simple réseau de distribution ou de la création d'une usine électrique et d'un secteur rural, le prix de revient oscille entre 80 et 100.000 fr.

Pour l'électrification de 20 à 22.000 communes, nous arrivons ainsi — en adoptant le chiffre moyen de 90.000 fr. — à une dépense totale d'environ 2 milliards, soit un peu moins de 200 fr. par habitant.

*
* *

Organismes d'exécution
du projet d'électrification des campagnes

Comment concevoir l'exécution d'un programme aussi vaste ?

Avant 1914, l'initiative des projets tendant à la diffusion de l'électricité dans les campagnes était laissée aux intéressés. Depuis la guerre, les services du Ministère de l'Agriculture, en collaboration étroite avec l'administration des ponts et chaussées ont été les propagandistes éclairés de cette idée. Les directeurs de services agricoles, les ingénieurs du Génie rural, les administrateurs de Caisses régionales, en rapport constant avec les populations rurales ont encouragé et coordonné les efforts individuels, groupé les initiatives et engagé les collectivités agricoles dans la voie des réalisations pratiques.

L'intervention des services publics dans une question qui touche de si près à l'intérêt général du pays, est entièrement justifiée : les services agricoles, dans le domaine économique, le Génie rural dans le domaine technique, les institutions de crédit agricole dans l'ordre financier, sont et doivent demeurer les organismes sur lesquels s'appuiera l'action des collectivités.

Quelles formes doivent revêtir ces collectivités ?

Dans le cadre de la loi du 5 août 1920, elles peuvent se constituer : soit en sociétés coopératives, soit en associations syndicales, soit en sociétés d'intérêt collectif, soit en syndicats de communes.

a) Sociétés coopératives agricoles. — D'après leur statut légal, les sociétés coopératives sont des groupement strictement professionnels. Elles devraient, en principe, fournir le courant exclusivement aux agriculteurs qui ont participé à la constitution du capital social. Mais, les distributions d'énergie électrique, aux termes des instructions du Ministre des Travaux publics, étant placées sous le régime de la concession ou de la permission de voirie, les sociétés coopératives ne peuvent créer de réseaux qu'autant qu'elles sont concessionnaires de l'Etat, de syndicats de communes ou de communes. A ce titre, elles sont tenues, en vertu de leur cahier des charges, de desservir *tous* les consommateurs de leur circonscription — qu'ils soient ou non sociétaires — et de leur fournir l'énergie dans les mêmes conditions et au même tarif. Les sociétés coopératives se trouvent ainsi dans l'obligation de sortir du cadre dans lequel elles doivent légalement se mouvoir, ce qui, au point de vue pratique, constitue souvent un obstacle insurmontable.

b) Associations syndicales. — Les associations syndicales, libres ou autorisées, en raison de leur caractère foncier, ne peuvent entreprendre la construction d'un réseau qu'en vue de desservir des bâtiments ruraux ou des terres pour les besoins immédiats de la culture. Leur rôle paraît être « plus spécialement de greffer sur les distributions « existantes et dans le cadre des concessions ac- « cordées, des antennes permettant d'amener l'éner- « gie aux exploitations que ne pourrait desservir « le réseau concédé par application du cahier des « charges, les consommations à prévoir étant trop « faibles, par rapport à la longueur des lignes à « construire » (1).

L'intervention de ces groupements peut être envisagée lorsqu'il s'agit d'utiliser l'énergie en vue de favoriser l'irrigation, l'assainissement... etc., et en général toute amélioration foncière à exécuter individuellement par les agriculteurs.

Jusqu'ici les lignes construites par les associations syndicales libres ou autorisées, en vue de la distribution d'énergie électrique sont rares. Il existe, cependant, pour ces collectivités, un champ d'activité assez vaste. Et, à ce sujet, il est intéressant de signaler que la contribution financière imposée statutairement aux membres des associations syndi-

---

(1) Ce prix s'entend : d'une distribution jusqu'aux compteurs des sociétaires. L'aménagement à l'intérieur des locaux — qui revient en moyenne à 250 fr. par usager — n'est pas compris dans ce chiffre.

(1) Instruction du Ministre de l'Agriculture du 15 juin 1920.
(2) Article 19 du décret du 9 février 1921.

cales ne donnant lieu ni à intérêt ni à remboursement, ces institutions n'ont pas de capital à rémunérer ou à amortir ; au point de vue financier, cette particularité a une heureuse répercussion sur la prospérité des entreprises qu'elles sont amenées à créer.

Remarquons, en passant, que les associations syndicales forcées — toutes constituées sous le régime de la loi de 1807 — dans un but nettement déterminé, ne peuvent, en aucun cas, apporter à leurs statuts les modifications nécessaires pour qu'il leur soit possible d'entreprendre l'innstallation d'un réseau d'électricité.

c) Sociétés d'intérêt collectif. — A la différence des sociétés coopératives et des associations syndicales, les sociétés d'intérêt collectif peuvent admettre des usagers non cultivateurs ou non propriétaires (2). Elles sont ainsi en mesure de se soumettre au régime de la concession qui est incompatible avec le caractère mutualiste et strictement professionnel des sociétés coopératives proprement dites.

En raison de leur grande souplesse, les sociétés d'intérêt collectif constituent la forme d'institutions agricoles qui se prête le mieux aux conditions particulières d'exploitation des réseaux ruraux.

Comme pour les sociétés coopératives, le capital de fondation est constitué par les intéressés au moyen de souscription de parts à intérêt limité. Les sociétaires étant à la fois débiteurs et créditeurs peuvent accepter un taux d'intérêt très réduit étant donné qu'il ne s'agit pas pour eux d'un placement financier mais d'une participation à une œuvre mutualiste dont ils retirent tous les avantages.

En raison des dépenses considérables qu'entraîne l'établissement d'un réseau rural très étendu, il peut y avoir intérêt, dans certaines contrées où les organisations coopératives hésitent à s'engager dans des entreprises de grande envergure, à créer des syndicats de communes.

d) Syndicats de communes. — Les syndicats de communes réalisent dans les meilleures conditions l'effort collectif des budgets municipaux, la solidarité et la mise en commun des intérêts et des ressources de contrées diverses qui, isolées n'auraient pas les moyens d'entreprendre des améliorations d'ordre général.

Ces groupements ne comportent pas, de façon directe, comme les sociétés coopératives ou les sociétés d'intérêt collectif, le concours financier des intéressés qui sont pourtant, en définitive, les véritables bénéficiaires des travaux à exécuter.

Etant des établissements publics, aux termes de la loi du 22 mai 1890, l'article 20 du Règlement d'administration publique du 9 février 1921 leur ouvre la possibilité de bénéficier des prêts à long terme du crédit agricole.

Leur fonctionnement offre d'ailleurs de sérieuses garanties car il est soumis, au point de vue de son organisation à la tutelle administrative, et au point de vue financier aux règles de la comptabilité communale.

En ce qui concerne les communes elles-mêmes, rien ne s'oppose, en principe, à ce qu'elles entreprennent isolément, et dans certaines conditions, la construction de réseaux électriques.

Comme ce sont des organisations administratives, pour lesquelles le caractère d'Etablissement public proprement dit peut être discuté, il y aurait intérêt à ce qu'une disposition législative vienne préciser qu'elles peuvent emprunter à l'office national du Crédit agricole en vue de l'établissement des secteurs ruraux.

Les collectivités dont nous venons d'exposer rapidement les caractères essentiels : sociétés coopératives, associations syndicales, sociétés d'intérêt collectif, syndicats inter-communaux et communes, répondent aux tendances variées et aux besoins particuliers qui peuvent se manifester suivant les dispositions locales, dans les diverses contrées de la France.

Dans le même département, elles peuvent d'ailleurs fonctionner simultanément dans le cadre général d'une même entreprise d'exploitation comme le prévoit, pour l'Eure-et-Loir, le projet de M. Duperrier qui comporte : une coopérative englobant 20 communes, 5 syndicats intercommunaux de 50 à 72 communes et une société d'intérêt collectif de 60 communes (1).

⁂

Moyens financiers de réalisation

Ayant décrit les institutions auxquelles incombera la responsabilité de l'exécution et de l'exploitation des réseaux ruraux, il nous reste à exposer les moyens financiers de réalisation. Sous le régime de l'ancienne législation, codifiée et remplacée par la loi du 5 août 1920, quelques sociétés coopératives ayant pour objet l'électrification des régions rurales avaient obtenu des avances à long terme du crédit agricole. Mais c'est depuis l'entrée en application de la loi du 5 août 1920 que, devant la nécessité impérieuse de trouver des capitaux à intérêt réduit, les demandes des sociétés d'électricité se sont multipliées.

A l'heure actuelle, 31 avances à long terme ont été accordées pour l'exécution de travaux en cours. Leur montant total s'élève à 21.000.000. Les 29 collectivités bénéficiaires réunissent 23.459 associés et rayonnent sur 16 départements.

Les membres de ces associations ont consenti, eux-mêmes, un grand effort pécuniaire en souscrivant pour assurer le succès de leurs entreprises, un capital entièrement versé, qui atteint 11.500.000 fr.

Il résulte du rapprochement des chiffres ci-dessus que le concours financier du crédit agricole atteint

<hr>

(1) Voir le journal *L'Ingénieur Constructeur*. Année 1922, N°° 138 et 139.

jusqu'ici, pour les secteurs ruraux en cours d'exécution, 2 fois environ le montant des sommes recueillies auprès des sociétaires.

Le développement des sociétés agricoles d'électricité semble devoir prendre dans un avenir très proche, des proportions considérables. Or, nous avons vu que ces entreprises ne peuvent fonctionner qu'à la condition de se procurer des capitaux dont la charge d'intérêt soit extrêmement réduite. Seuls, les agriculteurs intéressés, en raison des avantages qu'ils retirent du courant, et l'Etat, en raison de l'intérêt général qui s'attache à l'électrification des campagnes, peuvent consentir les sacrifices financiers nécessaires.

Cette contribution financière dans les entreprises agricoles d'électricité nous apparait comme devant revêtir les trois formes suivantes qui ont déjà été utilisées jusqu'ici avec de bons résultats :

1° Avances du crédit agricole ;
2° Souscriptions des intéressés ;
3° Subventions du Génie rural.

1° *Avances du crédit agricole.* — Le concours du crédit agricole, représentant l'Etat, doit se manifester par l'allocation d'avances importantes, à un taux réduit, remboursables par annuités dans un délai assez long.

D'ores et déjà, les ressources de l'Office national semblent tout à fait insuffisantes pour faire face aux besoins étendus qui ressortent des prévisions. La dotation de cet Etablissement public doit, en effet, servir à l'application du crédit agricole sous toutes ses formes : crédit à court terme, crédit à moyen terme, crédit individuel pour l'accession à la petite propriété rurale, notamment en faveur des pensionnés militaires et des victimes civiles de la guerre — et enfin, crédit collectif à long terme destiné aux groupements d'agriculteurs.

En vue de répartir d'une manière équitable les ressources disponibles entre ces diverses catégories de crédit, un décret a déterminé la part affectée à chacune d'elles.

La solde disponible de la part revenant au crédit collectif au 1er juin 1922 n'atteint pas 50 millions.

Sur cette somme, doivent être prélevées les avances de plus en plus nombreuses et importantes que sollicitent, tout à la fois, les sociétés coopératives de production, de transformation et de vente, les sociétés coopératives d'achat en commun et d'approvisionnement, les associations syndicales et les sociétés d'intérêt collectif agricole.

Si l'on considère que les coopératives de production, de transformation et de vente (laiteries, fruitières, caves, distilleries, sociétés d'utilisation de matériel...) dont l'essor est remarquable, pourraient, à elles seules, absorber les disponibilités du crédit collectif, on est amené à conclure que le concours financier susceptible d'être fourni aux sociétés d'électricité par l'Office national du crédit agricole, devra être limité de telle manière qu'il sera tout à fait insuffisant.

Dans de telles conditions, un vaste programme d'électrification des campagnes ne sera réalisable qu'autant qu'il sera possible de mettre en œuvre, pour son application, des ressources spéciales proportionnées à l'ampleur des travaux à effectuer.

L'importance du concours financier de l'Office national variera d'ailleurs suivant que l'entreprise aura un caractère exclusivement rural ou qu'elle se constituera dans une contrée, dont l'élément rural, tout en étant prédominant, ne représentera qu'une majorité d'intérêts ou d'individualités.

Dans l'attribution des avances qu'il a faites jusqu'à ce jour, le Conseil d'administration de l'Office national s'est inspiré de ce principe et il a été ainsi conduit à consentir aux sociétés agricoles d'électricité des prêts à long terme dont le montant représente souvent une fraction qui varie entre la moitié et les deux tiers du devis des travaux, le surplus des dépenses étant couvert par les souscriptions des sociétaires et les subventions du Génie rural.

Il semble que cette proportion, qui correspond, pour le crédit agricole, à une aide financière de une à deux fois le capital versé par les intéressés ne peut guère être dépassée.

Il est indispensable, en effet, que les sociétaires des institutions qui sollicitent le concours financier de l'Etat, fassent eux-mêmes l'effort pécuniaire qui les intéressera à la bonne marche de l'entreprise.

On ne saurait, en tout cas, les entretenir dans l'espérance qu'ils pourront obtenir des avances égales à 6 fois le montant du capital souscrit. Cette proportion maxima — fixée par la loi du 5 août 1920 — ne lie aucunement le Conseil d'administration de l'Office national et au surplus, son application immobiliserait rapidement, dans un petit nombre d'entreprises rurales, toutes les ressources qu'il est de l'intérêt supérieur de l'agriculture de répartir entre le plus grand nombre possible d'institutions.

⁂

Comment l'Office national du crédit agricole pourra-t-il se procurer les ressources nécessaires

Comment l'Office national du crédit agricole pourra-t-il constituer la dotation spéciale qui doit lui permettre de contribuer efficacement à l'établissement des réseaux électriques dans les campagnes?

Deux solutions nous paraissent devoir être envisagées :

1re solution. — Conformément aux dispositions de la loi du 5 août 1920, l'Office peut se procurer des capitaux, soit en contractant directement des emprunts, soit au moyen de bons émis par les Caisses régionales de crédit agricole mutuel.

Pour que cet établissement public puisse recueillir, au moyen d'un emprunt ou d'une émission de bons, les sommes élevées dont il aurait besoin pour contribuer à la diffusion de l'énergie électrique, il devrait, dans les conditions actuelles du marché, offrir aux souscripteurs un taux rémunérateur qui ne devrait pas être inférieur à 6 0/0.

Il serait indispensable qu'en échange de facilités de crédit exceptionnelles qui leur seraient consenties, les institutions bénéficiaires puissent payer un intérêt supérieur à celui que la loi du 5 août 1920 fixe actuellement à 2 0/0. Cet intérêt ne devrait pas cependant excéder 4 0/0 au maximum pour les raisons que nous avons développées au cours du présent rapport.

L'opération envisagée se traduirait encore par une perte de 2 0/0.

Cet écart entre le taux des emprunts et celui des avances aux institutions agricoles serait en réalité plus élevé. Il se trouverait accru par la nécessité d'allouer une rémunération d'environ 1 0/0 aux Caisses de crédit agricole, par l'intermédiaire et sous la responsabilité desquelles les prêts seraient réalisés. Le déficit annuel qui résulterait de l'allocation des avances ainsi consenties atteindrait, en conséquence, 3 0/0 au minimum des sommes empruntées et prêtées.

Ce déficit inévitable, qu'entraînerait l'application d'une mesure prise dans l'intérêt supérieur de l'agriculture ne pourrait être supporté par l'Office national. Il devrait être mis à la charge de l'Etat. A cet effet, les avances destinées aux sociétés d'électricité leur seraient accordées à un taux compris entre 6 et 7 0/0 par l'Office national du crédit agricole ; mais celui-ci ferait aux institutions bénéficiaires une rétrocession d'intérêt de 2 à 3 0/0 dont le montant lui serait remboursé à l'aide de crédits inscrits au Budget du Ministère de l'Agriculture.

Une semblable solution serait analogue à celle qu'a prévue la loi du 5 août 1920 pour le règlement des bonifications d'intérêts dues aux pensionnés militaires et aux victimes civiles de la guerre — titulaires de prêts individuels à long terme — à raison de chacun des enfants qui leur naissent postérieurement à la conclusion des prêts.

Elle serait conforme, également, aux modalités d'application d'un projet de loi déposé par le Ministre de l'Agriculture et des Finances et tendant à accorder des prêts exceptionnels aux agriculteurs sinistrés.

Au premier abord, cette solution ne soulèverait aucune difficulté sérieuse. Elle présente cependant un inconvénient assez grave par le fait qu'elle nécessiterait, chaque année, le vote par le Parlement des crédits nécessaires au remboursement à l'Office national, des sommes qu'il aurait à rétrocéder aux Sociétés d'électricité, dans le but de les faire bénéficier d'un taux réduit de 3 à 4 0/0. Elle lierait ainsi l'avenir pour une période de temps assez longue (25 ans au moins) et mettrait le Parlement devant le fait accompli. Un autre inconvénient résulterait du fait que cette procédure ne laisserait pas de présenter dans la pratique certaines complications, au point de vue comptable notamment.

Au surplus, comme paraît le penser M. le Ministre des Finances, les ressources disponibles du pays n'offrant qu'une faculté d'emprunt limitée, pour répondre aux demandes de crédit qui émanent soit de l'Etat, soit des institutions publiques ou privées, l'épargne française, peut, en fait, être sollicitée indifféremment par le Trésor, par un établissement public ou par tout autre institution. Elle ne pourra répondre à cet appel que dans la mesure de sa capacité financière et les résultats obtenus seront les mêmes en définitive quel que soit l'organisme chargé de l'emprunt.

Toutefois, M. le Ministre des Finances semble d'avis qu'il peut y avoir avantage à éviter la multiplicité des émissions et, par suite, à charger l'Etat, lui-même, de l'ensemble des opérations d'emprunt.

2e *solution*. — Dans ces conditions, il paraîtrait désirable de laisser à l'Etat le soin de se procurer, soit par un emprunt spécial, soit par ses moyens de trésorerie ordinaires, les fonds destinés aux institutions ayant pour objet la distribution d'énergie électrique ; fonds qui seraient mis à la disposition de l'Office national du crédit agricole et dont ce dernier serait responsable vis-à-vis du Trésor auquel il devrait les rembourser dans un délai déterminé.

Les sommes ainsi remises par l'Etat, à l'Office national, seraient productrices d'intérêt mais le taux devrait en être fixé le plus bas possible — 1 0/0 par exemple — de manière à laisser une marge suffisante de 2 à 3 0/0 (comme cela a lieu actuellement) au profit de l'Office et des Caisses régionales intermédiaires, afin de leur permettre de faire face aux frais de fonctionnement et de constituer les réserves nécessaires pour garantir la responsabilité qui leur incombe.

Les avances seraient ainsi consenties aux institutions agricoles au taux de 3 à 4 0/0. Elles seraient accordées par l'Office national, dans les conditions où elles le sont actuellement et avec les garanties prévues par la loi du 5 août 1920 : c'est-à-dire responsabilité des Caisses de crédit agricole intermédiaires ; engagement solidaire de remboursement pris par tous les sociétaires pour les coopératives, les associations syndicales et les sociétés d'intérêt collectif agricole ; engagement spécial de remboursement souscrit par les membres du Conseil d'administration pour les mêmes institutions ; délibération des Conseils municipaux portant engagement des communes en vue de garantir le paiement des annuités, dans le cas de syndicats intercommunaux ou de communes ; enfin, le cas échéant, inscription hypothécaire en premier rang au profit de l'Office national représentant l'Etat, sur tous les immeubles affectés par ces diverses institutions à l'exploitation des réseaux.

Les sommes prêtées par l'Etat à l'Office national lui seraient remboursées par cet Etablissement public, au moyen d'annuités, et au fur et à mesure de l'amortissement par les collectivités des avances qui leur auraient été consenties.

A ce sujet, il y aurait peut-être lieu d'envisager la possibilité de fixer le délai de remboursement des avances aux réseaux ruraux d'électricité à plus de 25 ans et de porter par une disposition législative le maximum actuel de durée à 40 ans. Cette mesure permettrait d'accorder à des entreprises spéciales, dont il importe de ramener au strict minimum les charges financières pour les placer dans des conditions satisfaisantes de stabilité, des délais d'amortissementt suffisamment étendus qui auraient pour conséquence une réduction sensible de l'annuité. Elle faciliterait grandement l'exploitation des réseaux pendant les premières années qui sont souvent les plus périlleuses et elle permettrait peut-être la formation de réserves vers laquelle doit tendre toute entreprise soucieuse de son avenir.

⁕

Souscriptions des usagers. — Le vif intérêt que portent les agriculteurs aux applications de l'électricité, permet d'espérer de leur part une large contribution financière pour la constitution du capital social des sociétés d'électricité. Il existe dans toutes les communes rurales des réserves d'argent considérables. Le paysan, qui ne souscrit pas volontiers aux divers emprunts émis par les banques, apportera son argent avec moins d'inquiétude pour un placement très sûr, en vue d'une opération d'intérêt collectif qui sera réalisée sous ses yeux et pour son propre compte. Il est indispensable de répandre partout l'idée que ce placement doit être fait à un taux très bas. Il faut que chaque intéressé considère qu'il n'est pas appelé à faire une opération financière proprement dite, mais à remplir un devoir de solidarité et que la contribution qu'on lui demande lui apportera non seulement un revenu en espèces, mais aussi un avantage en nature très important par la libre disposition du courant électrique.

Les syndicats de communes comme les autres institutions auront avantage à rechercher, sous forme d'obligations, une partie des ressources dont elles auront besoin auprès des habitants plutôt que de contracter des emprunts onéreux dans des établissements de crédit.

On ne saurait enfin trop insister pour que le taux d'intérêt ne dépasse pas 4 0/0 et que l'amortissement des parts sociales ou des obligations ne s'effectue qu'après le remboursement des prêts du crédit agricole.

Subventions du Génie rural. — Depuis sa création, le Service technique du Génie rural a favorisé le développement sous toutes ses formes de l'industrie agricole et des améliorations foncières.

Dressant gratuitement les projets, surveillant l'exécution des travaux, il intervient encore par l'octroi de subventions, chaque fois que les travaux exécutés sont profitables à l'intérêt général.

L'utilité de ces subventions est incontestable et il est désirable que le Génie rural soit pourvu de crédits suffisants de façon à pouvoir favoriser efficacement les institutions des régions déshéritées qui, faute de ressources, ne pourraient bénéficier des bienfaits du courant électrique si l'Etat ne les secondait par d'importantes subventions.

⁕

Importance du sacrifice financier à consentir par l'Etat

Il est nécessaire, maintenant, d'évaluer le sacrifice financier qui devrait être consenti par l'Etat pour donner satisfaction aux besoins qui se manifestent.

Pour permettre l'exécution d'une première tranche de travaux de un milliard, correspondant à l'électrification de 10.000 à 11.000 communes englobant environ le tiers de la population paysanne, il suffirait que l'Etat avançât à l'Office national du crédit agricole, dans les conditions envisagées ci-dessus, une somme de 500 millions, répartie au besoin sur un petit nombre d'années.

En admettant que les agriculteurs fissent un effort comparable à celui qui a été consenti jusqu'à ce jour, dans les diverses régions de la France, la contribution financière des intéressés pourrait être évaluée à 300 ou 400 millions.

Si l'on ajoute à ces ressources les subventions diverses qui seraient allouées par les départements, par les communes ainsi que par le Génie rural et même peut-être par des particuliers, on arrive à un capital total engagé de plus d'un milliard.

La charge provisoire qui incomberait aux finances publiques par cette combinaison n'excéderait pas 30 millions par an. Elle serait d'ailleurs compensée largement par les avantages que trouverait le pays dans le maintien à la terre de la main-d'œuvre indispensable et par la prospérité économique qui résulterait d'une amélioration aussi importante.

L'aménagement de nouvelles sources d'énergie, la diminution probable du prix des matériaux et de la main-d'œuvre, l'accroissement permanent de la dotation de l'Office national, et, au besoin, de nouvelles combinaisons financières, permettraient ultérieurement l'exécution d'une deuxième tranche de travaux destinée à parfaire l'établissement du réseau général d'électrification des campagnes.

Paris, le 11 juillet 1922. Louis TARDY.

⁕ — ⁕ — ⁕

TABLE DES MATIÈRES

Pages